Rüdiger Liedtke

SKANDAL-
CHRONIK

Das Lexikon der Affären und Skandale
in Wildwest-Deutschland

Eichborn Verlag

Cover-Zeichnung: Erich Rauschenbach

CIP-Kurztitelaufnahme der Deutschen Bibliothek

Liedtke, Rüdiger:
Skandal-Chronik : d. Lexikon d. Affären u.
Skandale in Wildwest-Deutschland / Rüdiger
Liedtke. – Frankfurt am Main : Eichborn,
1987.
   ISBN 3–8218–1098–X

© Vito von Eichborn GmbH & Co Verlag KG, Frankfurt am Main, Mai 1987.
Cover: Uwe Gruhle
Gesamtherstellung: Fuldaer Verlagsanstalt GmbH
ISBN 3–8218–1098–X
Verlagsverzeichnis schickt gern: Eichborn Verlag, D–6000 Frankfurt 70

Einleitung

Eine »Chronique scandaleuse« der Bundesrepublik war längst überfällig, schon deshalb, weil Skandale und Affären zu einem festen Bestandteil des bundesdeutschen Alltags und damit unserer jungen Geschichte geworden sind. Doch keine falschen Illusionen: In dem von der Kohl-Regierung angestrebten »Haus der Geschichte der Bundesrepublik Deutschland« in Bonn ist für die üppigen Skandale dieser Republik nicht einmal eine Alibi-Nische vorgesehen.

Skandale, Affären, Korruption, Schmiergelder und Bestechung hat es zu allen Zeiten und in den verschiedenen Gesellschaftsordnungen gegeben. Da, wo Macht, Einfluß und Geld in irgendeiner Form paktieren, besteht die ständige Gefahr, Macht und Einfluß zum privaten oder Gruppenvorteil zu nutzen. Selbstverständlich geschieht das unter Ausschluß der Öffentlichkeit und in reibungsloser Übereinstimmung der am Skandal Beteiligten.

Die Verflechtung von Staat, Wirtschaft und Politik macht diejenigen, die Macht ausüben (und eigentlich dem Gemeinwohl dienen sollten) – von der Regierung bis in die unteren Amtsstuben – anfällig für die Eigeninteressen der Wirtschaft. Von Flick bis zum örtlichen Bauunternehmer bedient man sich lieber selbst einmal, anstatt dem abstrakten Gemeinwohl zu dienen. Das alles ist so neu nicht. Völlig neu ist allerdings die atemberaubende Geschwindigkeit, mit der sich Skandale in den letzten Jahren häufen; es hat sich geradezu ein »Skandal-Boom« entwickelt. Privilegien werden zusehends zum eigenen Vorteil mißbraucht, geltende Normen werden immer hemmungsloser ausgebremst, der Staat und viele seiner Amtsstuben degenerieren zu Selbstbedienungsläden. Skandale und Affären kommen über die Medien in solcher Dichte frei Haus, daß man sich an sie gewöhnt und nach einem kurzen Aufschrei der Empörung zur Tagesordnung übergeht. Skandale und Affären scheinen inzwischen zum normalen Sozialverhalten zu gehören, zu einem Strukturprinzip dieses Landes. Sie sind das Gegenteil einer geistig-moralischen Erneuerung.

Ihre Häufung hängt zum einen mit dem kritischen Augenmerk verschiedener Medien zusammen – hier ist durchgängig der »Spiegel« an vorderster Stelle zu nennen – sowie einer aufmerksameren und mißtrauischeren Öffentlichkeit gegenüber »denen da oben«. Zum anderen aber spielt die Versandung moralischer Kategorien und die im Grunde gegen Null tendierende eigene Schamlosigkeit eine entscheidende Rolle. »Dreck am Stecken« zu haben, ist zu einem Kavaliersdelikt geworden, man sollte sich nur tunlichst nicht erwischen lassen. Die Beteiligung an einer Affäre hat für viele offensichtlich etwas Systemkonformes.

Wie anders ist die Dickfelligkeit der Ertappten zu verstehen, die Skandale aussitzen, ignorieren, die Schuld anderen, meist untergeordneten Stellen zuweisen und sich selbst als Opfer bösartiger Verleumdungen darstellen – immer in der Hoffnung auf das kurze Gedächtnis der Bürger und das Bekanntwerden eines neuen, noch größeren Skandals, der den eigenen aus den Schlagzeilen nimmt.

Die Verhältnisse in der Bundesrepublik haben natürlich nicht die von Wissenschaftlern der FU-Berlin ausgemachten Zustände vieler Länder der Dritten Welt erreicht. Dort hebt Korruption oft das Ansehen der Beteiligten, und »hohe Bestechungssummen zeigen einen hohen sozialen Status an«. Aber die größten Steuerhinterzieher haben auch hierzulande eine hohe gesellschaftliche Reputation.

Die Bundesrepublik scheint sich in einem schleichenden Übergang zur »Bananen-republik« zu befinden. Ohne materielle Vorleistungen werden auch keine Eigenlei-stungen mehr erbracht, »eine einflußreiche Hand wäscht die andere«.

Wo Skandale und Affären aber an der Tagesordnung sind und als »normal« toleriert werden, wo es an der »moralischen Fallhöhe, die für einen Skandal unentbehrlich ist«, mangelt, da ist auch keine Loyalität der Untergebenen mehr zu erwarten, da sinkt entweder die Schamgrenze einer immer größeren Zahl von Bürgern analog zu »denen da oben«, oder es gibt Zoff. Wo sich die Mächtigen und Einflußreichen nicht mehr an geltende Normen orientieren und sich nach Herzenslust bedienen, kann das auch von den Bürgern nicht erwartet werden.

Die »Skandal-Chronik« zeigt, wie selbstverständlich der Skandal und die Affäre in der Bundesrepublik geworden sind, wie schamlos Macht, Einfluß und Geld zum eige-nen Vorteil genutzt werden. Die vorliegenden Skandale und Affären sind nur ein Teil dessen, was sich in der Bundesrepublik nach 1949 abgespielt hat.

Aufgeführt sind alle großen Skandale, die »Klassiker« sozusagen, aber auch eine Fülle kleinerer Affären aus der Provinz, die in ihrem Bereich jeweils großes Aufsehen erregt haben. Die »Skandal-Chronik« beginnt heute, also 1987, und datiert zurück bis ins Jahr 1949. Sie ist – ohne den Anspruch auf Vollzähligkeit zu erheben, das würde viele Bände füllen – ein Spiegelbild der Bundesrepublik und ihrer Geschichte.

München, im April 1987   Rüdiger Liedtke

Krumme Dinger bei VW

Mitten in die dubiosen Privatisierungsabsichten Bundesfinanzminister *Gerhard Stoltenbergs* für die Bundesanteile von VW platzte die Nachricht vom Millionen-Betrug. Durch betrügerische Finanz- und Devisenmanipulationen soll der *VW-Konzern* um 480 Millionen Mark geschädigt worden sein. Der Leiter der Abteilung Devisenhandel, *Burghard Junger,* wurde fristlos entlassen, *Rolf Selowsky,* Finanzchef des Konzerns und Mitglied des Vorstandes, trat von seinem Posten zurück. Keine Frage: Die knappe halbe Milliarde Mark – der Jahresgewinn bei VW – kann nicht von einem einzelnen ergaunert worden sein. »Jeder könnte es schließlich gewesen sein, der die Dokumente gefälscht, Provisionen für Scheingeschäfte kassiert, Computerprogramme geändert oder Bänder heimlich gelöscht hat, um für sich und die Komplicen abzukassieren. Ein Schwindel von gigantischen Ausmaßen«, schrieb die »Süddeutsche Zeitung« am 13. März 1987. Es mußte auf jeden Fall eine Bank mit im Spiel gewesen sein. Währenddessen grübelte der VW-Vorstands-Chef *Carl H. Hahn* darüber nach, wie er seinen völlig geschockten VW-Händlern beibringen sollte, was in den Vorstands-Etagen zu Wolfsburg passiert ist. Die vielen tausend Aktionäre, die ihren Gewinn ja aus der Dividende erhalten, standen entsetzt vor dem Sturz ihrer Aktien an der Börse. Die späte Rache des ausgebooteten Käfers?

AIDS-Skandal der Pharma-Industrie

Ein Skandal machte im März 1987 Schlagzeilen, der stark an den Contergan-Skandal der sechziger Jahre erinnerte: Die Pharma-Industrie ging jahrelang fahrlässig mit der Gesundheit der Menschen um. Bluter-Kranke wurden mit dem Spezialmittel »Faktor VIII« behandelt, das vielfach mit dem Aids-Virus HIV verseucht war. Experten gehen davon aus – so berichtete die Münchner »Abendzeitung« –, daß von den rund 6 000 Bluterkranken in der Bundesrepublik nahezu die Hälfte durch das Plasma infiziert wurde.

46 Bluter sollen mittlerweise an Aids erkrankt sein. Eine Flut von Schadenersatzklagen kommt auf die Pharmaindustrie zu. Die »AZ«: Die deutsche Pharmaindustrie ließ sich das Plasma aus Übersee schicken – und die Amerikaner überschwemmten den deutschen Markt mit Produkten minderer Qualität.

»Dieses Blut kam aus minderprivilegierten Schichten, aus der Trinker- und Homosexuellen-Szene und von Grenzgängern aus Mexiko«, weiß *Ulrich Möbius* vom Berliner Arzneimittel-Informationsdienst. Der Berliner Arzt forderte schon 1981, die Transatlantik-Geschäfte einzustellen – vergeblich.«

Die »Flick-Spendenaffäre« – Das Urteil

Am 16. Februar 1987 wurden die Urteile im Parteispendenprozeß vor der 7. Großen Strafkammer des Landgerichts Bonn gefällt. Die Staatsanwaltschaft hatte gefordert: für den Ex-Flick-Manager *Eberhardt von Brauchitsch* vier Jahre Freiheitsstrafe, bei der keine Aussetzung zur Bewährung möglich gewesen wäre, also Knast. Für den ehemaligen Wirtschaftsminister *Otto Graf Lambsdorff* 15 Monate Freiheitsstrafe auf Bewährung und für den Ex-Wirtschaftsminister und früheren Vorstandssprecher der *Dresdner Bank, Hans Friderichs,* 120.000 Mark Geldstrafe.

Und das verkündete der Vorsitzende Richter, *Hans-Henning Buchholz:* eine Freiheitsstrafe von zwei Jahren für den früheren Flick-Manager von Brauchitsch wegen Steuerhinterziehung und Beihilfe dazu, die bei Zahlung einer Geldstrafe von 550.000 Mark für drei Jahre zur Bewährung ausgesetzt wurde. Die ehemaligen Wirtschaftsminister und FDP-Politiker Lambsdorff und Friderichs erhielten eine Geldstrafe von 180.000 Mark bzw. 61.500 Mark, ebenfalls wegen Steuerhinterziehung und Beihilfe dazu.

Von der Anklage der Bestechung bzw. der Bestechlichkeit wurden alle drei Angeklagten freigesprochen.

Dennoch blieben viele Ungereimtheiten. So meinte der Richter, es bestehe weiter »der nicht unerhebliche Verdacht«, daß die beiden Minister in ihrer Amtszeit Barzahlungen vom *Flick-Konzern* gerade zu dem Zeitpunkt erhalten hatten, als die Steuerbefreiungen des *Mercedes*-Milliarden-Deals zur Prüfung anstanden. Obwohl eine »Unrechtsvereinbarung« zwischen dem Flick-Manager und den beiden Wirtschaftsministern nicht nachzuweisen gewesen sei, könne eine für die Empfänger erkennbare Bestechungsabsicht vorhanden gewesen sein. Das zumindest wollte der Richter nicht ausschließen.

Das Gericht zeigte sich auch überzeugt davon, daß von Brauchitsch entgegen seiner Aussage schon weit vor 1980 von den »schwarzen Kassen« des Buchhalters *Diehl* im Flick-Konzern gewußt haben mußte. Der Vorsitzende Richter meinte, die Zahlungen des Flick-Managers seien deswegen geflossen, um bei den Politikern »ein allgemein positives Klima gegenüber der Wirtschaft und damit auch dem Konzern« zu erzeugen. Daß Lambsdorff und Friderichs bewußt und vorsätzlich Steuern hinterzogen hatten, und zwar durch Verschleierung von Spendeneinkünften für die FDP »über eigens gegründete Tarnorganisationen und durch Täuschung der Finanzbehörden« bzw. durch Zahlungen an sogenannte *»Staatsbürgerliche Vereinigungen«* seitens der Dresdner Bank, war für das Gericht erwiesen.

Lambsdorffs angerichteter Steuerschaden wurde auf 1,3, der von Friderichs auf mehr als 1,6 Millionen Mark beziffert. Der größte Steuerhinterzieher freilich war der ehemalige Flick-Manager Eberhardt von Brauchitsch. Ein skandalöses Urteil – nach dem wohl größten Skandal in der Geschichte der Bundesrepublik. So erklärte der Abgeordnete der Grünen, *Otto Schily,* der im Flick-Untersuchungsausschuß maßgeblich zur Aufklärung des Skandals beigetragen hatte, die Angeklagten hätten eine justitielle Vorzugsbehandlung erfahren. »Angesichts des von den Angeklagten angerichteten Millionenschadens und der von ihnen mit außergewöhnlicher krimineller Intensität und Raffinesse begangenen Steuerstraftaten sind die Strafen nahezu eine Farce.«

Molke – Erst verstrahlt, dann verschoben

Anfang Februar 1987 beschäftigte die bundesdeutsche Öffentlichkeit die Molke-Affäre. In verschiedenen Städten der Bundesrepublik tauchten plötzlich mehrere Tausend Tonnen Tschernobyl-verseuchtes Molkepulver auf, mit Strahlenbelastungen von fast 6000 Bequerel. 50 Güterwaggons verstrahlter Molke standen in Köln, 100 Waggons in Bremen, 22 auf dem Bahnhof Rosenheim und 70 in Jettenbach bei Mühldorf. Die in Köln und Bremen entdeckte Molke war offensichtlich für den Transport in die Dritte Welt bestimmt, in dem Fall Ägypten. Das radioaktiv belastete Molkepulver stammte aus dem Wasserburger *Milchwerk Meggle,* das nach der Reaktorkatastrophe von Tschernobyl bereits mit 3,8 Millionen Mark für das verseuchte Milchpulver entschädigt worden war, nachdem das bayerische Landwirtschaftsministerium eine anderweitige Verwertung ausgeschlossen hatte.

Doch wohin mit dem Molkepulver, wie konnte man die verstrahlte Last entsorgen? Bayerns Umweltminister *Alfred Dick* sowie sein Landwirtschafts-Kollege *Hans Eisenmann* stimmten dem Weiterverkauf und dem damit unrechtmäßigen Doppelverdienst der Firma Meggle an die Gießener Firma *Lopex GmbH* zu. Die hatte bereits 1985 Konkursantrag gestellt, der aber mangels Masse abgelehnt worden war. Nach uns die Sintflut.

Lopex wollte die Molke angeblich zu »Fischfutter« verarbeiten, um sie dann in die Dritte Welt zu verscherbeln. *Rolf-Rüdiger Sprang,* Chef der Exportfirma Lopex, meinte denn auch, es sei ein »Verbrechen gegen die Menschlichkeit«, wenn die Molke »als hochwertiges Tierfutter der Dritten Welt vorenthalten werde, wo die Leute mit Hungerbäuchen herumlaufen«. Der Weitertransport des »radioaktiven Mülls« wurde gestoppt. Bayern weigerte sich, den Dreck zurückzunehmen, und so trat Umweltminister *Walter Wallmann* auf den Plan. Er ließ in einer recht hilflos wirkenden Aktion die Molke-Züge bis zur Klärung der Entsorgung auf stillgelegten Gleisen der Bundeswehr in Norddeutschland abstellen. Die Proteste der betroffenen Bevölkerung kümmerten ihn wenig.

Falsches Ritterkreuz

29.1.1987 – Westfälisches Volksblatt, Bielefeld: Düsseldorf (dpa). »Nach seinem Brüsten mit einer gefälschten Ritterkreuzurkunde dürfte dem Präsidenten des *Comitees Düsseldorfer Carneval (CC), Wolfgang Schackow* (61), das Lachen inzwischen vergangen sein: Die Vorlage einer angeblich am 1. April 1945 ausgestellten Urkunde, die ihn als Träger des Ritterkreuzes auswies, kostete Schackow den Vorsitz unter den Narren und 20.000 Mark Strafe. Das gefälschte Dokument war mit einer Schreibmaschine getippt, die es 1945 noch gar nicht gab.«

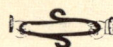

Heinrich Lummer (CDU) – ... und jetzt noch Volksvertreter

Für eine skandalöse Entscheidung sorgte das Berliner Abgeordnetenhaus zur Bundestagswahl vom 25. Januar 1987: Es entsandte den ehemaligen Innensenator, Bürgermeister und in zahlreiche Affären verstrickten *Heinrich Lummer* als Bundestagsabgeordneten der CDU nach Bonn – ein neuerliches Zeichen von Instinkt-, Geschmack- und Hemmungslosigkeit sowie Machtbesessenheit und Westberliner Filz. Der »Law-and-order«-Politiker und »Senator fürs Grobe« vom äußersten rechten Flügel der Westberliner CDU hat eine knallharte Vergangenheit. Er ließ auf brutalste Weise besetzte Häuser räumen, zog massiv gegen Ausländer und Asylanten zu Felde und steckt bis über beide Ohren im Korruptionsstrudel der Stadt, im Bauskandal und in Schmiergeldaffären.

So hatte Lummer im März 1986 einräumen müssen, daß er 1971 in seiner Funktion als CDU-Fraktionschef eine 2000-Mark-Spende aus der Parteienkasse an eine rechtsradikale Organisation gegeben hatte, um damit Anti-SPD-Aufkleber zu drucken.

Im Zusammenhang mit dem Berliner Bauskandal soll sich Lummer vom Wuppertaler Autohändler und Bauspekulanten *Otto Putsch* 1973 eine Reise in den Libanon finanziert haben lassen. Lummers Rolle im Bau-Bestechungsskandal ist bislang noch nicht geklärt. Im April 1986 mußte Lummer wegen seiner Affären zurücktreten. Und mit ihm Bausenator *Klaus Franke (CDU)* und Umweltsenator *Horst Vetter (FDP)*.

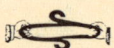

Januar 1987

Honorar- und Rezeptbetrug

Im Januar 1987 verurteilte das Landgericht Mainz einen Facharzt für Hautkrankheiten wegen Honorar- und Rezeptbetrugs zu drei Jahren und zehn Monaten Gefängnis sowie 10.000 Mark Geldstrafe, eine am Betrug beteiligte Apothekerin zu einem Jahr und neun Monaten, die gegen Zahlung von 20.000 Mark zur Bewährung ausgesetzt wurden. Die beiden Herrschaften im weißen Kittel hatten die Krankenkassen durch falsche Honorarabrechnungen für nicht oder nur teilweise erbrachte Leistungen um über 600.000 Mark geprellt.

Januar 1987

Reemtsma-Manager – Hohe Strafen für Parteispender

Am 28. Januar 1987 bestätigte der Bundesgerichtshof in Karlsruhe (BGH) in einem Grundsatzurteil die Urteile in der Spendenaffäre gegen die beiden Reemtsma-Manager *Horst Wiethüchter* (189.000 Mark Strafe) und *Ernst Zander* (108.000 Mark Strafe). Damit verwies der BGH alle Winkelzüge der Verteidigung zur Reinwaschung der Reemtsma-Bosse in die Schranken und setzte ein Zeichen für die unzähligen weiteren Parteispendenprozesse in den kommenden Jahren.

Danach ist die verdeckte Parteienfinanzierung über parteinahe Stiftungen zum Zwecke der Steuerhinterziehung grundsätzlich strafbar.

Der Zigaretten- und Getränkehersteller Reemtsma hatte zwischen 1965 und 1981 rund sechs Millionen Mark an die »drei staatstragenden Parteien« gespendet. Die CDU erhielt allein über die »Staatsbürgerliche Vereinigung von 1954 e.V.« zwei Millionen Mark. Da die beiden Manager die Summen aber gegenüber der Steuer als Förderung staatspolitischer Zwecke angegeben hatten, hatten sie im Fall Wiethüchter 413.000 Mark und im Fall Zander 250.000 Mark an Steuern hinterzogen.

Für den Staatsanwalt stand fest, daß die Verurteilten wußten, was sie taten. »Man hat sich nicht darüber geirrt, etwas Verbotenes zu tun. Man hat sich nur gedacht, weil Politiker beteiligt sind, daß nichts passiert. Das war der große Irrtum.«

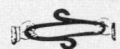

Gesamtdeutsche Gelder abgezweigt

Der ehemalige Geschäftsführer des SPD-Unterbezirks Hof, *Walter Taubald,* und weitere fünf Angeklagte mußten sich Ende Januar 1987 vor der Ersten Großen Strafkammer des Landgerichts Hof verantworten. Ihnen wurde vorgeworfen, aus Geldern des dem Bundesministerium für innerdeutsche Beziehungen angegliederten *Gesamtdeutschen Instituts* von 1977 bis 1981 über 140.000 Mark an Zuschüssen für Berlin-Fahrten und innerdeutsche Seminare manipuliert und falsch abgerechnet zu haben. Das Geld sei der SPD zugegangen, dem Reisebüro der Freundin Taubalds (50.000 Mark) und auf ein privates Konto (20.000 Mark) geflossen.

»Baustadtrat Herrmann zu Haftstrafe verurteilt«

Am 19. Januar wurde der ehemalige Baustadtrat von Berlin-Wilmersdorf, *Jörg Herrmann,* wegen Bestechlichkeit in vier Fällen und Vorteilsnahme zu zwei Jahren und drei Monaten Freiheitsstrafe verurteilt. Nach Überzeugung der 11. Großen Strafkammer des Berliner Landgerichts hatte Herrmann vom Berliner Bauunternehmer und »Herrenausstatter« *Kurt Franke* 50.000 Mark an Schmiergeldern für ein Bauvorhaben in der Lietzenburger Straße erhalten. In dem seit Sommer letzten Jahres andauernden Korruptionsprozeß waren zuvor schon u.a. der ehemalige CDU-Baustadtrat von Charlottenburg, *Antes,* verurteilt worden.

Thomas Hupka – Lange Finger bei der CDU

Thomas Hupka, der 28jährige Sohn des CDU-Bundestagsabgeordneten und Bundesvorsitzenden der Landsmannschaft der Schlesier, *Herbert Hupka,* steht Mitte Januar 1987 vor dem Schöffengericht des Bonner Amtsgerichts. Der voll geständige Sohn des rechtskonservativen Politikers, der selbst einmal für kurze Zeit Vorsitzender der Jungen Union war, soll die Bundesgeschäftsstelle der CDU um 120.000 Mark betrogen haben. Hupka hat Gelder von Konten der Jungen Union für sich selbst benutzt, angeblich um Schulden zu bezahlen.

Neben Unterschlagung und Betrug wird dem forschen CDU-Mann auch noch Urkundenfälschung vorgeworfen. Eine Pikanterie am Rande: Thomas Hupka war Generalsekretär der Drogenberatung in Unkel bei Bonn.

Dezember 1986

Der Münchner Fleischhändler Fritz Riess

Im Dezember 1986 wurden vor dem Landgericht München I drei Fleischhändler wegen Mithilfe zu einem 78-Millionen-Mark-Betrug zu Gefängnisstrafen zwischen drei Jahren und zwei Monaten bzw. vier Jahren und neun Monaten verurteilt. Der Drahtzieher und Haupttäter, »der mit billigem Fleisch aus Rumänien Millionen gescheffelt hat«, der Münchner Fleischhändler *Fritz Riess,* blieb in seinem Schweizer Exil unbehelligt.

Er hatte die Zollbestimmungen, die EG-Bauern vor Billigfleisch aus Drittländern schützen sollten, immer wieder umgangen.

Die Münchner »Abendzeitung« schrieb: »In Zusammenarbeit mit den rumänischen Behörden, die er mit mehreren Millionen Mark bestach, deklarierte er in den Jahren 1978 bis 1983 hochwertiges, in 25-Kilo-Würfeln eingefrorenes Rindfleisch als ›genießbaren Schlachtabfall‹. So ersparte er sich Abschöpfzölle in Höhe von 77,8 Millionen Mark.

»Mit dem billig eingekauften Fleisch rettete er seine damals vor dem Ruin stehende Firma, unterbot die Konkurrenz und machte Millionen.«

Ende 1986

Sie machten Schlagzeilen!

Jahrelang lebten sie nicht schlecht von publikumsträchtigen Schlagzeilen, jetzt sorgten sie selbst für diese Schlagzeile in der Frankfurter »Abendpost/Nachtausgabe«: »4 Millionen veruntreut? Zwei Ex-Manager in Haft«. Da war zu lesen: »Mainz. Bis Mitte November waren sie die Chefs eines großen deutschen Verlags, seit gestern sind sie in Haft: *Gerhardt Schmidt* und *Eckhard Kentsch,* ehemalige Geschäftsführer der *Mainzer Verlagsanstalt (MVA).* Der Vorwurf der Staatsanwaltschaft: Sie sollen beim Verkauf des ›Darmstädter Tagblatts‹ vier Millionen Mark veruntreut haben.«

Zahnärzte manipulieren Abrechnungen

Dpa schrieb am 18.12.1986: »Zwei Prozent der 1100 Hamburger Zahnärzte haben ihre Abrechnungen in der Vergangenheit manipuliert. Dabei ist den Krankenkassen ... ein Schaden von über zwei Millionen Mark entstanden. Die von der Hamburger Kriminalpolizei 1982 eingesetzte Sonderkommission, die kürzlich ihre Ermittlungen bei 120 Hamburger Zahnärzten im wesentlichen abschloß, schätzt den Schaden dagegen doppelt so hoch.«

Die Zahnärzte sollen von Dental-Labors entgegengenommene Rabatte für zahntechnische Arbeiten nicht an die Krankenkassen weitergegeben, bei der Goldverarbeitung manipuliert und nicht vertragsgerecht erbrachte Leistungen abgerechnet haben.

Redakteurin unterschlug Juwelen

Statt auf einem Fototermin, wie die meisten Schmuckhändler gutgläubig meinten, landeten die Juwelen im Leihhaus und ermöglichten der 47jährigen Herausgeberin und Alleinredakteurin eines Magazins »für Wohnkultur, Mode, Schmuck, Kosmetik, Reisen und Geldanlage« in Düsseldorf einen flotten und aufwendigen Lebensstil.

Schmuckhändler aus dem ganzen Bundesgebiet hatten der Redakteurin Juwelen im Wert von einer halben Million Mark zur Verfügung gestellt, die in dem Hochglanz-Magazin abfotografiert werden sollten. Im Dezember 1986 flog der Schwindel auf.

»Fünf Jahre Haft für Antes«

So schrieb dpa am 12. Dezember 1986: »Im Berliner Korruptionsskandal ist der ehemalige Charlottenburger CDU-Baustadtrat *Wolfgang Antes* am Freitag zu fünf Jahren Haft wegen Bestechlichkeit in vier Fällen und Vorteilsnahme verurteilt worden.

Die Zehnte Große Strafkammer des Berliner Landgerichts blieb damit unter dem Antrag der Staatsanwaltschaft, die sechs Jahre gefordert hatte. Die Verteidigung hatte ein Strafmaß unter fünf Jahren beantragt.

Antes hatte zu Beginn der Woche überraschend gestanden, im Zusammenhang mit Bauprojekten 300.000 Mark an Schmiergeldern kassiert zu haben.«

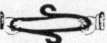

Dezember 1986

»Die Maß ist voll« – Wenig Bier für viel Geld

Katastrophal eingeschenkte Maßkrüge sind bei vielen Münchner Wirten an der Tagesordnung. So auch im Münchner *Augustiner-Biergarten*. Jahrelang wurden die Gäste mit schlecht eingeschenkten Krügen übers Ohr gehauen.

Der Wirt des Augustiner-Biergartens wurde schließlich vom 1. Zivilsenat des BGH in letzter Instanz verurteilt, nachdem eine Stammtischrunde gegen den Wirt geklagt hatte. Aktenzeichen: I ZR 136/84 vom 10.12.1986.

Dezember 1986

Neue Heimat – Die Abfindung von 2,5 Millionen Mark

dpa meldete am 4. Dezember 1986 eines der letzten unrühmlichen Kapitel im Skandal um die »*Neue Heimat*«: »Der von dem Berliner Unternehmer *Horst Schiesser* am 1. Oktober eingesetzte Geschäftsführer der Neuen Heimat (NH), *Jürgen Havenstein,* erhält nach nur eineinhalb Monaten Amtszeit von der *Gewerkschaftsholding BGAG* eine Abfindung von 2,5 Millionen Mark.« So verkündete es das BGAG-Vorstandsmitglied *Rolf Freyberg* vor dem Untersuchungsausschuß der NH. Mit dem Rückkauf der NH durch die Gewerkschaften am 12. November 1986 hatte der Schiesser-Spezi Havenstein seinen Posten wieder abtreten müssen.

dpa teilte außerdem mit, wie Freyberg die bislang genannten 14 Millionen Mark Abfindung für den skandalösen »Deal« aufschlüsselte. Rund sieben Millionen Mark gehen demnach an Schiessers Anwaltsbüro, drei Millionen Mark an ein Wirtschaftsprüfungs- und Steuerberatungsbüro. Und wie gesagt: 2,5 Millionen Mark an den Schiesser-Freund Havenstein. »Zur Differenz von etwa 1,5 Millionen Mark äußerte sich Freyberg nicht«, so dpa. Also, Gewerkschafter: Was ziert Ihr Euch eigentlich beim Entrichten der doch immer üblicher werdenden Spartenbeiträge, um wenigstens die laufenden Kosten an der Basis zu decken!

»Finaler Rettungsschuß«

Bayern, Niedersachsen und Rheinland-Pfalz haben die Hinrichtung eines »Gangsters«, den sogenannten »finalen Rettungsschuß«, in ihre Landes-Polizei-Gesetze aufgenommen, alle anderen Bundesländer lehnen es konsequent ab, »den Todesschuß über das Notwehr- und Nothilferecht hinaus in den Rang eines staatlichen Hoheitsakts« zu erheben. So zitiert der »Spiegel« (46/1986) den Sprecher des nordrhein-westfälischen Innenministeriums: »Wir haben den Todesschuß nicht eingeführt, weil die im Grundgesetz abgeschaffte Todesstrafe nicht auf dem Umweg über eine gesetzliche Fixierung des Todesschusses wieder eingeführt werden darf.«

Schlagzeilen machte der sogenannte »finale Rettungsschuß« – wie in Bayern dieser gezielte Todesschuß genannt wird –, als Anfang November 1986 der arbeitslose Heizungsinstallateur *Werner Boyd* seine ehemalige Freundin nach einer Auseinandersetzung mit einer Pistole bedrohte, sie als Geisel nahm und für ihre Freilassung eine Million Mark und ein Fluchtauto forderte. Als sich der Geiselnehmer am Fenster zeigte, erschoß ihn ein Scharfschütze. Terminus und Tat gerieten in die Schlagzeilen und wurden kontrovers diskutiert. So meinte beispielsweise der stellvertretende Vorsitzende im Rechtsausschuß des Niedersächsischen Landtags und Kenner der Materie, *Dr. Werner Holtfort (SPD):* »Seit das bayerische Polizeigesetz den Todesschuß-Paragraphen enthält, wird in Bayern mehr geschossen.« Das *Erzbischöfliche Ordinariat* in München dagegen hielt und hält einen sogenannten »finalen Todesschuß« für ethisch gerechtfertigt.

U-Boote für Südafrika – Am Rüstungsembargo vorbei

Am Waffenembargo der UNO gegenüber Südafrika vorbei haben die *Howaldtswerke – Deutsche Werft AG (HDW)* in Kiel und das *Lübecker »Ingenieur-Kontor« (IKL)* Konstruktionspläne und Blaupausen für den Bau von U-Booten an Südafrika verkauft. Seit November 1986 laufen die Ermittlungen gegen die Howaldtswerke – Deutsche Werft AG. Ein Ermittlungsverfahren durch die Oberfinanzdirektion Kiel läuft bereits seit dem 14. November 1985.

Den illegalen Waffen-Deal mit dem Apartheidsregime am Kap hatte *Franz Josef Strauß* eingefädelt. Ein Untersuchungsausschuß des Bundestages versucht zu klären, inwieweit die Bundesregierung in diese Affäre verwickelt ist. Der Südafrika-Experte und SPD-Sprecher in Bonn, *Günter Verheugen,* resümiert in seinem Buch »Apartheid – Südafrika und die deutschen Interessen am Kap«: »Die deutsche Politik ist... mitverantwortlich für die täglich millionenfachen Menschenrechtsverletzungen des weißen Minderheitenregimes.«

Über 100 bundesdeutsche U-Boote wurden bislang nach den Plänen des IKL gebaut und an 17 Länder verkauft. Und wie die bundesdeutsche Industrie in diesem schmutzigen Geschäft mitmischt und verdient, geht aus der Liste der beteiligten und zuliefernden Firmen des für Südafrika vorgesehenen U-Boots vom Typ 209 hervor: *Siemens* (Elektromotoren), *MTU* (Dieselgeneratoren), *Krupp Mak* (Torpedorohre), *AEG* (Lenktorpedos), *Varta* (Batterien), *Zeiss* (Sehrohre) u.a.

Dezember 1986

Orts-, Betriebs- und Ersatzkassen betrogen

Ende 1986 schickte die Erste Große Strafkammer am Landgericht Coburg einen Arzt und Geburtshelfer für zwei Jahre und drei Monate hinter Gitter, weil er fünf Orts-, Betriebs- und Ersatzkassen durch Abrechnung nicht erbrachter Leistungen um 95.000 Mark geschädigt hatte.

November 1986

Die Rheinverschmutzer – Sandoz und Co.

Der »Stern« sprach von einer Art Tschernobyl am Rhein. *Willy Brandt* nannte es »Bophal am Rhein« und spielte damit auf die indische Stadt an, in der 3000 Menschen an der Giftgaswolke einer Pestizid-Fabrik des US-Konzerns *Union Carbide* starben.

In der Nacht zum 1. November 1986 geriet die Lagerhalle 956 des Schweizer Chemiekonzerns *Sandoz* in der Nähe von Basel in Brand. Zahlreiche Fässer mit Insektiziden und Pestiziden wurden zerstört, liefen aus und flossen mit Strömen von Löschwasser in den Rhein. Das Werk verfügte weder über eine Sprinkleranlage noch über Auffangbecken für Löschwasser. Mehrere hundert Kilogramm Schädlingsbekämpfungsmittel verseuchten den Rhein. Die Sandoz-Welle wälzte sich auch durch die Bundesrepublik und zerstörte in dem wieder auf ein erträgliches Maß regenerierten Rhein nahezu alles Leben.

150.000 Aale verendeten, Wasservögel starben, vielerorts gab es Wassernotstand, der Rhein wurde im verseuchten Oberlauf zu einem biologisch toten Fluß.

»Und wie schon nach der Atomkatastrophe in der Sowjetunion gab es aus Bonn tagelang weder Warnung noch Aufklärung«, schrieb der »Stern«. »Erst am sechsten Tag nach dem Rhein-GAU meldete sich *Walter Wallmann* – Bundesumweltminister seit Tschernobyl – zu Wort.« Dem baden-württembergischen Umweltminister *Gerhard Weiser* erschien »der Rhein nur minimal belastet«.

Den Grünen ist die Bekanntmachung von Unterlagen zu verdanken, die bewiesen, daß die Sandoz-Manager sehr wohl von den Risiken am Rhein wußten, aber die nötigen Betriebssicherungen nicht installierten. *Hans Albers,* der Präsident des bundesdeutschen Verbandes der Chemischen Industrie (VCI), wehrte sich ohne große Worte des Bedauerns gegen mögliche strengere und mit Mehrkosten verbundene Umweltauflagen, während – so wurde nach und nach bekannt – Chemie-Riesen wie der Schweizer Konzern *Ciba Geigy* und die deutschen Firmen *BASF, Hoechst* und *Bayer* verdächtigt wurden, die »dreckige« Gelegenheit gleich beim Schopfe gepackt und ihrerseits »nachgekippt« zu haben. Wenn schon, denn schon.

Die Äußerungen und sogenannten Entschuldigungen der für die Giftwelle verantwortlichen Sandoz-Manager waren an Zynismus kaum zu überbieten. Als sich bei einer öffentlichen Diskussion im Stadttheater von Basel herausstellte, daß 250 Meter neben der brennenden Halle ein Tank mit dem Giftgas Phosgen lagerte, kam es zu Handgreiflichkeiten gegen den Sandoz-Manager *Hans Winkler.*

Bereits am 25. November 1986 schickte die Sandoz AG einen mit *Dr. Schneider* und *Dr. Klinger* unterzeichneten Brief an bundesdeutsche Ärzte, in dem sie auf beschwichtigende Erklärungen ihres Verwaltungspräsidenten, *Dr. Marc Moret,* hinwiesen, ihr Verständnis für die öffentlich emotional geführte Diskussion betonten und ansonsten für Vertrauen in die »wirksamen und bewährten Medikamente« des Chemie-Konzerns plädierten. Die beiden Herren beendeten ihren Brief so: »Wer uns und unsere Arbeitsweise kennt, bestätigt uns immer wieder verantwortungsbewußtes Handeln. Diesem Anspruch wollen wir auch in Zukunft gerecht werden.« Schönen Dank!

25. November 1986

Sehr geehrter Herr ...,

das Brandunglück in einem Lager für Agrochemikalien bei unserer Muttergesellschaft in Basel mit seinen schwerwiegenden Folgen für die Umwelt hat Erschütterung und Betroffenheit ausgelöst – bei Ihnen wie bei uns. Unsere Betroffenheit ist eine doppelte: Wir sind zutiefst bestürzt über die Umweltschäden, die auch uns als Bürger dieses Landes treffen, und wir bedauern, daß sich mit dem Namen Sandoz ein solches Ereignis verbindet.

Ursachen und Auswirkungen des Brandes sind noch in vielen Punkten ungeklärt. Über den jeweils neuesten Erkenntnisstand zu diesem komplexen Geschehen wurde in bislang drei Pressekonferenzen von der Konzernleitung in Basel informiert. Wir fügen diesem Schreiben eine Erklärung des Verwaltungsratspräsidenten der Sandoz AG, Dr. Marc Moret, bei sowie eine detaillierte Information zur Chronologie der Ereignisse. Sie finden darin Antworten auf die Fragen, die uns in Deutschland am häufigsten gestellt werden. Es ist uns ein Anliegen, daß Sie unsere Bereitschaft zu offener und umfassender Information erkennen – wir wollen nichts herunterspielen.

Wir haben Verständnis dafür, daß die Ereignisse in der Öffentlichkeit z.T. sehr emotional diskutiert worden sind. Mit diesem Brief möchten wir einen Beitrag zu Ihrer Sachinformation leisten. Bitte wenden Sie sich an uns, wenn Sie weitere Fragen haben.

Zahlreiche Reaktionen aus der Ärzte- und Apothekerschaft sprechen für Mitgefühl in dieser für Sandoz schwierigen Situation. Dafür sind wir sehr dankbar.

Auf der anderen Seite haben wir und vor allem unsere Mitarbeiter im Außendienst, die selbst tief erschüttert sind, stellvertretend für den Konzern viel an Kritik gehört; diese Kritik nehmen wir sehr ernst.

Das Geschehene läßt sich nicht ungeschehen machen. Sandoz wird aber die notwendigen Konsequenzen ziehen und sich dabei zwei Aufgaben ganz besonders zuwenden:

1. Im Rahmen des denkbar Möglichen alles zur Wiedergesundung des Rheins zu unternehmen;
2. mit Hilfe unabhängiger Experten die Risikosituation des Unternehmens einer neuen, grundlegenden Analyse zu unterziehen und entsprechende zusätzliche Sicherheitsvorkehrungen zu treffen.

Daß Sandoz seiner Pflicht zum Ausgleich finanzieller Schäden nachkommt, ist ohnehin selbstverständlich.

Es ist seit Jahren unser Bestreben, mit wirksamen und bewährten Medikamenten kranken Menschen zu helfen. Wer uns und unsere Arbeitsweise kennt, bestätigt uns immer wieder verantwortungsbewußtes Handeln.

Diesem Anspruch wollen wir auch in Zukunft gerecht werden.

Mit freundlichen Grüßen
S A N D O Z   AG

Dr. Schneider   Dr. Klinger

Anlage

Dezember 1986

Medikamentenschieber im Großklinikum Aachen

Durch Zufall kamen Kriminalpolizei und Staatsanwaltschaft im skandalträchtigen *Großklinikum Aachen* einem neuerlichen Fall auf die Spur: dem größten Medikamentendiebstahl in einer deutschen Klinik. Drei im Klinikum arbeitende Personen sollen innerhalb weniger Monate für rund zehn Millionen Mark Arzneien und Pillen gestohlen, große Mengen an Blutplasma nach Ostasien verschoben und aus Operationssälen und Labors Instrumente im großen Umfang abmontiert und ins Ausland veräußert haben.

Darüber hinaus liegen von zahlreichen Patienten Anzeigen vor über gestohlene Brieftaschen, Schmuck, Fernseher und Videorecorder. Der Skandal im Großklinikum Aachen flog Ende 1986 auf.

1986

Wirtschaftskriminalität – kein Kavaliersdelikt

Wirtschaftskriminalität wird häufig als Kavaliersdelikt angesehen, weil die Täter im weißen Kragen daherkommen, sozial gut gestellt sind und man solchen Herrschaften nichts Kriminelles zutraut. Weit gefehlt.

Experten schätzen den Schaden durch Wirtschaftskriminelle – illegale Beschäftigungen, Wirtschaftsbetrug, Scheinfirmen, Computer-Kriminalität – auf 100 bis 150 Milliarden DM, mehr als 10 Prozent des Bruttosozialprodukts.

Wirtschaftskriminalität ist in erster Linie die Tat der Mächtigen, Einflußreichen und Wohlhabenden. Sie geht immer auf Kosten anderer. Wirtschaftskriminalität führt – wie der Soziologe sagt – zu einer hohen Schadensträchtigkeit und zur Sozialschädlichkeit.

Oktober 1986

Skandal um Tiefgefrorenes

Nach Antibiotika im Rindfleisch, Bromderivaten im Bier, Glykol im Wein, Pestiziden in der Milch und verdrecktem Schleuderei in Nudeln gab es im Oktober 1986 einen Skandal um tiefgekühlte Kost.

»Manipulationen im großen Stil« deckten Wirtschaftskontrolldienste der Polizei im Crailsheimer Zweigbetrieb der Essener Tiefkühlkost-Vertriebsfirma *Münstermann* auf. In mehreren Dutzend Tiefkühlhäusern in Baden-Württemberg entdeckte die Stuttgarter Polizei Unglaubliches: Katastrophale hygienische Zustände, tiefgefrorene Hähnchen, Enten, Fische und Gemüse waren im Haltbarkeitsdatum verändert. Bereits aufgetaute Waren wurden wieder eingefroren. Gefrierbrand gehörte zur Norm, und aufgetautes Fleisch wurde als Frischfleisch deklariert. Da lagerte kaum zu unterscheidende Tiefkühlkost für den Menschen neben Tierfutter, die Lebensmittel waren verdorben, stanken und hätten eigentlich nicht einmal an Tiere verfüttert werden dürfen. Besonders bei Wildprodukten waren die Haltbarkeitsetiketten überklebt oder ganz entfernt werden.

Die Polizei war sich sicher: An Tiefgefrorenem wurde mit dem Haltbarkeitsdatum in großem Umfang manipuliert. Wahrscheinlich hatte man mit dem »Fall Münstermann« und den Funden in Baden-Württemberg nur die Spitze eines Eisbergs entdeckt.

HORST-DIETER ESCH, die IBH-Affäre und der Scheich

Für die Staatsanwaltschaft war die *IBH*-Affäre von 1983 einer der schwersten Wirtschaftskriminalfälle in der Geschichte der Bundesrepublik. Der Mainzer Baumaschinenkonzern des *Horst-Dieter Esch* war mit einem Schuldenberg von einer runden Milliarde Mark pleite gegangen. Die »Neue Züricher Zeitung«: »Esch hatte die IBH 1975 gegründet und durch den Kauf konkursreifer Unternehmen zu teilweise symbolischen Preisen zum drittgrößten Baumaschinenkonzern der Welt mit rund 10.000 Angestellten ausgebaut. Der dynamische Jungunternehmer wurde weiterum als Managementwunder gefeiert und genoß auch in höchsten Kreisen Popularität.«

In den Zusammenbruch der IBH-Gruppe – »hinter dem oberflächlichen Glanz standen jedoch teilweise Scheingeschäfte und fragwürdige Finanzmethoden« – geriet auch die Frankfurter Privatbank »*Schröder, Münchmeyer, Hengst & Co (SMH)*«, die Esch Millionenbeträge auch noch in aussichtsloser Situation zuschusterte und selbst nur durch eine »Nacht- und Nebel-Aktion« der Kreditwirtschaft von einem Schicksal à la *Herstatt* gerettet werden konnte. Hauptschuldiger der SMH-Herrschaften war *Graf Galen*.

Ende Oktober wurde Esch von der 10. Großen Strafkammer des Landgerichts Koblenz wegen schweren Betruges, Konkursverschleppung und Verstößen gegen das Aktienrecht zu sechseinhalb Jahren Gefängnis und einer Geldstrafe von 90.000 Mark verurteilt. Im November 1984 war Esch bereits vom Landgericht Hanau zu einer Gefängnisstrafe von dreieinhalb Jahren wegen Untreue als Aufsichtsratsvorsitzender der IBH-Tochter *Wibau AG,* zu deren Finanziers wieder die SMH gehörte, verurteilt worden.

Der Prozeß im Herbst 1986 machte auch deshalb solche Schlagzeilen und kam zu einem raschen Ende, weil der geschädigte saudiarabische Scheich *Saleh A. Kamel* als Zeuge gegen Esch vor Gericht auftrat. Er hatte sich im Frühjahr 1982 an der völlig verschuldeten IBH beteiligt, hatte für 200 Millionen Mark bei Esch Anteile erworben und war von dem »Managementwunder« um 100 Millionen Mark betrogen worden.

Salmonellen-Skandal in Hessen

Um Kinder vor vermeidbaren Strahlenbelastungen nach dem Unglück von Tschernobyl zu schützen, empfahlen im Herbst 1986 offizielle hessische Stellen den Verzehr von Trockenmilch-Pulver.

Doch hessische Kleinkinder erkrankten reihenweise an Salmonellen-Infektionen. Salmonellen-Vergiftungen bedeuten für Kinder Lebensgefahr.

Das Milchpulver stammte von der *Moha-Molkerei* in Hungen bei Gießen. Ebenso schuldig an dem Skandal war der Milchpulver-Vertreiber, die Frankfurter *Bundesanstalt für landwirtschaftliche Marktordnung (BALM)*. Nach Meinung des hessischen Sozialministeriums hatten sowohl die Moha als auch der Vertreiber von der Salmonellen-Verseuchung des Milchpulvers gewußt und es dennoch im EG-Auftrag an Elterninitiativen verkauft.

Noch schlimmer: Das Milchpulver stammte aus einer Charge, von der es zuvor hieß, sie sei nicht an Familien, sondern an die Futtermittelindustrie abgegeben worden. Die gesamte Trockenmilch-Produktion der Moha wurde beschlagnahmt, weil der dringende Verdacht auf weitere Salmonellen-Vorkommen bestand.

Zynismus am Rande: Anscheinend war die Existenz von Salmonellen als Folge schlechter hygienischer Zustände bei dem Milchproduzenten bekannt. Da Salmonellen aber für Erwachsene relativ ungefährlich sind, flog die Sache erst auf, als plötzlich nach Tschernobyl das Trockenmilchpulver per Verordnung als Babynahrung verwendet wurde.

September 1986

Schiesser, Lappas, Breit und Co.

Mitte August 1986 stand für die CDU-Abteilung des Bundestags-Untersuchungsausschusses in Sachen *Neue Heimat* fest, daß sich der Gewerkschaftskonzern der Täuschung von Mietern, der Manipulation, fehlerhafter Betriebsabrechnungen, »Scheinverkäufen« von Wohnungen und anderer Unregelmäßigkeiten schuldig gemacht hatte.

Der DGB geriet in Panik – und reagierte.

In einer Nacht-und-Nebel-Aktion, vorbei an den Gläubigerbanken, an den eigenen gescheiterten Sanierern wie dem Ex-BfG-Bankier *Diether Hoffmann,* den Betriebsräten und Belegschaften der Firmen der *Neuen Heimat* sowie den Mietern, verscherbelten die Gewerkschafter rund 190.000 Wohnungen an den eher dubiosen und unbedarften Berliner Brot-Fabrikanten *Horst Schiesser.*

Der gewerkschaftseigene, gemeinnützige Wohnungsbaukonzern, an dem Hunderttausende von Mietern hingen, ging am 19. September 1986 handstreichartig in Privatbesitz über – für den symbolischen Kaufpreis von 1 Mark.

Der DGB-Vorsitzende *Ernst Breit* mußte den Beschluß der 17 Vorsitzenden der Einzelgewerkschaften einer fassungslosen Öffentlichkeit mitteilen. Schnell kamen Gerüchte auf, Schiesser sei nur ein Treuhänder, ein Strohmann, eine Gewerkschaftspuppe. Doch alles sprach dafür, daß der DGB diesen »Coup« ernst gemeint hatte, um sich selbst aus der kritischen öffentlichen Schußlinie zu nehmen. Ein klassischer Rohrkrepierer.

Die Gläubigerbanken spielten nicht mit bei den ihrer Meinung nach unseriösen Machenschaften mit dem Brotfabrikanten. Der Kuhhandel auf dem Rücken der Mieter wurde rückgängig gemacht – freilich mit einem Millionen-Minus zugunsten der Schiesser-Truppe. Der »Stern«: »Diese Summen regen aber beitragszahlende Arbeitnehmer auf, die in ihrem gesamten Arbeitsleben nicht soviel verdienen werden wie Schiessers Neue-Heimat-Manager *Jürgen Havenstein, Helmut Lahmann* und *Peter Gardosch* in nur sechs Wochen.«

Die Gewerkschaften hatten sich so in die Katastrophe geritten, daß sie sich auch gezwungen sahen, die *Bank für Gemeinwirtschaft (BfG)* für zwei Milliarden Mark weit unter Wert an die *Aachener Münchner Versicherung* zu veräußern. Ähnliches gilt für die gewerkschaftseigene *Volksfürsorge*. Und alles das, um die katastrophale Geschäftspolitik der *Gewerkschaftsholding BGAG* wieder ins Lot zu bringen. *Alfons Lappas,* selbst tief in den Skandal um die Neue Heimat verstrickt und mit 735.000 Mark Jahresgehalt Boss der BGAG wurde nach einer Aussageverweigerung vor dem Bundestags-Untersuchungsausschuß während der Eröffnungsveranstaltung des IG-Metall-Kongresses in Hamburg in Beugehaft genommen – unter einem eher peinlichen Solidaritätsgeheul von Spitzengewerkschaftern und Sozialdemokraten.

Der »Stern« zu dem von Breit protegierten, »absolut unfähigen Kollegen« Millionär: »Der Millionär gab sich noch als Märtyrer der unterdrückten Massen, steckte sich die Blume der kämpfenden Arbeiterklasse, eine rote Nelke, ins Knopfloch und zog beifallumrauscht – herausgeleitet von Ernst Breit – in die Beugehaft: ›Alfons, wir halten zu dir‹«.

Wenig später wurde Lappas gefeuert, während der zweite »Spitzenmanager« der BGAG, *Rolf Freyberg,* vorerst munter weiterwursteln darf. Auf seinem Mist war der Schiesser-NH-Deal gewachsen.

September 1986

Elf Berliner Ärzte unter Betrugsverdacht

11. September 1986. Berlin (dpa): »Elf Berliner Ärzte und Apotheker stehen unter dem Verdacht, Krankenkassen mit falschen Abrechnungen um insgesamt 200.000 Mark betrogen zu haben. Der Staatsanwaltschaft lägen mehrere Strafanzeigen von Krankenkassen vor, sagte ein Justizsprecher. Nach dem bisherigen Ermittlungsstand haben die Beschuldigten entweder nicht erbrachte Leistungen berechnet oder einfache Behandlungen als umfangreiche Therapien abgerechnet.«

Patientenversuche in Ansbach

Aus der »Frankfurter Rundschau«: Ansbach, 9. September 1986. »Erneut hat ein ehemaliger Krankenpfleger des Bezirkskrankenhauses Ansbach (Mittelfranken), in dem zum Teil zwangsweise eingelieferte Patienten psychiatrisch behandelt werden, Anzeige gegen den ehemaligen Chefarzt *Günter Glatthaar* und zwei weitere Mediziner wegen fahrlässiger Körperverletzung mit vierfacher Todesfolge und wegen Arzneimittelmißbrauchs erhoben. Nach bereits gesicherten Ermittlungen hatte der Mediziner an 20 gebrechlichen und zum Teil entmündigten Patienten in den Jahren 1982/83 das Mittel Vivalan getestet, das als Antidepressivum verabreicht wird, bei Prostata-Erkrankten jedoch problematische Nebenwirkungen auslösen kann. Bei den »Feldversuchen« sollen den Patienten ohne deren Einwilligung, teilweise auch gewaltsam, gegen ihren Widerstand, Katheder eingeführt, Blut entnommen und an ihnen rektale Untersuchungen durchgeführt worden sein. Für die Medikamentenversuche bekamen die beiden verantwortlichen Ärzte – Glatthaar und ein Kollege – vom Pharmaunternehmen *ICI* jeweils 4.500 Mark.

Vier zum Teil über 80jährige Patienten starben während der Medikamententests. Ob ihr Tod ursächlich mit den Versuchen zusammenhängt, ist jetzt Gegenstand eines Ermittlungsverfahrens, das die Staatsanwaltschaft Ansbach gegen den ehemaligen Chefarzt, einen weiteren Mediziner und eine Ärztin eingeleitet hat. Der Bezirk Mittelfranken nahm am Montag ein Disziplinarverfahren auf und suspendierte Glatthaar zum zweiten Mal vom Dienst. Bereits vor zwei Jahren hatte der ehemalige Krankenpfleger gleichlautende Anzeigen gegen den Chefarzt und einige Kollegen erstattet. Im Mai vergangenen Jahres waren fünf Ärzte des Ansbacher Bezirkskrankenhauses wegen Vergehen gegen das Arzneimittelgesetz zu Geldstrafen, der Chefarzt zu einem Bußgeld verurteilt worden. Gegen seine daraufhin erfolgte Entlassung durch den Bezirk hatte Glatthaar seinerzeit geklagt und vom Verwaltungsgericht insoweit recht bekommen, als der Bezirk ihn weiterbeschäftigen mußte.«

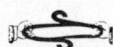

155 Verfahren wegen Rezeptbetrugs

Aus der »Süddeutschen Zeitung« vom 14. August 1986: Mainz (Reuter): »Die Staatsanwaltschaften in Rheinland-Pfalz haben bisher 155 Ermittlungsverfahren gegen Ärzte, Zahnärzte und Apotheker wegen des Verdachts von Abrechnungs- und Rezeptbetrügereien eingeleitet. Der rheinland-pfälzische Justizminister *Heribert Bickel (CDU)* teilte in Mainz mit, bisher seien 64 Verfahren gegen fünf Ärzte, 59 Zahnärzte und einen Apotheker abgeschlossen worden. 18 Verfahren seien aus Mangel an hinreichendem Tatverdacht, sechs weitere wegen geringen Verschuldens und elf gegen Zahlung einer Geldbuße eingestellt worden. In 14 Fällen beantragten die ermittelnden Staatsanwälte den Erlaß von Strafbefehlen, die ausnahmslos rechtskräftig geworden seien.

Nach Abschluß von vier Ermittlungsverfahren sei Anklage erhoben worden, wobei in einem Fall das Gericht das Verfahren gegen Zahlung einer Geldbuße einstellte. Zu den übrigen drei Fällen liegen noch keine rechtskräftigen Entscheidungen vor. Zehn weitere Verfahren wurden an Staatsanwaltschaften anderer Bundesländer abgegeben.«

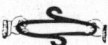

August 1986

Ein Toter mit drei Herzen

Gegen *Dr. Simon Snopowski,* den Chefarzt der Abteilung Chirurgie im Städtischen Krankenhaus München-Bogenhausen, ermittelte im August 1986 die Staatsanwaltschaft wegen fahrlässiger Tötung eines Patienten. Ihm wurde vorgehalten, bei einer harmlosen Zwerchfell-Operation einem 49jährigen Diplomingenieur die Speiseröhre durchbohrt zu haben.

Der Patient starb nach der Operation an einer Blutvergiftung.

Nach anonymen Anrufen erstattete die Witwe Anzeige gegen den Chefarzt. Als die Staatsanwaltschaft München I die Leiche des Ingenieurs beschlagnahmen ließ und zur Obduktion freigab, machten die Rechtsmediziner einen grausamen Fund: In der Leiche lagen mehrere Herzen, eine fremde Niere und andere fremde Organe und Knochenfragmente.

Es stellte sich heraus, daß bei einer zuvor durchgeführten Leichenöffnung der Präparator kurzerhand alle möglichen Organe und Leichenteile in den Toten eingenäht hatte, die er eigentlich durch Verbrennung hätte »entsorgen« müssen.

Gegen den Präparator des Klinikums Bogenhausen wurde daraufhin wegen »Störung der Totenruhe« ermittelt.

Sommer 1986

Verfassungsschutz – Brandanschläge des V-Mannes

Am 17. Dezember 1986 wurde ein Verbindungsmann des bayerischen Verfassungsschutzes von der 1. Strafkammer des Landgerichts München I wegen schwerer Brandstiftung und versuchter schwerer Brandstiftung in vier Fällen zu zwei Jahren und zehn Monaten Gefängnis verurteilt.

Der V-Mann, der sich »durch die unwiderlegte Zusammenarbeit mit dem Verfassungsschutz in einer Verstrickung befand« (so die Urteilsbegründung), hatte sich im Sommer 1986 der Polizei gestellt und die bis dahin unaufgeklärten Brandanschläge u.a. aus dem Jahre 1983, auf ein Kaufhaus und einen Lebensmittelgroßmarkt, gestanden.

Durch diese Taten sollte der V-Mann in die linke Szene eindringen – so das Ansinnen der Verfassungsschützer.

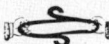

Juni 1986

»Operation Celle« – Die Bombe des Verfassungschutzes

Staatsterrorismus in Niedersachsen. Juli 1978: Zwei in der Justizvollzugsanstalt Celle einsitzende Kriminelle – beide verbüßten langjährige Freiheitsstrafen wegen Raubes bzw. versuchten Mordes an einem Polizeibeamten – wurden vom Verfassungsschutz als sogenannte V-Leute angeworben.

Weit vor Ablauf ihrer Gefängnisstrafe wurden sie auf freien Fuß gesetzt, um an der Aufklärung von Straftaten der RAF mitzuwirken. Einer der beiden sollte das Vertrauen der RAF erwecken, um sich so in die Gruppe einzuschleichen, Straftaten aufzudecken und vermeintliche Täter zu entlarven. Im Sicherheitstrakt der JVA Celle saß zu diesem Zeitpunkt der mutmaßliche RAF-Terrorist *Sigurd Debus* in Haft, der mit einem der beiden V-Leute während der Haftzeit Bekanntschaft geschlossen hatte.

In der Nacht vom 24. auf den 25. Juli 1978 unternahm der niedersächsische Verfassungsschutz einen Sprengstoffanschlag auf das Gefängnis, der vortäuschen sollte, der V-Mann wolle Debus befreien. Die Bombe riß ein etwa eineinhalb Quadratmeter großes Loch in die Mauer.

Während der vorgetäuschte Sprengstoffanschlag, der im niedersächsischen Wahlkampf 1986 ans Licht kam, von den einen als »unzulässig« und »rechtswidrig« verurteilt wurde, war er für den niedersächsischen Ministerpräsidenten *Ernst Albrecht* ein Stück »wehrhafter Demokratie«. Das Einschleusen der dubiosen V-Männer in die linksterroristische Szene mißlang – ihre Honorare aber lagen weit über 100.000 DM.

Juni 1986

Schäden durch ärztliche Behandlung

Juni 1986. München (ddp): »Gesundheitsschäden infolge ärztlicher Behandlung erleidet nach einer Schweizer Studie jeder sechste Krankenhauspatient. In der Münchner

Zeitschrift ›Ärztliche Praxis‹ heißt es dazu, zwei Drittel dieser Therapieschäden würden im Krankenhaus und ein Drittel bei den Hausärzten verursacht. Bei sieben der in die Untersuchung einbezogenen rund 1600 Kranken wurde nicht ausgeschlossen, daß die Behandlung sogar ihren Tod begünstigt habe...«.

Juni 1986

Metzger mischten Formaldehyd in die Wurst

Aus dem »Kölner Stadtanzeiger« vom 12. Juni 1986: »Pirmasens – Zu Freiheitsstrafen bis zu sechs Monaten mit einer Bewährungsfrist von drei Jahren hat das Amtsgericht Pirmasens vier Metzger verurteilt, in deren Wurstwaren die als krebserregend eingestufte Chemikalie Formaldehyd gefunden worden war.

Das Gericht kam zu der Überzeugung, daß die Metzger mit der Verwendung des formaldehydhaltigen Reinigungs- und Desinfektionsmittels Conservol zur Wurstherstellung vorsätzlich gegen das Lebensmittelgesetz verstießen, teilte ein Justizsprecher mit.«

Zwei Metzger waren auch geständig, Conservol aus der Verpackung mit dem Totenkopf beigemischt zu haben, die beiden anderen sprachen von einer Verwechslung.

Mai 1986

»Geld-Manager« prellten Kunden um Millionen

Sie gaben sich als »seriöse« Investmenthändler aus, schmückten sich mit Doktoren- und Adelstiteln, boten Investoren »bombensichere« Kapitalanlagen, hatten ihren Hauptsitz in London und verfügten über zahlreiche Filialen in ganz Europa.

Drei ihrer Scheinfirmen hießen: »*ELT Ester Trading*«, »*Fremont*« und »*Nettleville*«.

Sie vermittelten Trustbeteiligungen und tätigten Devisengeschäfte mit fremden Geldern; sie warben mit Hochglanzbroschüren, täuschten hohe Investment-Gewinne vor und fälschten computerisierte Bankbelege.

Von Ende 1982 bis Mai 1984 ergaunerten sich die Finanzjongleure im Alter zwischen 23 und 42 Jahren von über 100 Kapitalanlegern rund sieben Millionen Mark. Die gutgläubigen Anleger ermöglichten den im »zivilen« Leben als Croupier, Modelltischler und Aufzugsmonteur tätigen Vermögensberatern ein luxuriöses Leben.

Fünf der »Geld-Manager« wurden im Mai 1986 von der 28. Großen Strafkammer des Frankfurter Landgerichts wegen Betrugs und Titelmißbrauchs zu eineinhalb bis fünf Jahren Gefängnis verurteilt.

Gegen über ein Dutzend weiterer »Anlageberater« der oben genannten Scheinfirmen wird in verschiedenen Städten des Bundesgebietes ermittelt. Es soll um weitere acht Betrugs-Millionen gehen.

Mai 1986

Stuttgart – »Korruption im Wohnungsamt«

Ein Mitarbeiter des Stuttgarter Wohnungsamtes hat im Mai 1986 gestanden – so dpa – bei der Vergabe von Wohnungen in 15 Fällen Bestechungsgelder angenommen zu haben.

Ein kleines deutsch-türkisches Blatt hatte zuvor von »Korruption im Wohnungsamt« gesprochen und dem Wohnungs- bzw. dem Ausländeramt den Vorwurf gemacht, seit über zehn Jahren Bestechungsgelder für die Vermittlung von Wohnungen an Ausländer entgegengenommen zu haben.

Die Schmiergeld-Affäre im Stuttgarter Wohnungsamt war im Januar 1986 publik geworden. Anfänglich hatten Oberbürgermeister *Manfred Rommel* und »Wirtschaftsbürgermeister« *Rolf Lehmann* noch vehement einer Schmiergeld-Affäre widersprochen und damit gedroht, das türkische Blättchen wegen Beleidigung und falscher Beschuldigung anzuzeigen.

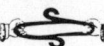

Frühjahr 1986

Christian Schwarz-Schilling verschleudert 2,2 Millionen Mark

Die Beamten des Bundesrechnungshofes gehen beim Bundespostminister ein und aus.

4.674.228 Mark sollte ein bei der Düsseldorfer Unternehmensberatung *Knight Wendling AG* von Bundespostminister *Christian Schwarz-Schilling* in Auftrag gegebenes »Strategisches Konzept für das Postwesen« kosten. Die Rechnungsprüfer freilich waren der Meinung, das sei um 2,2 Millionen Mark zu teuer. Denn in dem Gutachten erwiesen sich – so der Rechnungshof – »nur wenige Vorschläge als realisierbar und wirtschaftlich vorteilhaft«.

Schwarz-Schilling hatte also leichtfertig für ein überflüssiges Gutachten Millionen verschleudert – so die Prüfer im Frühjahr 1986. Und das, während der einfache Postkunde von »seinem« Staatsbetrieb weiter geschröpft wird.

Frühjahr 1986

CN-Gas am Bauzaun in Wackersdorf

Am Bauzaun der *Wiederaufbereitungsanlage (WAA)* in Wackersdorf in der Oberpfalz setzte die Polizei im Frühjahr und im Sommer 1986 die Reiz-Gase CN und CS ein. Stundenlang wurden nicht nur militante Störer, sondern auch völlig friedliche Demonstranten, Kinder, Alte und Rollstuhlfahrer mit dem den Wasserwerfern beigemischten Gasen besprüht sowie von Hubschraubern aus der Luft eingenebelt. 2000 Demonstranten wurden allein zu Ostern verletzt.

Das Tränengas CN ist nach Meinung von Wissenschaftlern potentiell krebserregend. CS das psychologische Atemnot verursacht, wurde im Vietnamkrieg eingesetzt. Am Rande einer der Großdemonstrationen mit CN- und CS-Gas-Einsatz starb der asthmakranke 38jährige Münchner Ingenieur Alois H. Daß sein Tod ursächlich auf den Gas-Einsatz zurückzuführen war, konnte endgültig nicht belegt werden, da Spuren von CN und CS toxikologisch nicht nachweisbar sind.

Auf den Einsatz von Gummi-Wuchtgeschossen, die nach übereinstimmender Meinung von Wissenschaftlern und großen Teilen der Polizei zu verheerenden Augenverletzungen bis zur Erblindung führen können, hatte Bayerns Innenminister *Karl Hillermeier* »noch einmal« verzichtet.

Frühjahr 1986

Anstieg der Umweltkriminalität – Geringe Strafen

Seit 1973 werden in der Bundesrepublik Straftaten gegen die Umwelt statistisch erfaßt. Eine vom Umweltbundesamt in Auftrag gegebene öffentliche Studie kam im Frühjahr 1986 zu folgendem Ergebnis: Die polizeilich bekannt gewordenen Umweltschutzdelikte sind von 2321 im Jahre 1973 auf 12.875 im Jahre 1985 gestiegen. Die Dunkelziffer im Bereich der Umweltkriminalität dürfte um ein Vielfaches höher liegen.

Drei Viertel aller Verstöße liegen im Bereich der Gewässerverschmutzung, knapp 20 Prozent in der umweltgefährdenden Abfallbeseitigung. Haupttatorte der Umweltverschmutzung sind nach dem Ergebnis der Studie Orte mit bis zu 20.000 Einwohnern.

Trotz der erschreckend gestiegenen Zahl von Umweltdelikten kamen wenige Straftäter auch vor Gericht. 1981 wurde in 75 Prozent der Fälle keine Anklage erhoben, nahezu 80 Prozent aller Verfahren wurden eingestellt oder durch Freisprüche erledigt. Die verhängten Geldstrafen beliefen sich in der Regel auf unter 1000 Mark.

Am seltensten wurden nach der Studie sogenannte »Öffentliche Täter« (97,1 %) und Täter aus Industrie und Gewerbe (80,3 %) verurteilt.

Die Studie wies auch auf eine große Diskrepanz zwischen Strafverfolgungsbehörden und Verwaltung hin.

Die Behörden neigen offensichtlich stärker zu Kumpanei und Nachgeben gegenüber Umweltsündern, vor allem aus der Industrie. Industriestandorte, Arbeitsplätze und die Kungelei von Unternehmern und Kommunalpolitikern spielen offensichtlich eine entscheidende Rolle.

April 1986

Das Chaos nach Tschernobyl

Nach der Atomreaktor-Katastrophe im sowjetischen Tschernobyl Ende April 1986 brach die Informationspolitik der Bundesregierung und der Landesregierungen vollkommen zusammen. Ein Krisen-Management fand nicht statt, selbst zu dem Zeitpunkt nicht, als das ganze Ausmaß auch für die Menschen in der Bundesrepublik abzusehen war.

Völlig konfuse Meßdaten, Verhaltensregeln, die zum Himmel schrien, und Total-Irritation zeichneten den bis dato für den Umweltschutz verantwortlichen Innenminister *Friedrich Zimmermann* aus.

Nach dem Chaos reagierte die Bundesregierung mit einem neuen Flop. *Helmut Kohl* kürte den hessischen Landesvorsitzenden der CDU und Frankfurter Oberbürgermeister, *Walter Wallmann,* zum ersten Umweltminister der Bundesrepublik – als Folge der AKW-Katastrophe in der Ukraine.

Wallmann verkündete sogleich vollmundig, die bundesdeutschen AKW seien die sichersten der Welt, um kurz danach – welch ein Widerspruch – eine Nachrüstung für mehrere hundert Millionen Mark zu proklamieren. Wallmann erwies sich als vollkommen inkompetent.

Obwohl drei anerkannte Forschungsinstitute zu dem Schluß kamen, ein Ausstieg aus der Kernenergie sei in einem überschaubaren Zeitraum machbar und auch finanzierbar, blieb Wallmann bei einem sturen »Ja« zur Atomenergie und avancierte damit als Umweltminister zum ersten Lobbyisten der Atomwirtschaft in der Bundesrepublik.

April 1986

»Aufträge im Wert von 2 Millionen Mark erschlichen?«

Aus dem »Münchner Merkur« vom 17. April 1986: Braunschweig (dpa): »Der niedersächsische CDU-Landtagsabgeordnete *Uwe Schwenke de Wall* aus Goslar soll als Bauunternehmer Aufträge im Wert von mehr als zwei Millionen Mark erschlichen haben.

Dies steht nach Informationen der Braunschweiger Justizpressestelle in der Anklageschrift, die jetzt vom Landgericht Braunschweig zur Hauptverhandlung zugelassen worden ist. Die Immunität des Abgeordneten, gegen den voraussichtlich nicht vor der Landtagswahl im Juni verhandelt wird, war im Mai 1985 für die Ermittlungen aufgehoben worden. Schwenke de Wall wird fortgesetzte Bestechung, Beihilfe zur Untreue und Urkundenfälschung zur Last gelegt.«

So wurde dem CDU-Politiker vorgeworfen, mit dem früheren Kämmerer von Baddeckenstedt (Kreis Wolfenbüttel) und einem Mitarbeiter eines Braunschweiger Ingenieurbüros Manipulationen in Millionenhöhe vorgenommen zu haben.

»Das Verfahren gegen den Landtagsabgeordneten ist Bestandteil einer Serie von Prozessen, die gegen mehr als hundert Beschuldigte eines größeren Bauskandals geführt werden.«

April 1986

HELMUT KOHL – »Blackout is beautiful«

»Blackout is beautiful«, konstatierte die *»TAZ«*, nachdem CDU-Generalsekretär *Heiner Geißler* dem Bundeskanzler nach allerhand »Gedächtnislücken« vor dem Flick-Untersuchungsausschuß in Sachen »Spendenwaschanlagen« der CDU bescheinigte, »möglicherweise einen Blackout gehabt« zu haben.

Vorausgegangen war eine Anzeige gegen *Kohl* durch den Abgeordneten der »Grünen« *Otto Schily* wegen Falschaussage und Wahrheitswidrigkeit.

April 1986

10 Tote durch Polizeischüsse

10. April 1986. München (ap): »In zehn Fällen hatte der Schußwaffengebrauch durch Polizeibeamte im Jahre 1985 tödliche Folgen, 32 Menschen wurden durch Schüsse aus Polizeiwaffen verletzt. Unter den Getöteten waren zwei Unbeteiligte, unter den Verletzten drei. Insgesamt wurden von Polizeibeamten im vergangenen Jahr 2244 Schüsse abgegeben. Dies geht aus einer Statistik über den Schußwaffengebrauch durch Polizeibeamte für das Jahr 1985 in der Bundesrepublik hervor, die gestern in München vom bayerischen Innenminister und derzeitigen Vorsitzenden der Ständigen Konferenz der Innenminister und Senatoren der Länder, *Karl Hillermeier*, veröffentlicht wurde. Die Statistik belegt nach Auffassung Hillermeiers ›einmal mehr, daß die

Schußwaffe von den Polizeibeamten in der Bundesrepublik mit großer Umsicht und Zurückhaltung benutzt wird‹. Diese erfreuliche Entwicklung sei angesichts der in den vergangenen Jahren ständig gestiegenen Gewaltkriminalität besonders bemerkenswert.«

April 1986

»Der letzte Looping« – Geld in die eigene Tasche

Das führende Achterbahn- und Riesenradbauunternehmen *Schwarzkopf* in Münsterhausen (Landkreis Günzburg) mußte im Frühjahr 1986 Konkurs anmelden und 70 Arbeiter entlassen. Nichts ging mehr. Das zumindest meinten Konkursverwalter *Alfred Schäffler* und Rechtspfleger *Werner Kurz,* die mit der Abwicklung des Pleitefalles betraut waren.

Aber wie bei Schwarzkopf sollen die beiden vom Amtsgericht Neu-Ulm geschickten Herren im eleganten Anzug auch bei anderen Konkursen kräftig in die eigene Tasche gewirtschaftet haben – seit 1985 sechsstellige Beträge.

Die jeweiligen Firmen, deren mehrere Hundert Mitarbeiter und zahlreiche Gläubiger interessierten die Konkursverwalter weniger als ihr luxuriöses Leben.

Nun ergehen Schadensersatzforderungen von mehreren Millionen Mark an das Bayerische Justizministerium, das für das Verschulden seiner Beamten und mangelnde Aufsicht geradestehen muß.

Die Große Strafkammer des Landgerichts Memmingen verurteilte im Oktober 1986 den Konkursverwalter zu zwei Jahren und sechs Monaten, den Rechtspfleger zu drei Jahren Gefängnis.

Anfang 1986

Arbeitsrichter, Minister, Spekulanten

Ins Gerede gekommen war der ansonsten eher im Verborgenen agierende Erlanger Arbeitsrichter, Baulöwe und Immobilien-Spekulant *Günther Zembsch* bereits 1982, als die Staatsanwaltschaft wegen des Verdachts des Spendenbetrugs aus eigennützigen Gründen gegen ein sogenanntes *»Bonner Kinderhilfswerk«* ermittelte, das mehrere Millionen Mark für die »Ärmsten der Armen« gesammelt hatte. Manager des »Kinderhilfswerks« war die Verlags- und Werbegesellschaft *»Union Aktuell«* in Erlangen. Inhaber: Günther Zembsch.

Die zweite Vorsitzende des Hilfswerks war *Renate Zembsch,* die Ehefrau des Arbeitsrichters. Der »Spiegel« schrieb im November 1982: »Auch der ehrenamtliche erste Vorsitzende des ›Bonner Kinderhilfswerks‹ *Waldemar Bonfigt,* Richter am Landesarbeitsgericht zu Nürnberg, ist mit der Erlanger Unternehmensgruppe, zu der ›Union Aktuell‹ gehört, geschäftlich verbunden. Er ist Kommanditist in der von Zembsch gegründeten ›*Bayern Immobilien Treuhand Bau und Handel KG*‹ – ebenso wie der Nürnberger Rechtsanwalt *Bernd Rödl,* der dem Kinderhilfswerk als ›unbestechlicher Wirtschaftsprüfer‹ (Renate Zembsch) dient.«

Zum Skandal gerieten die Zembsch-Geschäfte, als Anfang 1986 »zwei Betriebe des verschachtelten Firmen-Imperiums« Konkurs anmelden mußten und das großspurige Projekt der »*Bayern Immobilien Treuhand GmbH*« (BIT), das »*City Center*« in Fürth, mit 150 Millionen Mark über Immobilienfonds finanziert und mit viel ministerieller Prominenz und Lobsprüchen auf Zembsch eingeweiht, ins Trudeln geriet.

Den Anlegern konnten die Mietgarantien nicht mehr gezahlt werden, die Staatsanwaltschaft ermittelte erneut wegen Steuerhinterziehung.

Jahrelang hatte Zembsch außerdem rund 200 Beteiligungsgesellschaften aufgezogen – von Supermärkten bis zu Seniorenheimen – obwohl er hauptberuflich als Arbeitsrichter tätig war.

Erst zur Jahreswende 1985/86, als der Freund und Spezi des CDU-Generalsekretärs *Gerold Tandler* ins Gerede kam, trat er von dem Posten zurück, den er nach den Bestimmungen des Richtergesetzes und des Beamtenrechts bei seinen spekulativen Nebentätigkeiten gar nicht hätte ausführen dürfen.

Aber Zembsch hatte sich bei allen seinen dubiosen Geschäften immer des Wohlwollens von oben erfreuen dürfen...

1986

Töten mit deutschen Waffen – Rüstungsexporteur BRD

Es ist ein Skandal ohnegleichen, mit welcher Hemmungslosigkeit und Profitgier bundesdeutsche Waffenhändler ihre Produkte in alle Welt verkaufen – mit den raffiniertesten Tricks, mit Schmiergeldern, Bestechung und vorbei an den windelweichen Bestimmungen des »Kriegswaffenkontrollgesetzes« von 1961.

Während die Bundesrepublik von 1975 bis 1980 Waffen im Wert von 8,1 Milliarden Mark exportierte, brachte es die Regierung *Kohl* allein 1983 auf satte 8,6 Milliarden Mark, die Waffenlieferungen, die aus Co-Produktionen mit anderen NATO-Ländern stammten, nicht mitgerechnet.

Zwei der prominentesten Lobbyisten der Rüstungsindustrie sind Verteidigungsminister *Manfred Wörner* und der bayerische Ministerpräsident *Franz Josef Strauß* (und neuerdings auch dessen *Sohn Max*). Ihn nennt der »Spiegel« nicht umsonst »im Nebenberuf Aufsichtsratsvorsitzender der ›Airbus-Industrie‹ und Förderer des bayerischen Rüstungskonzerns *Messerschmitt-Bölkow-Blohm (MBB)*«.

Die Bundesrepublik rangiert derzeit nach den USA, der UdSSR, Frankreich und

Großbritannien auf Rang »fünf« der Waffenexporteure und schickt sich an, die Franzosen und Briten zu überflügeln.

Sprunghaft angestiegen ist unter der Bonner »Wende«-Regierung der Rüstungsexport in Entwicklungsländer. 72 Entwicklungsländer – das sind zwei Drittel aller Entwicklungsländer der Erde – werden mit Panzern, Flugzeugen, Kriegsschiffen, Raketen, Sprengköpfen und Gewehren »Made in Germany« bedient.

43 dieser 72 Entwicklungsländer waren zwischen 1945 und 1982 in kriegerische Konflikte verwickelt, viele Länder befinden sich im Kriegs- oder Bürgerkriegszustand. Es gibt weltweit kaum eine kriegerische Auseinandersetzung, in der nicht mit deutschen Waffen geschossen wird – häufig sogar auf beiden Seiten.

So wird mit deutschen Waffen beispielsweise im Golfkrieg auf beiden Seiten geschossen (Iran/Irak). Zu den Bundesdeutschen Rüstungskunden gehören u.a. Argentinien (auch schon zu sozialliberalen Zeiten, als in Argentinien noch die Militärs herrschten), die Türkei, Südafrika, Brasilien, Indien, Pakistan, Algerien, Libyen.

Da rund 70 % der bundesdeutschen Rüstungsgüter legal oder illegal vorbei an den Bestimmungen des »Rüstungskontrollgesetzes« in Entwicklungsländer und meist in Krisengebiete verschoben bzw. verkauft werden, wird klar, daß bundesdeutsche Konzerne und ihre Lobbyisten aus der Politik wesentlich zur weiteren Verelendung großer Teile der Dritten Welt beitragen.

Den Zusammenhang zwischen Armut und Hunger in der Dritten Welt und dem Export von Rüstungsgütern an die dort Herrschenden haben alle Friedens- und Konfliktforschungsinstitute hinlänglich aufgedeckt.

Nahezu wöchentlich werden bei uns neue Waffenschiebereien bekannt, in die meistens die großen Rüstungskonzerne verwickelt sind.

Februar 1986

Die Ballerei der Prominenz

Nach einer Schickeria-Jagd im bayerischen Oberpfaffenhofen mußte die Polizei im Februar 1986 wegen des Verdachts des Verstoßes gegen das Jagdgesetz ermitteln. Zeugen hatten berichtet, zahme Zuchtfasane, fast flugunfähig, hätten von Treibern in die Luft geworfen werden müssen – damit die Prominenten sie abknallen konnten.

Die Waffenschieber von »Rheinmetall«

»Zur Kriegführung bestimmte Waffen dürfen nur mit Genehmigung der Bundesregierung hergestellt, befördert und in Verkehr gebracht werden. Das Nähere regelt ein Bundesgesetz.« (Art. 26,2 GG)

Am 13. Januar 1986 begann vor der Zehnten Großen Strafkammer des Düsseldorfer Landgerichts der aufsehenerregende Prozeß gegen vier Manager des Düsseldorfer Rüstungskonzerns *»Rheinmetall«* wegen illegalen Waffenhandels für 100 Millionen Mark in Krisengebiete. Sechsjährige Ermittlungen von Fachleuten der Steuerfahndung, des BKA und der Staatsanwaltschaft hatten zutage gefördert, daß die »Rheinmetaller« auf kriminelle Weise die Bundesregierung getäuscht und gegen das Kriegswaffenkontrollgesetz sowie das Außenwirtschaftsgesetz verstoßen hatten.

Während der Ermittlungen wurden Haftbefehle wegen Fluchtgefahr ausgestellt. Für die Rheinmetall-Manager kein Problem: Sie hinterlegten kurzerhand eine Kaution von 23 Millionen Mark und blieben auf freiem Fuß. Ende Mai 1986 wurden dann die Manager *Dietrich Falcke* und *Dieter Köhler* zu zwei Jahren Gefängnis, *Hans Voss* und *Friedrich Wilhelm Striepke* zu eineinhalb bzw. eineinviertel Jahren Gefängnis verurteilt – auf Bewährung. Das Urteil wurde wegen seiner geringen Strafen mit Empörung aufgenommen.

Schon während der Ermittlungen hatte die Regierung *Kohl* versucht, das »Kriegswaffenkontrollgesetz« zu lockern, um so eine »Lex Rheinmetall« zu schaffen. Die Lobby der Rüstungsindustrie wollte gar das ganze Verfahren zu Fall bringen.

Das konnte den Waffenschiebern nachgewiesen werden: Zwischen 1976 und 1980 wurden nicht, wie angegeben und genehmigt, Waffen nach Italien, Spanien und Paraguay verkauft, sondern nach Saudi-Arabien, Argentinien und Südafrika.

1500 Maschinengewehre gelangten auf raffiniert eingefädelten Umwegen nach Saudi-Arabien, 100 Kanonen und 27 Flaks über Spanien an die Militär-Junta in Argentinien und eine Munitionsabfüllanlage zu den weißen Herrschern nach Südafrika.

Zahlreiche der von Rheinmetall gebauten argentinischen Maschinenkanonen wurden übrigens während des Falkland-Krieges von den Engländern erbeutet.

»Dr. Dr.« Masannek – Ein Müll-Stadtrat macht Kohle

Winfried Masannek (CDU) war Dezernent für Wirtschaftsförderung, Sport und Müll, kurz, ein ehrenwerter Mann im westfälischen Hamm. Der »Doppeldoktor« von Hamm hatte eine makellose Karriere vorzuweisen: geboren in einer Bergarbeitersiedlung, Bergwerkslehrling, Grubenarbeiter, Abendgymnasium und Abitur, ein Jura- und Volkswirtschaftsstudium in Münster, beides mit einer Promotion abgeschlossen.

Der »Stern« zu dem neuen Hammer Stadtrat »Dr. Dr.« Masannek: »Die Kommunalpolitiker waren hingerissen von Masannek und ließen sich mitreißen von diesem Bergmann, der sich hochgehauen hatte.«

Anfang 1986 flog der Schwindel auf: Beide Dr.-Titel waren gefälscht, »unbefugte Titelführung« und Urkundenfälschung teilte die Dortmunder Oberstaatsanwaltschaft mit. Und: Masannek wurde von der führenden Firma für Müllverbrennungsanlagen, der *Deutschen Babcock AG,* mit insgesamt 1,7 Millionen Mark geschmiert, die im Hammer Stadtteil Bockum-Hövel eine Müllverbrennungsanlage für 120 Millionen Mark bauen wollte, die als vollkommen überflüssig galt. Hamm hatte bereits eine nagelneue Deponie.

Sein prächtiges Haus hatte der Hammer Müll-Stadtrat in ein Naturschutzgebiet gebaut, nachdem er den Behörden erklärt hatte, er betreibe dort eine Baumschule.

Im Oktober schließlich erhob die Staatsanwaltschaft Dortmund Anklage gegen den früheren Wirtschaftsförderungsdezernenten der Stadt Hamm, *»Dr. Dr.« Winfried Masannek* (CDU), wegen Bestechlichkeit, Urkundenfälschung und unbefugter Titelführung. Masannek hatte für die Babcock-Schmiergelder u.a. 13 Verträge gefälscht und immer wieder die Unterschrift seines Vorgesetzten, des Hammer Oberstadtdirektors *Dr. Walter Fiehe (CDU)* daruntergesetzt.

So war z.B. eine Garantieerklärung der Stadt gefälscht, mit der die Kommune für einen 140-Millionen-Mark-Kredit der *»Hessischen Landesbank (Helaba)«* »geradestand«. Mehrere hunderttausend Mark an Bestechungsgeldern vom »Doppel-Doktor« soll auch der SPD-Fraktionsvorsitzende im Hammer Stadtrat, *Robert Rehling,* erhalten haben.

Angeklagt wurden ebenso drei Vorstandsmitglieder der Deutschen Babcock Anlagen GmbH, die die Schmiergeldzahlungen zugaben, allerdings für die »Rathausfraktionen« der Stadt Hamm, um »das Bauvorhaben der Öffentlichkeit objektiv und positiv« darzustellen.

Helmut Kohl – Pannenkanzler auch verbal

Anläßlich seiner Israel-Reise im Januar 1984 schockte *Helmut Kohl* seine israelischen Gastgeber, als er sich durch die »Gnade der späten Geburt« aus der geschichtlichen Verantwortung für die Nazi-Zeit stehlen wollte. Er sei schließlich damals noch ein Heranwachsender gewesen.

Als ihm die Namenslisten und Bilder von drei Millionen identifizierten Opfern des Holocaust gezeigt wurden, fragte Kohl Capistar, ob die Namen auch nach dem Alphabet aufgeführt seien. Seine Frau *Hannelore* wollte wissen, ob man zur Auflistung Computer einsetze.

In einem Interview mit dem US-Magazin *»Newsweek«* vergleicht Helmut Kohl 1986 den sowjetischen Generalsekretär *Gorbatschow* mit dem Nazi-Propagandaminister

Goebbels und beschwörte so einen internationalen Eklat herauf, der das Verhältnis Moskaus zu Bonn schwer belastete. Gorbatschow »ist ein moderner kommunistischer Führer. Der war nie in Kalifornien, nie in Hollywood, aber versteht was von PR. Der Goebbels verstand auch was von PR. Man muß doch die Dinge auf den Punkt bringen.«

Ende 1986 verglich Helmut Kohl die Gefängnisse der DDR mit den Konzentrationslagern der Nazis und provozierte so das Einfrieren der deutsch-deutschen Beziehungen.

1985/86

»Berliner Filz« – Der »Fall Antes und Co.«

Der Berliner Bau-, Spenden- und Korruptionsskandal (aufgedeckt zur Jahreswende 1985/86) war ein kriminelles Gemisch aus schwarzem Filz (überwiegend CDU-Beteiligung), Ämtermißbrauch und Schmiergeld aus der Bauwirtschaft. Verwickelt waren Politiker, Baustadträte, Bauunternehmer, Bordell- und Gaststättenbesitzer, Rechtsanwälte, Steuerberater, viel Halb- und Unterwelt. Es ging um Bestechungen und Schmiergelder in Millionenhöhe, um »versuchten Mord, Prostitution, Steuerhinterziehung, Brandstiftung, Versicherungsbetrug, Erpressung, dubiose Parteispenden und Korruption« (»Die Zeit«).

Es hagelte Verhaftungen en masse, zwischenzeitlich wurden mehrere Dutzend zwielichtige Figuren den Untersuchungsrichtern vorgeführt, saßen bis zu 30 Personen in Untersuchungshaft.

Eine der Zentralfiguren der Berliner Korruptionsaffäre war und ist der inzwischen verurteilte ehemalige CDU-Kreisvorsitzende und Charlottenburger Baustadtrat *Wolfgang Antes*. Ihm wurde, wie einer Reihe weiterer CDU-Stadtbauräten, vorgeworfen, »gekauft« worden zu sein.

So soll Antes, der bei einem Bruttogehalt von 8000 Mark einen »Liegenschaftsbesitz von 2,5 Millionen Mark« sein eigen nannte, mit mehreren 100.000 Mark geschmiert worden sein. Und zwar von:

Bordellwirt *Otto Schwanz (CDU)* für die Konzessionierung des »Café Europa«,

dem Rechtsanwalt und Bauunternehmer *Christoph Schmidt-Salzmann,* der Experte für die »Freimachung« von Mietshäusern und die »Abräumung« von Grundstücken zu Sanierungszwecken mit hohen Profitraten sein soll, dem Architekten *Heinz Werner Raffael* für einen Erbpachtvertrag und Baugenehmigungen etc.

Die Hauptperson auf der Seite der »Herrenausstatter« war der Berliner Bauunternehmer *Kurt Franke,* dem 17 Firmen, Hotels und Mietshäuser gehören und der sich aus der Untersuchungshaft für eine Kaution von 1 Million Mark »freikaufte«. Franke hatte mit seinen großzügigen »Parteispenden«, die meistens bar und im Couvert überreicht wurden, neben der CDU und der FDP auch die SPD (Ex-Finanzsenator und Schatzmeister *Riebschläger*) reichlich bedacht. Auch Antes und der Regierende Bürgermeister *Eberhard Diepgen* hatten von Franke Geld genommen.

Als bekannt wurde, daß Antes bereits 1984 2000 landeseigene Altbau- und Sozial-
wohnungen an den Wuppertaler Autohändler *Otto Putsch* verhökern wollte und Berlins Innensenator *Heinrich Lummer* dieses »Millionen-Ding« eingefädelt hatte, rollte
ein Kopf. Lummer stürzte wegen seiner Verstrickungen im »Berliner Filz«. Der »Saubermann« blieb als erster auf der Strecke.

Ende 1985/86

Bankskandal – Der Sturz der Raiffeisen-Bosse

Die *Bayerische Raiffeisen-Zentralbank* hatte einen akzeptablen Ruf, bis sie Ende 1985
mit einem Defizit von 1,3 Milliarden Mark eine Bauchlandung machte.

Wegen riskanter und – so die spätere Anklage – krimineller Praktiken im Geschäft
mit Bauherrenmodellen war die Bank zusammengebrochen. In die Schußlinie gerieten der Vorsitzende des Bayerischen Raiffeisenverbandes, *Hellmut Horlacher* (zugleich
stellvertretender Aufsichtsratsvorsitzender der BRZ), und Bank-Boß *Konrad Vilgerts-
hofer.* BRZ-Vize *Rudolf Nolte* wurde wegen angeblich gefälschter Unterlagen geschaßt,
BRZ-Direktor *Siegbert Krauss* im August 1986 verhaftet und in Untersuchungshaft
genommen.

Und noch einer hatte seine Finger mit im Spiel. Die Münchener »Abendzeitung«
schrieb am 15. Januar 1987: »Der Partner von Bundesjustizminister *Hans A. Engelhard*
in seiner Münchner Anwaltskanzlei, *Michael Köllner,* ist verhaftet worden. Der Rechtsanwalt, der die zur Finanzierung eines Grundstücks eingeschaltete Bayerische Raiffeisen-Zentralbank vertrat, ist wegen Prozeßbetrugs in einem besonders schweren Fall
angeklagt. Ab heute steht der Sozius des Ministers vor Gericht.« Krauss soll dem
BRZ-Kunden *Heinz Fremd* und dessen Firma »Neuwog« das Fälschen von Bilanzen
angeraten haben und mit dem dubiosen Immobilienmakler *Fürst Nikolai von Kropotkin*
krumme Geschäfte gemacht haben.

Und der Sozius des Justizministers war dabei…

Dezember 1985

»Sieben Jahre Haft im Prozeß um Bauskandal«

Die »Süddeutsche Zeitung« schreibt am 14.12.1985: Braunschweig (dpa): »Zu siebeneinhalb Jahren Freiheitsentzug hat die 3. Strafkammer des Landgerichts Braunschweig den früheren Kämmerer der Samtgemeinde Baddeckenstedt (Kreis Wolfen-

büttel) verurteilt. Er wurde für schuldig befunden, von 1980 bis 1984 in 29 Fällen ›getürkte‹ Rechnungen von Tiefbauunternehmen zur Zahlung angewiesen und dafür beträchtliche ›Schmiergelder‹ kassiert zu haben.

Ein Bauunternehmer wurde wegen Bestechung zu zwei Jahren und zehn Monaten, seine Frau wegen Beihilfe zur Bestechung zu einem Jahr Freiheitsstrafe verurteilt.

Es könne nicht als Entschuldigung gelten, daß es in der Bauwirtschaft gang und gäbe sei, mit ›Schmiergeldern‹ zu arbeiten, meinte der Vorsitzende Richter.

In den Bauskandal sind mehr als 80 Beschuldigte in den Samtgemeinden Baddekkenstedt, Boldeckerland (Kreis Gifhorn) und dem Wasserverband Weddel-Lehre (Kreis Helmstedt) verwickelt.«

1985

Friedrich Karl Flick – Die gekaufte Republik

Vater *Friedrich Flick* tyrannisierte in den Rüstungsbetrieben des Flick-Konzerns 1944 über 50.000 Zwangsarbeiter – Ausländer, Kriegsgefangene, KZ-Häftlinge –, die er von der SS ausgeliehen hatte. Am 22. Dezember 1947 wurde Friedrich Flick wegen der Beschäftigung und Ausbeutung von Sklavenarbeitern, Plünderung und finanzieller Unterstützung der SS zu sieben Jahren Haft verurteilt.

Schon 1950 wurde Flick freigelassen und konnte sein Imperium erneut aufbauen.

Sohn *Friedrich Karl Flick* war 1984 alleiniger Besitzer des größten privaten Industrie-Imperiums der Bundesrepublik mit einem Weltumsatz von 24 Milliarden Mark und rund 44.000 Beschäftigten. Wie schon sein Vater versuchte er die Mächtigen der Bundesrepublik für seine Geschäftsinteressen zu kaufen.

Während der Parteispendenaffäre wurde ein Bundestagsuntersuchungsausschuß eingesetzt, der zahlreiche Verbindungen zwischen den Parteien und dem Flick-Konzern aufdeckte. Er bewies, daß Flick sich politische Entscheidungen zu kaufen versuchte. Flick, der eine »teilgepanzerte 28-Millionen-Mark-Villa in München bewohnt und einen ausschweifenden Lebensstil führt, verkaufte den Konzern im Dezember 1985 für 4,5 Milliarden Mark an die Deutsche Bank. Cash in the täsch.

»So kassierten Amtsärzte«

Die Münchner »Abendzeitung« berichtete am 13. November 1985 von einem Skandal besonderer Art: »Beamte oder pensionierte Ärzte der Versorgungsverwaltung haben sich für Gutachten an ihre Behörden in den letzten Jahren rund 45 Millionen Mark Honorar zugeschanzt.« Das räumte sogar die bayerische Staatsregierung ein. Danach ließen die Versorgungsämter Gutachten in unklaren Rentenfällen nicht von frei praktizierenden Ärzten ausstellen, sondern von Amtsärzten und Pensionisten, die so auf Nebeneinnahmen von 100.000 Mark kamen.

»Ein leitender Arzt eines Versorgungsamtes brachte es sogar auf eine Viertelmillion Mark.«

Von den 110 Millionen Mark, die seit 1970 für Gutachten ausgegeben wurden, sollen so mindestens 40 Prozent auf den Konten der Beamten und Ex-Beamten gelandet sein.

Von hinten erschossen

Der Fall hatte im Oktober 1985 bundesweit Aufsehen erregt und zu heftiger Kritik an der »Schießwütigkeit« der Polizei geführt. Aus der »Süddeutschen Zeitung« vom 11. Juni 1986: Berlin (Reuter): »Wegen versuchter gefährlicher Körperverletzung hat ein Berliner Schöffengericht die zwei Polizeibeamten zu Geldstrafen in Höhe von 6000 und 5000 Mark verurteilt, die im Oktober 1985 bei einem Polizeieinsatz auf den Drucker *Detlef Wolkenstein* geschossen und ihn mit einem Schuß tödlich getroffen hatten.

Das Gericht bewertete die Aussagen der beiden Beamten, sie hätten aus Notwehr gehandelt, als Schutzbehauptung, da der stark sehbehinderte und zur Tatzeit volltrunkene Wolkenstein von hinten erschossen worden war.

Die Angeklagten, die als Zivilstreife in der Tatnacht beauftragt waren, auf dem Gelände einer Baufirma einen Einbrecher zu stellen, hatten vor Gericht gesagt, sie seien von Wolkenstein mit einem Taschenmesser bedroht worden und hätten fürchterliche Angst gehabt.

Das Gericht übte Kritik an der Berliner Polizei. Auf die Anklagebank gehöre eigentlich die Polizeiführung, die ihre Beamten mit derartigen Durchschlagswaffen ausrüste und damit einen 20jährigen nach einem anstrengenden Arbeitstag in Situationen bringe, die man nicht einmal einem Erwachsenen zutrauen wolle, hieß es in der Urteilsbegründung.«

Oktober 1987

Gefängnis für den Kerkerbachbahn-Chef

Zu sechs Jahren Gefängnis wegen mehrfachen Betrugs und Untreue verurteilte das Landgericht Mannheim den ehemaligen Geschäftsführer und Mehrheitsaktionär der *Kerkerbachbahn-AG, Tom Clark Sieger,* im Oktober 1985.

Um sich persönlich zu bereichern, hatte Sieger im »größten Aktienschwindel an der deutschen Nachkriegsbörse« Aktionäre und Geschäftspartner um 4,4 Millionen Mark geschädigt.

September 1985

»Umweltdelikte«

Aus der »Süddeutschen Zeitung« vom 30.9.1985:

Keine Kavaliersvergehen sind Umweltdelikte. Der seit Jahren zu beobachtende Anstieg der Straftaten gegen die Umwelt hat sich weiter verstärkt. Die Zunahme der bekanntgewordenen Fälle ist im wesentlichen auf stärkere Kontrollen und eine wachsende Anzeigenbereitschaft der Bürger zurückzuführen. (SZ)

September 1985

Bestechungsskandal im Frankfurter Hochbauamt

Gegen zwei technische Angestellte im Hochbauamt der Stadt Frankfurt wurde im September 1985 Haftbefehl wegen Bestechlichkeit im Amt erlassen. Baudezernent *Hans-Erhard Haverkampf (SPD)* gestand sogar einen noch möglicherweise noch größeren Täterkreis ein. Die Affäre flog auf, als ein Angestellter auf frischer Tat bei der Geldübergabe ertappt worden war. Die beiden Stadtbediensteten sollen bei der Erteilung von Aufträgen zehn Prozent des Auftragsvolumens von den von ihnen bedachten Firmen kassiert haben.

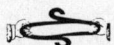

39

August 1985

»Die Bananenrepublik vor Gericht«

So überschrieb die »taz« den »spektakulärsten Prozeß der Nachkriegsgeschichte«, diesen »Prozeß des Jahrzehnts« (Die Zeit), der am 29. August 1985 vor der 7. Großen Strafkammer des Landgerichts in Bonn begann.

Es ging um die Korrumpierung der politischen Moral durch Millionenbeträge aus der Wirtschaft in die Schatullen von Parteien und Politikern, um die Steuerhinterziehung von Spendengeldern und um Schmiergelder.

Angeklagt waren die früheren Wirtschaftsminister der *Regierung Schmidt/Genscher, Hans Friderichs* und *Otto Graf Lambsdorff,* sowie der Ex-Flick-Manager *Eberhardt von Brauchitsch.* Die Anklage lautete auf Bestechung, Bestechlichkeit und Steuerhinterziehung. Auf der Zeugenliste standen mehr als 140 Zeugen, u.a.: *Helmut Kohl, Walter Scheel, Hans Dietrich Genscher, Karl Wienand, Friedrich Karl Flick, Walther Leisler Kiep* und *Jürgen Möllemann.*

Sommer 1985

»Weißer Kragen, schmutzige Weste«

Im Sommer 1985 waren vor dem Amtsgericht in Frankfurt zwei Manager von Hoechst angeklagt – der frühere Chef des Hoechst-Werkes in Griesheim und der Leiter der Firmenabteilung »Umweltschutz«, – denen »Gewässerverunreinigung« in 127 Fällen vorgeworfen wurde.

Mit auf der Anklagebank: *Christian Bickel,* der frühere Dezernent für Wasserrecht im Regierungspräsidium Darmstadt. Der Regierungsrat und zuständige Beamte für die Firma Hoechst AG wurde der »Mittäterschaft bei vorsätzlicher, unbefugter Gewässerverunreinigung« bezichtigt.

Die Staatsanwaltschaft warf dem Regierungsbeamten vor, eigenmächtig die von der Landesregierung festgesetzten Schadstoffgrenzen um 100 Prozent heraufgesetzt und so der Chemie-Firma die Möglichkeit eingeräumt zu haben, Abwässer mit Chemikalien in den Main abfließen zu lassen.

»Spionage-Affäre Tiedge«

Im Sommer 1985 verschwand der Regierungsdirektor des Verfassungsschutzes und oberste Agentenjäger Bonns, *Hansjoachim Tiedge,* spurlos. Wenig später tauchte er in der DDR auf. Tiedge, der Alkoholiker war und erhebliche Schulden hatte – all das war im Amt hinlänglich bekannt – löste eine Krise aus.

Aber nicht die eigentlich Verantwortlichen – Innenminister *Zimmermann* bzw. seine Staatssekretäre – mußten ihre Sessel räumen, sondern u.a. Verfassungsschutzpräsident *Heribert Hellenbroich.* Gleichzeitig begann gegen Tiedge eine Rufmordkampagne ohnegleichen.

Kurz nach dem Verschwinden Tiedges meldete sich auch das Ehepaar Willner aus der DDR. *Herbert Willner* arbeitete bis zu seinem Verschwinden als Referent der FDP-nahen *Friedrich-Naumann-Stiftung,* seine Frau im Bundeskanzleramt.

Alle drei Agenten beantragten nach ihrem »Abgang« die ihnen gesetzlich zustehende Rente aus der Bundesrepublik.

50 gefälschte Honorarabrechnungen pro Tag

Zwischen 1978 und 1985 hatte ein Allgemeinmediziner im rheinhessischen Alzey mit bis zu 50 gefälschten Honorarabrechnungen pro Tag die Kassenärztliche Vereinigung um 500.000 Mark betrogen. Darüber hinaus hatte er mit einem ortsansässigen Apotheker gemeinsame Sache gemacht, indem er »Luftrezepte« auf den Namen irgendwelcher Patienten ausstellte (die davon nichts wußten) und dafür vor allem nicht verschreibungspflichtige Frischzellenpräparate bezog.

200.000 Mark gingen der Kasse so verloren. Die 4. Große Strafkammer des Landgerichts Mainz verurteilte den Arzt Ende Oktober 1986 zur bis zu diesem Zeitpunkt höchsten in der Bundesrepublik verhängten Strafe gegen Ärzte wegen Betrugsdelikten: vier Jahre und neun Monate Gefängnis.

1985

»Dieser Dioxin-Fund ist ›Weltrekord‹«

So überschrieb der »Vorwärts« (Nr. 44/1985) die Fortsetzung im Skandal von Münchehagen. *»Deponie Münchehagen* mit höherer Giftkonzentration als in Seveso« und »Kreis und CDU-Landesregierung spielen den Fall herunter«. »Seit zwei Tagen liegt dem Kreis Nienburg eine Analyse des Öls vor, das sich im August plötzlich auf dem Sickerwasser im Polder 4 der örtlichen Sondermülldeponie ausgebreitet hatte.

Ergebnis: Dieses Öl enthält pro Liter 1125 Mikrogramm des Seveso-Giftes 2,3,7,8,-TCCD... ein Vielfaches dessen, was in der ›Kernzone 1‹ in Seveso gefunden wurde.«

Immer wieder hatte der damalige niedersächsische Landwirtschaftsminister *Gerhard Glup* Bürger und Umweltschützer beschwichtigt, die Deponie, die erst 1980 eröffnet worden war, sei »dicht«, kein Gift könne ins Grundwasser eindringen. Niemand wußte später genau, woher die großen Mengen Dioxin-Gifte kamen, die in Münchehagen lagerten.

Die Skandal-Firma *Boehringer* allein konnte es nicht gewesen sein. Schließlich wurde die Giftmüll-Deponie per Gerichtsurteil 1984 geschlossen, die private Betreiberfirma war bankrott. Die Sanierung wurde schon vor den Dioxin-Funden auf 2,5 Millionen Mark an Steuergeldern veranschlagt.

Aus alledem wurde nichts gelernt. Denn drei Tage vor dem »Münchehagen-Alarm«, so der »Vorwärts«, genehmigte die CDU-Landesregierung der *Dr. Dr. Anton Maier AG* die Erweiterung ihrer privat betriebenen *Giftmüllgrube Hoheneggelsen* bei Hildesheim.

Während der Name Dr. Dr. Anton Maier für zahllose Giftmüll-Affären von Berlin bis in die Niederlande steht, ist Hoheneggelsen als größte Dioxin-Kippe Europas bekanntgeworden. Dort lagern, wie durch die Hamburger Boehringer-Untersuchung bekannt wurde, 33 Tonnen reiner Dioxine. Die seien allerdings »tausendmal weniger giftig« als das Seveso-Dioxin, versuchte Gerhard Glup die Sache im Landtag herunterzuspielen. Wie zuvor in Sachen »Münchehagen«.

August 1985

Abschreibungs-Skandale in Frankfurt und Köln

Die »Süddeutsche Zeitung« berichtete am 22. August 1985: »Zu Haftstrafen zwischen neun Monaten und sechs Jahren hat das Frankfurter Landgericht zehn Mitarbeiter einer Anlagenberatungsfirma verurteilt, die in den Jahren von 1977 bis 1983 etwa 43 Millionen Mark von Kunden im ganzen Bundesgebiet erschwindelt hatte.

Die höchste Strafe erhielt der 36jährige Firmeninhaber *Bernhard Strauch*. In dem Urteil heißt es, die 1983 in Konkurs gegangene Firma ›Nobilis Anlagen- und Vermögens-beratung‹ mit Sitz in Bad Homburg v.d.H. sei ausschließlich ›zum Zweck der persönlichen Bereicherung‹ gegründet worden... Insgesamt wurden 1350 Kunden geschädigt.

In ihrer Werbung hatte die Firma kapitalkräftigen, aber im Börsen- und Anlagenge-
schäft wenig erfahrenen Kunden mit ›Schwarzgeldbeständen‹ – Ärzten, Zahnärzten
und Handwerkern – die Chance angeblich risikoloser Gewinne im Geschäft mit Ak-
tien-Optionen angeboten...

Mit zahlreichen Befangenheitsanträgen der Verteidigung hat laut AP am Donnerstag vor der 17. Strafkammer des Kölner Landgerichts der Prozeß gegen den Kölner
Unternehmer und Abschreibungsspezialisten *Renatus Detlev Rüger* begonnen: Dem
52jährigen Chef der im Immobilien-, Bauträger- und Treuhandgeschäft tätigen ›Dr.-
Rüger-Gruppe‹ wirft die Staatsanwaltschaft im Zusammenhang mit dem Bau von zwei
Hotelanlagen auf Gran Canaria Betrug, Untreue und Steuerhinterziehung in Höhe
von mehr als 50 Millionen Mark vor.

Außer Rüger stehen wegen Beteiligung und Beihilfe zwei kaufmännische Mitarbeiter, zwei Wirtschaftsprüfer und ein Notar vor Gericht.

In den Jahren 1971 und 1972 hatte Rügers Firma ›*Westdeutsche Immobilienfonds Treuhand Aktiengesellschaft*‹ *(Witag)* Anlegern steuersparende Beteiligungen am Bau der
Hotels ›Catarina Playa‹ und ›Buenaventura Playa‹ angeboten. Nach Überzeugung
der Staatsanwaltschaft flossen jedoch aus den Einlagen der etwa 1000 Kunden hohe
Millionenbeträge auf Schweizer Privatkonten des Unternehmers...«.

Juli 1985

Gift im Wein – Der Glykol-Skandal

»Eiswein mit Frostschutz«, überschrieb die »Zeit« am 12. Juli 1985 einen Artikel über
den österreichischen Weinpanscher-Skandal, der auch die Bundesrepublik über-
schwemmte und viel Skandalöses zutage förderte.

Rund 35.000 Anzeigen gegen österreichische Winzer ließen den Glykol-Skandal
zum »größten Kriminalfall der Geschichte Österreichs« werden.

Die Österreicher hatten mehrere 100.000 Hektoliter Durchschnittswein mit der
giftigen Chemikalie »Diethylenglykol« gepanscht, um die neuen »Spitzenqualitäten«
massenhaft billigst zu verkaufen.

Besonders auf die Geldbörsen der »kleinen Leute« hatten es die Winzer, Genossen-
schaften und österreichischen (wie bundesdeutschen) Vertriebsstellen abgesehen, als
sie »Spätlesen« in Supermärkten für 1,99 DM verkauften, die – regulär und unge-
panscht – erheblich teurer sein mußten.

Das Glykol verhalf den Supermarktweinen zu süßem und »edlem« Geschmack,
Beerenauslesen und Eiswein schienen für jedermann erschwinglich. Aber im Wein
war reines Gift!

Die »Zeit«: »Der bisher bei den in Europa üblichen Weinanalysen nie beachtete
Stoff, der Gehirn, Leber und Nieren schwer schädigen und in Extremfällen sogar
tödlich sein kann, heißt Dietylenglykol, kurz Diglykol genannt. Laut Merkblatt 76
zur ›Gefahrenordnung Straße‹ darf er nur unter besonderen Sicherheitsvorkehrungen

im Tankwagen transportiert werden. Besser bekannt ist die zweiwertige Alkoholverbindung als Mittel zur Luftdesinfektion, als technischer Verdünner von Lackfarben und als Frostschutz (Glysantin, Genantin) für Autokühler.«

Auch bundesdeutsche Großabfüller bedienten sich der verschnittenen österreichischen Weine oder panschten selbst mit Gift. Glykol-Weine wurden überall in der Bundesrepublik gefunden.

Ins Zentrum des Skandals geriet der Branchenriese »Pieroth«. Zahlreiche Weine der »Pieroth-Kellerei« waren mit Frostschutzmittel versetzt. Ein ehemaliger Betriebsleiter Pieroths gestand denn auch, sämtliche Gutsweine des Jahrgangs 1983, des Aushängeschildes des Hauses für prominente Besucher, mit Glykolweinen aus Österreich verschnitten zu haben.

Ganz zu schweigen von den einfachen Abfüllungen für den ganz normalen Weintrinker. Selbst die Glykol-verschnittenen »Erzeugerabfüllungen« des Hauses »Pieroth« waren mit den höchsten Auszeichnungen der rheinland-pfälzischen Weinbranche als hervorragend ausgezeichnet. Die Panscher haben ihre Lobby.

Wie verlockend es für die Weinproduzenten ist, ihre Produkte mit Chemikalien zu versetzen oder zu strecken, zeigt allein schon die Liste der erlaubten Zusätze:

Was im Wein alles drin sein darf

Der Gesetzgeber erlaubt dem deutschen Winzer, ein ganzes Arsenal von Chemikalien zu benutzen:

Chemie im Weinberg	Chemie im Keller
Gegen Fadenwürmer	**Zum Schwefeln**
Di-Trapex	Kaliumdisulfit
Shell DD	Schwefeldioxid
Temik 5 G	
Terabol	**Zum Filtern**
Telone	Cellulose
Zedasa-Methylpromit	Asbest
	Kieselgur
Gegen Pilze	Perlite
Captan	
Dichlofluanid	**Zum Konservieren**
Folpet	Kaliumsorbat
Mancozeb	Ascorbinsäure
Metiram	
Propineb	**Zum »Schönen«**
Thiram	**und »Klären«**
Netzschwefel	Bentonit
Ronilan	Gelatine
Rovral	Kaliumhexacyanoferrat-II

DNOC
Ziram

Gegen Unkraut
Gesatop
Simazin
Casoron
Prefix
Reglone
MCPA-Mecoprop-Salze
Caragard
Domatol
Ustinex

Gegen Insekten
Parathion
Dimethoat
Lindan
Azinphosmethyl
Demeton-S-mythylsulfoxid
Ultracid
Cusathion MS
Thiodan 35
Endosulfan
Kelthan
Phosphorsäureester
Orten
Rubitox
Gardona SK

(gelbes Blutlaugensalz)
Aktivkohle
Kohlendioxid
Hausenblase
Eiweiß
Kasein
Tannin
Kieselsol
Kaolinerde
Hefe

Zum Entsäuern
Calciumcarbonat

Zum Anreichern bei der Gärung
Zucker

Zum Reinigen von Schläuchen, Pumpen etc.
Quaternäre Ammoniumbasen
Dimanin

Zum Reinigen von Fässern und Flaschen
Calciumbisulfit
Schwefelsäure/
Kaliumpermanganat

Aus »Stern« vom 1.8.1985

Juli 1985

Wehe, wenn der Rosenheimer...

Aus der »Süddeutschen Zeitung« vom 12. Juli 1985: »Traunstein. Wegen Untreue und Betrugs wurde ein 47jähriger Beamter des Rosenheimer Finanzbauamts, der in sechs Jahren rund 920.000 Mark veruntreut hat, zu einer Gefängnisstrafe von fünf Jahren verurteilt. Einen mitangeklagten Münchner Bauunternehmer, mit dem sich der Beamte den größten Teil des erschwindelten Geldes geteilt hatte, verurteilte das Traunsteiner Landgericht zu einer Haftstrafe von dreieinhalb Jahren.

Der angeklagte Beamte, ein technischer Amtsrat, war als Sachgebietsleiter des Finanzbauamts Rosenheim für die Instandhaltung und Renovierung von rund 300 staatlichen Gebäuden zuständig. Neben tatsächlich durchgeführten Bauarbeiten in Schulen, Kindergärten und Bundeswehrkasernen rechnete der Amtsrat bei seiner Behörde auch Arbeiten ab, die nicht ausgeführt wurden. Der Beamte vergab diese angeblichen Bauarbeiten zum Schein an drei Unternehmer, von denen er sich fingierte Rechnungen ausstellen ließ. Die aus der Staatskasse ausbezahlten Beträge teilten sich der Bauunternehmer und der Amtsrat jeweils zur Hälfte.«

Juli 1985

Gefängnis für Ex-Hertha-Präsident

11. Juli 1985. Berlin (dpa): »Der frühere Präsident des Berliner Fußball-Zweitligisten Hertha BSC, der ehemalige Rechtsanwalt *Ottomar Domrich,* ist wegen Untreue mit einer Schadenshöhe von 18 Millionen Mark zu einer Gefängnisstrafe von sechs Jahren verurteilt worden.

Der 47jährige einstige Topverdiener, der vor einer Großen Strafkammer des Berliner Landgerichts ein umfassendes Geständnis ablegte, hatte ihm zwischen März 1981 und Dezember 1984 als Notar anvertraute Gelder zumindest zeitweise für eigene Zwecke genutzt, um seine Schulden zu decken. Ein Schaden von 4,8 Millionen Mark ist bis heute offen und wird möglicherweise, so weit es sich um Härtefälle handelt, vom Schadensfond der Notarkammer übernommen. Der frühere Notar, der seit Dezember in Untersuchungshaft sitzt, besitzt nach eigenen Angaben selbst kein Geld mehr. Dem Angeklagten, sagte der Vorsitzende Richter in der Urteilsbegründung, sei allenfalls zugute zu halten, daß er wegen seiner ehrenamtlichen Tätigkeiten für Hertha BSC seine eigene Anwaltspraxis vernachlässigt habe und dadurch in finanzielle Schwierigkeiten geraten sei.«

Sommer 1985

Zucker im Wein – Der Weinpanscher-Skandal

Im Rahmen der Ermittlungen der Glykol-Affäre wurde den meisten Menschen erst wieder richtig bewußt, daß über 2000 Verfahren im sogenannten Flüssigzuckerskandal anhängig waren.

So wurde der ehemalige deutsche Weinbau-Präsident *Werner Tyrell* höchstpersönlich von der Staatsanwaltschaft Mainz wegen Betrugs und Vergehens gegen das deutsche Weingesetz angeklagt und verurteilt.

Dem Wein-Lobbyisten wurde vorgeworfen und nachgewiesen, über 100.000 Liter Wein der Prädikatsstufen Kabinett bis Beerenauslese mit Kristallzucker versetzt zu haben, um so eine höhere Qualität vorzutäuschen. An den gepanschten Weinen soll der Wein-Politiker eine runde Million Mark verdient haben.

In anderen Prozessen dieser Art wurde verschiedenen Weinkellereien nachgewiesen, mehrere Millionen Liter für weit über 20 Millionen Mark »gestreckt« und an »gutgläubige Abnehmer« verkauft zu haben.

Weinproduzenten und Weinpolitiker vermitteln den Beobachtern den Eindruck einer gut funktionierenden Wein-Mafia.

Juni 1985

»Millionenbetrug mit Rezepten«

Nach einer Meldung von dpa am 13. Juni 1985 sollen Ärzte, Zahnärzte und Apotheker den Krankenkassen allein in Bochum einen »bisher gerichtlich festgestellten Schaden von insgesamt 5,2 Millionen Mark zugefügt« haben.

Die Zahlen der Bochumer Staatsanwaltschaft gehen aus rechtskräftigen Urteilen und anhängigen Strafbefehlen hervor. In dieser Bochumer »Sündenliste« führten bis zu diesem Datum die Ärzte mit einem Schaden von 2,648 Millionen Mark (vier Verurteilungen durch die Gerichte, 27 akzeptierte Strafbefehle), gefolgt von den Apothekern (985.000 Mark) und den Zahnärzten (918.000 Mark). Zahlreiche weitere Verfahren sind anhängig.

Juni 1985

CSU-Mann fälschte Lottoschein

Was es alles gibt: *Ludwig Viechter* war CSU-Chef in Isen (Landkreis Erding) und Mitglied des Vorstandes im CSU-Kreisverband.

Er wollte seinem irdischen Glück ein wenig auf die Sprünge helfen und unternahm den ernsthaften Versuch, der Staatlichen Lotterieverwaltung in München einen gefälschten Lottoschein mit sechs Richtigen unterzujubeln.

Wegen dieser Manipulation wurde der CSU-Mann zu einem Jahr Haft auf Bewährung und einer Geldbuße von 12.000 Mark verurteilt.

Der Herr Ministerialdirigent ließ bitten...

Aus der »Frankfurter Rundschau«: »Heidelberg, 13. Juni. Zu zwei Jahren und vier Monaten Haft ohne Bewährung wurde am Donnerstag der suspendierte Versicherungspräsident der *Badischen Gebäudeversicherungsanstalt (BGVA)*, Karlsruhe, verurteilt.

Die Zweite Strafkammer des Landgerichts Heidelberg sah es als erwiesen an, daß der frühere Ministerialdirigent *Hubertus Zuber* (55) unter anderem seine Versicherung betrogen, private Spenden für ein Buch unter falschen Angaben erschlichen und seinen Dienstwagen unberechtigt für Fahrten zwischen seiner Heidelberger Wohnung und dem Karlsruher Dienstort benutzt habe.«

1985

Computerkriminalität – 1,9 Millionen Mark Kasse

Bei der Bank hatte sie den Umgang mit Computern gelernt, die Bank prellte sie um 1,9 Millionen Mark.

Knapp drei Jahre lang nutzte eine Abteilungsleiterin einer Münchner Bank ihre Stellung aus, um mit manipulierten Zinsgutschriften eigene Kasse zu machen. 1985 flog der Schwindel auf. 800.000 DM konnten bei der Bankangestellten als Festgeld sichergestellt werden.

1985

Unglaubliches im Städtischen Sozialamt

Ein Beamter des Städtischen Sozialamtes Kempten hatte sechs Jahre lang ihm anvertraute Pflegschaftsgelder in die eigene Tasche »gewirtschaftet« und privat für sich verbraucht.

Der Beamte hatte die Amtsvormundschaften und Amtspflegschaften zum Begleichen privater Weinrechnungen und der Anschaffung von technischen Geräten benutzt – insgesamt rund 170.000 Mark.

Die Erste Strafkammer des Landgerichts Kempten verurteilte den Staatsdiener wegen fortgesetzter Untreue und Urkundenunterdrückung zu drei Jahren Gefängnis.

1985

Zwei Berliner hoch hinaus

Die beiden Geschäftsführer der Fluggesellschaft »*Direct Air*«, Dr. *Karl-Heinz Jaspers* und *Matthias Fritzweiler,* wollten hoch hinaus und stürzten tief. Sie hatten sich durch Betrug einen Berliner Investitionshilfekredit von 27 Millionen Mark ergaunert, für die sie sich u.a. vier Turbo-Prop-Maschinen für den Inlandsverkehr, eine »Marktlücke« wie sie meinten, zulegten.

Aus einer eher bescheidenen Eigenkapitalleistung von 50.000 Mark machten sie durch ein »Gebilde von Lügen, Halbwahrheiten und Unterlassungen« schließlich eine 3-Millionen-Gesellschaft, um so kreditwürdig zu werden.

Das Land Berlin und die »*Kölner Handels- und Privatbank*« waren die Dummen. Den Kredit in Köln bekamen die beiden Herren nur durch eine Landesbürgschaft in Höhe von 9,5 Millionen Mark.

1985 ging der »Laden« in Konkurs, die Bank konnte die Flugzeuge nur mit einem Verlust von sieben Millionen Mark verkaufen.

Die beiden Ex-Geschäftsführer von »*Direct Air*« wurden zu jeweils vier Jahren Haft wegen Betruges und Subventionsbetruges verurteilt.

Juni 1985

PETER BOENISCH – Der Steuerhinterzieher

Der Regierungssprecher des Bonner Bundeskanzlers *Helmut Kohl,* der »Paradiesvogel« und frühere »Sonnyboy der Boulevardpresse«, über den *Heinrich Böll* den Bestseller »Bild – Bonn – Boenisch« schrieb, trat am 14. Juni 1985 von seinem Amt zurück.

Der Grund: *Peter Boenisch* hatte rund 500.000 DM Steuern hinterzogen. Durch seinen Rücktritt kam er einer Entlassung auf »elegante« Art und Weise zuvor. Gegen Boenisch wurde ein steuerrechtliches Ermittlungsverfahren eingeleitet. Der frühere Chefredakteur von Springers »*Bild*« und »*Welt*« mußte wegen dieser »intensiven Steuerhinterziehung« eine Geldstrafe in Höhe von 1,08 Millionen DM zahlen. Das Berliner Amtsgericht Tiergarten hatte das Höchstmaß von 360 Tagessätzen zu je 3000 DM angesetzt.

Um aus den Schlagzeilen zu kommen, zahlte Boenisch diese Summe innerhalb von 14 Tagen ohne Wiederspruch.

Boenisch hatte in den Jahren 1973 bis 1981 seine Einkünfte aus einer Beratertätigkeit mit der Firma *Daimler-Benz AG* nicht versteuert. Mercedes erwartete als Gegenleistung von Boenisch ein engagiertes öffentliches Auftreten gegen jede Form »autofeindlicher Verkehrspolitik« seitens der damaligen Bundesregierung, gegen ein Tempolimit und allzu viele technische Auflagen.

Erhebliche Summen soll Daimler-Benz auch an zwei Schweizer Industrieberatungs-firmen gezahlt haben, an denen neben Boenisch auch der 1977 verstorbene Fernseh-journalist und Autotester *Rainer Günzler* beteiligt gewesen sein soll.

Die Steuerhinterziehung des ehemaligen Regierungssprechers Peter Boenisch, der anschließend eine führende Stellung im *»Burda-Verlag«* bekleidete, flog durch die Er-mittlungen in der *Flick-Affäre* auf. Zufällig stieß die Staatsanwaltschaft dabei auf die peinliche Verbindung zwischen Mercedes und der »Swiss Connection« des Peter Boe-nisch.

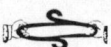

Mai 1985

Die SS in Nesselwang

Trotz massiver, auch internationaler Proteste: Ausgerechnet rund um die Feierlichkei-ten zum 40. Jahrestag des Kriegsendes, in deren Zusammenhang ja schon Bundes-kanzler *Helmut Kohl* den amerikanischen Präsidenten *Ronald Reagan* zu den SS-Grä-bern des Soldatenfriedhofes Bitburg genötigt hatte, durften sich im Mai 1985 in Nes-selwang im Allgäu die Ehemaligen der SS-Verbände *»Totenkopf«*, *»Leibstandarte Adolf Hitler«* und *»Hitlerjugend«* treffen. Von Reue keine Spur bei den Männern aus Verbän-den, die nach dem Krieg in den Nürnberger Prozessen als »verbrecherische Organisa-tionen« eingestuft worden waren.

Mit dabei in Nesselwang war *Otto Ernst Remer,* bei Kriegsende Generalmajor der Wehrmacht. Nach dem Stauffenberg-Attentat auf Hitler 1944 hatte Remer als Kom-mandeur des Wachbataillons »Groß-Deutschland« verhindert, daß der Putschversuch doch noch gelang.

Remer wird heute im Verfassungsschutzbericht unter der Rubrik »Rechtsextremis-mus« geführt. 1983 gründete er die *»Deutsche Freiheitsbewegung«,* die alte und neue Nazis um sich schart.

Die Ehemaligen-Clubs der Waffen-SS werden von einigen Behörden als gemeinnüt-zig anerkannt, z.B. die *HIAG.*

April 1985

»Affäre Spranger« – Der Schnüffler des Herrn Zimmermann

Im Gerede war *Carl-Dietrich Spranger* während der letzten Jahre häufig. Ob durch seinen ominösen Besuch auf der Karibikinsel »Grenada« nach der US-amerikani-schen Invasion 1982, bei dem er sich angeblich nach neuen Varianten der »Terrorismusbekämpfung« erkundigte; ob durch seine Scharfmacherei in puncto »Innere Sicherheit«, Demonstrationsstrafrecht und Vermummung oder wegen seiner rüden Attacken auf das Fernsehen und die liberale Presse im Lande.

Zur Affäre geriet sein Mißbrauch des Verfassungsschutzes – auf Anforderung des CDU-Bundestagsabgeordneten *Jürgen Todenhöfer* ließ er grüne Bundestagsabgeordnete ausforschen und aushorchen. Spranger und sein Gefolge wollten wissen, welche linksextremistischen Einflüsse es bei den Grünen gebe und welche Rolle insbesondere der frühere Anarchisten-Anwalt *Otto Schily* in der Szene spiele.

Obwohl die Verfassungsschutz-Berichte angeblich zur vertraulichen »Verschluß-Sache« erklärt worden waren, waren sie im April 1985 in der Springer-Presse nachzulesen.

April 1985

2430 Verfahren wegen Rezeptbetruges eingeleitet

Aus dem »Münchner Merkur« vom 13. April 1985: Bochum/Köln (dpa). »Wegen Rezeptbetruges und Abrechnungsschwindels von Ärzten und Patienten sind bisher allein im Bereich der Generalstaatsanwaltschaft Hamm 2430 Ermittlungsverfahren eingeleitet worden.

Der Hammer Generalstaatsanwalt *Wolfgang Geißel* erklärte zu dieser Statistik am Freitag: ›Es besteht kein Zweifel, daß die vieldiskutierte Verteuerung des Gesundheitswesens zu einem großen Teil auch auf dieser Art von Schwindelabrechnungen beruht.‹

Die Beschuldigten sind 87 Apotheker, 270 Ärzte, 45 Zahnärzte, 420 Arzt- und Apothekenhelfer und Angestellte, 10 Krankengymnasten und Masseure sowie 1585 Patienten und Kunden. Ganz ›frisch‹ in der ›Sünderkartei‹ sind sechs Optiker.

Bisher haben die Staatsanwaltschaften 65 Anklageschriften fertiggestellt, in 280 Verfahren wurde ein Strafbefehl erlassen, unter anderem gegen neun Apotheker und 31 Ärzte. Zur Zeit sind insgesamt noch 334 Verfahren anhängig. Die Geldstrafen der Strafbefehle lagen zwischen 500 und 150.000 Mark.

Im Ruhrgebiet, aber auch in Köln, haben die Staatsanwälte offenbar in ein Wespennest gestochen. Geißel glaubt jedoch, daß dies bundesweit ›nur die Spitze eines Eisberges‹ ist. Der Schaden ist nicht annähernd zu beziffern – er erreicht Millionenhöhe. In Köln ermittelte die Staatsanwaltschaft gegen etwa 80 Ärzte und 30 Apotheker, zwei Ärzte sitzen in Untersuchungshaft; laut Strafbefehl mußten Ärzte bis zu 90.000 Mark an die Staatskasse überweisen.

Die Tricks, mit denen die Helfer des Heilgewerbes die Krankenkassen schröpften: Gleich bündelweise gaben Ärzte Rezepte an Apotheker, von denen die angegebenen Patienten keine Ahnung hatten. Der Erlös wurde geteilt. Apotheker gaben auf ausgestellte Rezepte dem Patienten mit dessen Einverständnis billigere Arzneimittel, oft auch Alkohol.

Auch bei der Honorarabrechnung waren Ärzte nicht zimperlich: Sie schrieben auf die Krankenscheine Behandlungen, die sie gar nicht gemacht hatten. Zahnärzte rechneten teure Parodontose-Behandlungen ab, obwohl oft nur Zahnstein entfernt oder Mundduschen gemacht wurden. Optiker erfanden Patienten und kassierten für sie teure ›Phantom-Brillen‹.«

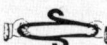

April 1985

»Nordsee ist Mordsee«

Das Vogelsterben an der deutschen Nordseeküste hatte Anfang 1985 skandalöse Formen angenommen. Eine Studie des *Umweltbundesamtes (UBA)* aus dem Zeitraum August 1983 bis April 1985 registrierte in diesen Monaten rund 6000 ölverschmutzte tote Seevögel aus 72 Vogelarten.

Schuld am Vogelsterben waren Öl und Müll von Schiffen. So konnten bei der Überprüfung der Öltagebücher von 86 Schiffen durch die Hamburger Wasserschutzpolizei keine Nachweise über den Verbleib der Ölrückstände erbracht werden.

Zum Vogelsterben meinte die Studie: »Die Gesamtverluste sind mit Sicherheit um ein Vielfaches höher, weil nur wenige der Kadaver an den Strand gespült werden.« Wahrscheinlich verenden jährlich Zehntausende Vögel durch Öl und Müll.

Anfang 1985

Der »Treuwo-Aktien-Skandal«

Das Bauherren-Modell, Ende der siebziger, Anfang der achtziger Jahre der Renner für Besserverdienende, Steuern zu sparen, gerät seit Jahren immer mehr ins Schlingern.

Mancher Arzt, Zahnarzt oder Rechtsanwalt ist inzwischen auf den Bauch gefallen.

So ging auch der größte Anbieter von Bauherren-Modellen, die Lübecker Immobilienfirma *Treuwo,* Anfang 1985 in Konkurs. Dabei hatten sich noch im November 1983 bundesdeutsche Anleger um 100.000 Treuwo-Aktien gerissen, die zum Kurs von 220 für die 50-Mark-Aktie ausgegeben worden waren.

Statt einer satten Dividende gab es herbe Verluste. Folgende Banken hatten lt. »Spiegel« die »fragwürdige Aktien-Erstausgabe gefördert«: die Züricher *Rothschild Bank,* das Frankfurter *Bankhaus B. Metzler & Co,* die Hamburger *Privatbank Marcard & Co* sowie die Münchner *Thurn und Taxis Bank.*

GÜNTER KAUSSEN – Der »Miet-Hai« plündert »kleine Leute«

Die Banken haben ihn durch immer wieder neue Kredite eigentlich erst zu dem gemacht, was er schließlich wurde: ein krimineller Miethai, wie ihn die Immobilien- und Spekulantenbranche bei aller gebotenen Vorsicht noch nicht erlebt hatte.

Bereits 1973 hatte sich Günter Kaußen über 50.000 Wohnungen ergaunert. Mit manipulierten Gutachten erschlich er sich Tausende von überalterten Altbauwohnungen, vergraulte die Mieter und vermietete erneut zu Wucherpreisen. Er kaufte ganze Straßenzüge und Stadtviertel mit alten Häusern auf, tyrannisierte die Mieter mit immer höheren Mieten, drohte mit Massenkündigungen, nötigte die »kleinen Leute«.

Von seinem Kölner Penthouse aus machte der zurückgezogen lebende Kaußen – bis 1973 gab es in keinem deutschen Archiv ein Bild des »Miet-Hais« – auch seine Miet-Geschäfte in den USA und in Kanada mit mehreren tausend Wohnungen. Wegen seiner skrupellosen Geschäfte mit der Wohnungsnot in den USA wurde er in Kalifornien zum Typ des »häßlichen Deutschen« (Stern), die »San Francisco Chronicle« schrieb über den kriminellen Multimillionär, daß kein anderer Vermieter in San Francisco so oft wegen Wuchermieten und unterlassener Reparaturen vor Gericht gestanden habe.

Auch in der Bundesrepublik waren zahlreiche Verfahren gegen Kaußen anhängig. Im April 1985 beging der offensichtlich hochverschuldete Kaußen, unter dem Hunderttausende geblutet hatten, Selbstmord.

Sein Besitz umfaßte zu diesem Zeitpunkt rund 100.000 Wohnungen. Das Imperium des Kölner »Miet-Hais«, der 25 Jahre lang Schrecken verbreiten konnte, ohne gestellt zu werden, kam unter den Hammer.

Die Ära des »Slum-Lords«, der sein Reich des Mietwuchers und der verwahrlosten Wohnungen mit Terrormethoden beherrscht hatte und – so eine Fernsehdokumentation – einer der gefürchtetsten Männer des Landes war, wirft einen tiefen Schatten auf das Grundgesetz: Eigentum verpflichtet. Niemand hatte Kaußen stoppen können...

15.000 Kinder durch Kunstfehler behindert

Der »Münchner Merkur« am 24. April 1985: Wiesbaden (ap). »In der Bundesrepublik werden nach Schätzungen des Arbeitskreises ›Kunstfehler in der Geburtshilfe‹ jährlich etwa 15.000 Kinder geboren, die aufgrund von Fehlern der Ärzte und Geburtshelfer während der Entbindung leichte bis schwere Behinderungen davontragen. Leichtfertiger Umgang mit der Technik im Kreißsaal, Organisationsmängel in den Krankenhäusern sowie fahrlässiges Verhalten der Geburtshelfer seien Ursachen für diese hohe Zahl von Behinderungen, sagte der zweite Vorsitzende des in Dortmund ansässigen Arbeitskreises, *Peter Schierenbeck,* gestern in Wiesbaden.«

März 1985

Korruptionsaffäre im Göttinger Stadtbauamt

Der Diplom-Ingenieur und Beamte des Göttinger Tiefbauamtes hatte jahrelang die überhöhten Rechnungen eines Malermeisters als »sachlich richtig« abgezeichnet. So wurden dem Maler Gelder überwiesen, beispielsweise für das Streichen von Laternenmasten, die es gar nicht gab, wurden ausgeführte Malerarbeiten mehrfach bezahlt. Im Gegenzug renovierte der Malermeister das Haus des Beamten, stellte ihm einen Mercedes und finanzierte ihm eine zehntägige »Herrenreise« nach Thailand.

Der Beamte wurde im März 1985 zu zwei Jahren Haft auf Bewährung verurteilt. Den Schaden von mindestens 110.000 Mark muß er zurückzahlen.

März 1985

»CHAMPAGNER-WILLI« auf dem Trockenen

So überschrieb die Müncher »Abendzeitung« Anfang März 1985 einen Artikel über den Präsidenten des *FC Bayern München, Willi O. Hoffmann,* Sonnyboy und Edel-Gamsbart der Münchner Schicki-Micki-Szene. Und das Münchner Boulevardblatt weiter: »Bayern-Boß bei Bauherren-Modell in Zahlungsnöten.«

Willi O. Hoffmann, der mit seinen Immobilien-Geschäften schon häufiger ins Gerede kam, hatte sich mit seinem Kurhotel *»Schillingshof«* in Bad Kohlgrub überhoben. Er konnte den Eigentümern der dort im Bauherren-Modell errichteten 111 Aparatements die garantierten Mieteinnahmen nicht mehr zahlen – immerhin rund 400.000 Mark. Kein Einzelfall – wie die AZ berichtete.

Der Party-Löwe hatte auch bei den Eigentümern des Frankfurter *»Air-Kongreßhotel im Park«* 150.000 Mark Schulden.

»Schon zweimal war Hoffmann in München in Mietskandale verwickelt: 1981 drohte den Mietern in der Lothringer Straße 9 der Rausschmiß, weil der Bayern-Boß den Altbau abreißen und einen gewinnbringenden Neubau errichten wollte. 1983 schaltete er im Winter seinen Mietern in der Allacher Straße 152 immer wieder die Heizung ab, angeblich um sie hinauszugraulen«, wußte die AZ.

Schließlich mußte »Champagner-Willi« seinen Gamsbart-Hut nehmen und vom Bayern-Präsidenten-Job zurücktreten, von dem Job, der so viele Türen geöffnet hatte und jahrelang beziehungs- und segensreich gewesen war.

Februar 1985

»Kunstfehler Kündigungsgrund für Chefarztvertrag«

Aus der »Süddeutschen Zeitung« vom 27. Februar 1985: Hamm (AP). »Die 7. Kammer des Landesarbeitsgerichts in Hamm erklärte die Kündigung eines zuvor abgeschlossenen Chefarztvertrages für zulässig, wenn dem betroffenen Arzt ein ›nicht zu entschuldigender Behandlungsfehler‹ unterlaufen ist.

Damit wurde die Klage eines Krankenhausarztes abgewiesen, der einer Patientin versehentlich die gesunde Niere herausoperiert hatte. Die Richter entschieden, daß es dem Krankenhaus wegen dieses groben Kunstfehlers nicht zugemutet werden könne, den Arzt zum Chef einer gesamten Abteilung zu bestellen. (Aktenzeichen: LAG Hamm 7 SA 672/84).«

Anfang 1985

Geld für Freislers Witwe

Wenn der berüchtigte und blutrünstige Präsident des NS-Volksgerichtshofs, *Roland Freisler,* der Tausende von Kommunisten, oppositionelle Geistliche, die Widerstandskämpfer des 20. Juli und der »Weißen Rose« sowie Zehntausende »kleiner« Leute wegen antinationalsozialistischer Handlungen oder Gedanken hinrichten ließ, nicht kurz vor Kriegsende bei einem Bombenangriff ums Leben gekommen wäre – er wäre nach dem Krieg wahrscheinlich Beamter oder Anwalt geworden.

Dieser perverse Gedankengang war der Grund für das Versorgungsamt in München (das übergeordnete Landesamt und der damalige CSU-Sozialminister *Fritz Pirkl* hatten zugestimmt), der Witwe des NS-Massenmörders, *Marion Freisler,* zur ohnehin schon skandalösen Witwenpension seit 1974 eine »Schadensausgleichsrente« zu zahlen.

Das Versorgungsamt in München hatte unterstellt, es müsse davon ausgegangen werden, daß Freisler – hätte er überlebt – nach dem Krieg in der Bundesrepublik »als Rechtsanwalt oder Beamter des höheren Dienstes tätig geworden wäre«.

Erst 1982 war untergeordneten Beamten aufgefallen, daß Freisler von den Alliierten vermutlich zum Tode oder zumindest zu lebenslangem Zuchthaus verurteilt worden wäre.

Anfang 1985 flogen die Rentenzahlungen an die Witwe des Blutrichters auf. Das führte nicht nur zu einem politischen Skandal, der Vorgang wies auch eine Reihe von Rechtsverstößen auf.

Die Weihnachtsgeschenke der WKO

Die »Frankfurter Rundschau« schrieb am 11. Januar 1985 zu einem in Niedersachsen vieldiskutierten mutmaßlichen Bestechungsskandal: »Schon fast ein Jahr lang ermittelt die Staatsanwaltschaft Göttingen gegen Geschäftsführer und prominente Aufsichtsräte der ›*Westharzer Kraftwerke GmbH Osterode*‹ (WKO) wegen des Verdachts der Bestechung und der Veruntreuung, ohne daß eine Anklageerhebung in Sicht wäre.

In Osterode am Harz halten sich hartnäckig Gerüchte, nach denen der Oberstaatsanwalt beim Oberlandesgericht Celle, *Ferdinand Cloppenburg (CDU),* das Verfahren aus politischen Gründen niederschlagen wolle. Zu den in Verdacht geratenen Aufsichtsräten (›Gesellschaftervertretern‹) gehört neben dem Osteroder Stadtdirektor *Enno Mönnich (SPD)* und dem Oberkreisdirektor *Friedrich-Karl Böttcher (SPD)* auch Cloppenburgs Parteifreund, der CDU-Landtagsabgeordnete und stellvertretende Landrat von Osterode, *Frank Seeringer.*«

Und die »FR« fährt fort: »Wie berichtet, hatte die Göttinger Staatsanwaltschaft bei neun Politikern, die im Auftrag von Stadt und Landkreis Osterode die Funktion von Aufsichtsräten bei den WKO-Kraftwerken ausüben, diverse Lederkoffer, Kameras, Radiowecker und Weinflaschen im Gesamtwert von 10.000 Mark beschlagnahmt, die sie in den vergangenen Jahren als Weihnachtsgeschenke von der WKO-Geschäftsführung bekommen hatten. Die Staatsanwaltschaft hielt diese Zuwendungen für rechtswidrig, weil Amtsträger, die ein Unternehmen kontrollieren sollen, nicht gleichzeitig wertvolle Geschenke annehmen dürften.«

Otto Graf Lambsdorff – »Fürsorgemaßnahmen« für den Grafen

Die Grünen-Abgeordneten im Bundestags-Haushaltsausschuß, *Dieter Burgmann* und *Hubert Kleinert,* brachten es ans Licht: Rund 141.000 Mark aus Steuergeldern erhielt *Otto Graf Lambsdorff* als sogenannten Prozeßkosten-Vorschuß in Sachen Flick- und Parteispendenverfahren.

Der Bundesrechnungshof übte harte Kritik am ehemaligen Wirtschaftsminister, der sich die Gelder für teure Staranwälte kurzerhand selbst bewilligt hatte – rechtzeitig vor seinem Rücktritt.

Einem normalen Bundesbeamten steht nach den »Richtlinien zum Rechtsschutz in Strafsachen für Bundesbedienstete« ein Honorarsatz von 550 Mark für einen Anwalt zu. Neben Otto Graf Lambsdorff griffen auch andere in den Spendenskandal verwickelte Politiker tief in die Staatskasse, um sich ihren Rechtsbeistand zinslos vorfinanzieren zu lassen:

Grüne und Rechnungsprüfer stellten fest, daß auch die ehemaligen SPD-Finanzminister *Manfred Lahnstein* (heute Top-Manager bei Bertelsmann) mit 28.000 Mark und *Hans Matthöfer* (heute BGAG-Manager) mit 15.000 Mark »bezuschußt« worden waren, um sich Staranwälte zu engagieren.

Anfang 1985

»Raubritter« an Autobahnen – Die »Wegezoll-Affäre«

Wilder Westen auf der Autobahn.

Einer der größten Polizeiskandale in der Geschichte der Bundesrepublik flog Anfang 1985 auf.

Wenn auf bundesdeutschen Autobahnen (mit Schwerpunkt Nordrhein-Westfalen) LKW wegen überhöhter Geschwindigkeit gestoppt wurden oder wegen Überladung ein Bußgeld aufgebrummt bekommen sollten, war die Frage vieler Polizisten: »Habt Ihr was Schönes zu beißen?« Erpressung. Die LKW-Fahrer kauften sich frei, »bezahlten« ihre Vergehen mit Naturalien, von abgepackten Steaks bis zu ganzen Schweinehälften, von Kassettenrecordern über Baumaschinen bis zu eigens mitgebrachten Geschenken. Sogar lebende Schweine und Forellen dienten als Bezahlung.

Mitunter wurden ganze Wagenladungen umgeladen. Und die LKW-Fahrer zahlten und lieferten ab, immer aus Angst um Führerschein und zusätzliche Punkte in Flensburg. Gegen mehr als 70 Polizisten der Autobahndienststellen im Regierungsbezirk Arnsberg entlang der Sauerlandlinie wurde in der »Wegezoll-Affäre« ermittelt wegen des dringenden Verdachts der Erpressung, Bestechung, Vorteilsnahme und Strafvereitelung im Amt.

Während ständig weitere Wildwest-Methoden von den Autobahnen bekannt wurden, kam es zu ersten Verurteilungen im hessischen Dillenburg. Das dortige Amtsgericht wies zwei Polizisten nach, eine Anzeige wegen Geschwindigkeits- und Lenkzeitüberschreitung »zum Sozialpreis« geregelt zu haben. Gemeint waren üppige Weihnachtsbraten, die abkassiert wurden.

Und noch eines: Als der Skandal publik wurde und immer mehr Polizisten »nervös« zu werden begannen, fingen die Autobahnpolizisten an, die LKW-Fahrer auf den Autobahnen zu schikanieren, um sie einzuschüchtern. Das jedenfalls war der Eindruck zahlreicher »Brummi«-Fahrer.

CHRISTIAN SCHWARZ-SCHILLING –
Die Affäre »Sonnenschein«

»Gift frei Haus – aus der Fabrik des Postministers«, so schrieb das »Deutsche Allgemeine Sonntagsblatt« am 20. Januar 1985, als offenkundig wurde, was zahlreiche
Berliner seit Jahren ahnten bzw. wußten.

Gegen die der Familie des Bundespostministers gehörende *Batterie- und Akkumula-
torenfabrik »Sonnenschein«* im Westberliner Stadtteil Marienfelde wurde von der Staatsanwaltschaft wegen des dringenden Verdachts der »umweltgefährdenden Beseitigung
von Abfallstoffen« ermittelt.

Starke Bleiimmissionen in der Umgebung der Batteriefabrik gefährdeten die umliegenden Neubausiedlungen mit vielen kinderreichen Familien. Darüber hinaus soll
Christian Schwarz-Schilling, der bis zu seiner Ernennung zum Postminister, 1982, Ge-
schäftsführer von »Sonnenschein« Berlin war, unter Umgehung von Umweltschutz-
auflagen zahlreiche Bleiöfen illegal installiert und die Aufsichtsbehörden bewußt hin-
ters Licht geführt haben. Gleichzeitig waren auch finanzielle Machenschaften im
Spiel. Das »Deutsche Allgemeine Sonntagsblatt«: »Immerhin zeigte sich der Berliner
Senat gegenüber dem Betrieb des Postministers nicht knauserig. Er finanziert die
Bleimühle und andere ›Sanierungsmaßnahmen‹ – Gesamtkosten sechs Millionen
Mark – mit 200.000 Mark in bar und einem äußerst zinsgünstigen Kredit von 1,8
Millionen Mark.«

Der Berliner Rechtsanwalt *Rainer Geulen* erstattete Strafanzeige wegen mehrerer
»Straftaten gegen die Umwelt«, Verdachts des Subventionsbetruges sowie Sachbe-
schädigung und Körperverletzung.

Die Strafanzeigen richteten sich auch gegen Vertreter der Berliner Behörden, u.a.
gegen den Umweltschutzsenator *Horst Vetter.*

Obwohl die Ermittlungsverfahren – »Sonnenschein« drohte u.a. mit dem Verlust
von Arbeitsplätzen – inzwischen eingestellt wurden, konnte der Verdacht der Manipulation nicht ausgeräumt werden. Die Staatsanwaltschaft erhob zwischenzeitlich Anklage gegen den Geschäftsführer von »Sonnenschein«. Die Bürgerinitiative »Sonne
statt Blei« spricht auch weiterhin von einem Umweltskandal erster Ordnung.

Und noch eine Groteske am Rande: Während der Boden rund um die Berliner
Batteriefabrik »Sonnenschein« hochgradig bleiverseucht wurde, erhielt Schwarz-
Schillings Batteriefabrik in Landau (Pfalz) die Genehmigung zu einer dritten »Blei-
schleuder« ihrer Art, direkt neben einem Wasserschutzgebiet, zum Nulltarif und mit
erheblichen Investitionszuschüssen der Gemeinde, sprich: des Steuerzahlers.

»Birkel«-Nudeln – Igittigitt!

In den ersten Januartagen 1985 flog einer der größten und ekelerregendsten Lebensmittelskandale in der Geschichte der Bundesrepublik auf: der »Flüssigei- bzw. Nudel-Skandal«.

Jahrelang hatten bundesdeutsche Nudelhersteller aus Holland stammendes Flüssigei verarbeitet, das vermischt war mit Kükenembryos, Bakterien und Hühnerscheiße. Hauptlieferant war der holländische Großhändler *Johannes van Loon,* der Millionen angebrüteter Eier billigst aufkaufte und zu einer mit Blutringen und Kükenleichen versehenen Eierbrühe schleuderte. In plombierten Tanklastzügen erreichte der gepanschte »Kükenbrei«, der später offiziell als »lebensmitteluntauglich« deklariert wurde, am Zoll und möglichen Veterinärkontrollen vorbei die überwiegend in Baden-Württemberg ansässigen Teigwarenhersteller. Johannes van Loon hatte beispielsweise gegenüber dem Allgemeinen Inspektionsdienst der Niederlande *(AID)* gestanden, »allein von Januar 1983 bis Mai 1984 an die vierzig Millionen verbotene Bruteier von vierzehn Nachwuchszuchtanstalten für Legebatterien und Hähnchenmästereien bezogen zu haben« (Die Zeit). Für van Loon bedeutete das alles ein lohnendes Geschäft, aber auch Untersuchungshaft und die Schließung seines Ladens.

Im Sommer 1985 erreichte der Skandal seinen Höhepunkt, als in den Nudelproben auch noch Eitererreger und Salmonellen gefunden wurden. Der Arnheimer Eierpanscher hatte mit seinen 1000 Tonnen »nicht verkehrsfähigem Flüssigei«, das entsprach der Menge von 36 Millionen Eiern, u.a. folgende Firmen beliefert: *Nudelpeter* (Waiblingen), *Birkel* (Weinstadt), *Hermann* (Kirchheim), *3 Glocken* (Weinheim) und *Schätzle* (Waiblingen).

Der »Spiegel«: »Unter den Produkten, die bakteriell verseucht waren oder Spuren von Kükenembryos enthielten, waren so renommierte Erzeugnisse wie ›Echt schwäbische Eierspätzle‹ der Firma Hermann in Kirchheim/Teck, ›Schwarzwald-Mädel-Spätzle‹ des Weinheimer Herstellers 3 Glocken sowie vier Nudelsorten des Weinstädter Marktführers Birkel.« Aus dem »Flüssigei-Skandal« wurde auch ein politischer Skandal, denn es stellte sich heraus, daß die Gesundheitsbehörden in Stuttgart und Bonn seit fünf Jahren von der kriminellen Pantscherei wußten. Der Staatsanwalt hatte sogar schon einmal ermittelt, aber durch raffinierte Tricks der Nudel-Lobbyisten waren die Untersuchungen schließlich eingestellt worden.

Vor dem »Kükenbrei« van Loons waren die Behörden sogar »mehrfach diskret« und auf schriftlichem Wege gewarnt worden.

Aber die Behörden versuchten bis zuletzt, den »Nudel-Skandal« mit Rücksicht auf die heimische Teigwaren-Industrie herunterzuspielen und zu vertuschen. Baden-Württembergs Ernährungsminister *Gerhard Weiser* stellte den Lebensmittelherstellern einen »Persilschein« aus. Der für die Lebensmittelüberwachung im Stuttgarter Sozialministerium zuständige Ministerialrat *Paul Jägerhuber* versuchte sogar den Mitarbeitern beim Wirtschaftskontrolldienst *(WKD)* der Stuttgarter Landespolizei einen »Maulkorb« zu verpassen.

Dabei war es gerade diese Stelle, die auch schon den »Glykol-Skandal« aufgedeckt hatte. Oder gerade deshalb?

Dezember 1984

»Aus Schweinepfoten werden Steaks«

Wegen sogenannten Subventionsbetruges in Höhe von 13 Millionen Mark wurden Ende 1984 zwei Hamburger Fleischgroßhändler durch Haftbefehl gesucht. Sie hatten die EG-Subventionsregelung für ihre Geschäfte ausgenutzt.

So hatten die beiden findigen Fleischwarenhändler 27 Container mit billigem Abfallfleisch, z.B. Schweinepfoten, Schweineköpfe und Innereien, als »hochwertiges Rindfleisch« nach Westafrika in Hungergebiete transferiert.

Der EG-Fond für Währungsausgleich spuckte ihnen dafür noch drei Millionen Mark an Zuschuß aus, da diese Gelder (Subventionen) europäisches Fleisch für den Export konkurrenzfähig machen sollen. Rund zehn Millionen Mark sparte die »Firma« an sogenannten Marktabschöpfungsbeträgen, als sie aus Südamerika importiertes Qualitätsfleisch schlicht als minderwertige Ware deklarierte.

Darüber hinaus kamen die beiden Hamburger wiederholt mit dem Lebensmittelgesetz in Konflikt, als sie ihre Geschäfte mit von Salmonellen befallenem Känguruhfleisch machten.

Ende 1984

Handschellen für den »König von Sylt«

Der »König von Sylt«, der ehemalige Bottroper Elektriker und Immobilienmakler *Wolfgang Reh,* wollte die Nobel-Insel Sylt dem Massentourismus zugänglich machen – und natürlich einträgliche Geschäfte. Er kaufte massenhaft Ferienhäuser und verscherbelte sie mit großer Rendite weiter. Der Trick: Die Käufer glaubten mit der Vermietung von Appartements das große Geld zu machen. Das »Handelsblatt« schrieb: »Für das noble Sylter Publikum war der ›Dicke aus dem Pütt‹ ein Alptraum: Durch waghalsige Immobilien-Geschäfte und organisierten Massen-Tourismus aus dem Ruhrgebiet, mit dem er das feine Eiland zum Mallorca der Nordsee machen wollte, wurde der ›Bettenkönig‹ zum meistgehaßten Mann auf der Insel.«

Dann kam der Absturz, der Skandal war perfekt. Um Rehs Handgelenke schlossen sich die Handschellen, er landete in der Untersuchungshaft. Der »Kölner Stadtanzeiger« schrieb am 10. September 1986 anläßlich des beginnenden Reh-Prozesses in Essen: »Der Immobilienhändler wird von der Staatsanwaltschaft der Anstiftung zur Untreue in zwei besonders schweren Fällen, der Untreue und des fortgesetzten Betrugs in 42 Fällen beschuldigt. Reh soll bei seinem Versuch, die Ferieninsel Sylt für den Massentourismus zu erschließen, die *Volksbank Oberhausen* und private Anleger um mehr als 145 Millionen Mark geschädigt haben. Mitangeklagt sind die ehemaligen Volksbank-Vorstandsmitglieder *Günter Flock* und *Günter Schulpig* sowie Rehs einstiger

›Sylt-Stadthalter‹ *Rudolf Göckeler*. Sie müssen sich wegen fortgesetzter gemeinschaftlicher Untreue verantworten.« Durch diese Manipulationen geriet auch die Hammer *»Westdeutsche Genossenschafts-Zentralbank« (WGZ-Bank)* und deren Bankchef *Paul Schulte,* der die Bank durch hohe Darlehen und Kreditmanipulationen geschädigt haben sollte, in den Skandalstrudel. Der »König von Sylt« ließ die westfälische Bankenwelt wackeln.

Dezember 1984

Hans-Otto Scholl – Der Juwelendieb von Baden-Baden

Hans-Otto Scholl ist ein enger Freund *Helmut Kohls* und wohnte in dessen direkter Nachbarschaft in Oggersheim. Sieben Jahre war der eloquente Jurist Landesvorsitzender der rheinland-pfälzischen FDP und deren konservativer Exponent. Darüber hinaus bekleidete Scholl das Amt des Hauptgeschäftsführers des *Bundesverbandes der Pharmazeutischen Industrie (BPI)*. Der Pharma-Lobbyist Scholl, der durch seine Schlüsselposition nachhaltigen Einfluß auf die bundesdeutsche Arzneimittelgesetzgebung ausgeübt und durch üppige Spenden der Pharmaindustrie Politiker und Beamte im Bonner Gesundheitsbereich »wohl gestimmt« haben soll, verlor im Juni 1980 diesen Posten.

Der Grund: gravierende Meinungsverschiedenheiten über »Grundsätze der Geschäftsführung und die Befugnisse des Hauptgeschäftsführers«. So hatte Scholl einen großen Teil der Pharma-Gelder als »Geldanlage« in Schmuck, Perserteppichen, Münzen, Uhren und Graphiken angelegt, für die er nach einem Vergleich den Einkaufspreis, weit über eine Million Mark, den Pharma-Bossen zurückzahlen mußte. Die Waren freilich durfte Scholl behalten. Außerdem ermittelte die Frankfurter Staatsanwaltschaft gegen den auf großem Fuß lebenden zweifachen Villen-Besitzer wegen Veruntreuung von Verbandsgeldern in Millionenhöhe.

Obwohl die Staatsanwaltschaft das Ermittlungsverfahren gegen Scholl einstellte, blieben hinreichend »Verdachtsgründe für eine strafbare Handlung« zurück.

Am 28. Dezember 1983 überfiel der einflußreiche Politiker und Lobbyist das Juweliergeschäft Koch an den Kurhaus-Kolonnaden in Baden-Baden. »Überfall – Hände hoch!«

Scholl wurde schließlich vom Landgericht in Baden-Baden wegen schweren Raubes in Tateinheit mit gefährlicher Körperverletzung zu acht Jahren Gefängnis verurteilt. Er hatte bei dem Überfall auf das Juweliergeschäft Schmuck im Wert von 2,54 Millionen Mark erbeutet, den Sohn des Juweliers und dessen Freundin niedergeschlagen und erheblich verletzt.

Das Tatmotiv war für die Richter klar: ein aufwendiger Lebenswandel und hohe Schulden, die den rheinland-pfälzischen Spitzenpolitiker zu monatlichen Zinszahlungen von 28.000 Mark verpflichteten.

Da rettete auch ein hochdotierter Beratervertrag mit der *Lufthansa* den eleganten

Gauner nicht mehr. Von dem gestohlenen Schmuck sind bislang erst einige wenige Stücke aufgetaucht – in einem Schweizer Tresor des Hans-Otto Scholl.

Ende 1984

Der »Hamburger Arsen-Skandal«

Nach »Boehringer« und »Georgswerder« hatte Hamburg gleich einen neuen Umweltskandal, der wiederum den Verdacht nahelegte, daß die Behörden aus allzu großer Rücksicht auf die Industrie schwiegen, bis sie der Druck der öffentlichen Meinung zu Stellungnahmen und zum Handeln zwang.

So spielte Umweltsenator *Wolfgang Curilla* den lebensgefährlichen Arsenausstoß der *Kupferhütte Norddeutsche Affinerie* (»Affi«) im Hamburger Osten herunter, sogar dann noch, als im Boden neben hohen Dosierungen der Schwermetalle Blei, Kupfer und Cadmium auch hochgradige Arsenvergiftung festgestellt wurde.

Der »taz« gelang es schließlich, die »Affi-Affäre« ans Tageslicht zu bringen, nachdem ihr ein interner Bericht zugespielt worden war, der von hohen Arsenwerten sprach. Der Bericht wies auch auf die krebserregende Wirkung des Arsens hin und erwähnte, daß die Aufnahme von nur fünf Gramm des verseuchten Bodens zum Tod eines Kleinkinds führen könne.

Als erste Maßnahme schlug Umweltsenator Curilla unter dem Kopfschütteln der Hamburger Bevölkerung denn auch vor, man solle an den gefährdeten Stellen Warnschilder aufstellen – für Kleinkinder. Die »Affi« hatte jahrelang Tausende von Tonnen arsenhaltigen Schlamms mit umgerechnet 936 Tonnen Arsen auf dem Betriebsgelände gelagert; das wurde ebenso bekannt wie der Ausstoß von mehreren Tonnen staubförmig gebundenen und gasförmigen Arsens in die Luft.

Die »Zeit« konstatierte haarsträubende Umweltvergehen in der Vergangenheit, unter denen die Hamburger bis heute zu leiden haben. »So steht die ›Affi‹ zum Teil auf dem Gelände der ehemaligen Sondermülldeponie an der Müggenburger Straße. Dort landete unter illustrer, privater Regie jedes erdenkliche Gift, vom Dioxin über Ölschlamm bis hin zu Tonnen von E-605-Abfällen. Die unkontrolliert und unbedacht abgekippten Chemikalien fingen oft Feuer, brannten tagelang und produzierten kilometerweite, stinkende Rauchfahnen.«

November 1984

Scheingeschäfte mit der DDR

Im November 1984 standen vor dem Bremer Landgericht neun Personen vor Gericht, die 10,8 Millionen Mark an Zoll- und Einfuhrumsatzsteuer hinterzogen haben sollen.

Gemeinsam mit den staatlichen Außenhandelsbetrieben der DDR sollen die Unternehmer zwischen 1974 und 1979 Sonnenöl und Stoffe für knapp 47 Millionen Mark in die Bundesrepublik gebracht haben, die angeblich in der DDR produziert worden waren. Unter Umgehung der Bestimmungen des »innerdeutschen Handels« hatten sie somit die Bundesrepublik um runde 17 Millionen Mark geprellt.

1984

Mal Eier, mal Hühner, mal Gänse

Ein 61jähriger Polizeibeamter aus Niederbayern, dessen Aufgabe die Überwachung der Lebensmittelbetriebe war, ließ sich gerne Eier, Hühner und Gänse schenken und drückte dafür wahrscheinlich so manches Mal ein Auge zu. Das Amtsgericht Eggenfelden verurteilte ihn zu 3000 Mark Geldstrafe. Der Bayerische Verwaltungsgerichtshof bestätigte im November 1984 die Entscheidung der ersten Instanz, daß der Polizist seinen Anspruch auf Pension damit verloren hat. Fazit: Die »Kleinen« läßt man gerne hängen. Wg. Flick und Co.

November 1984

John-Werner Madaus – Parteispenden des Pharma-Konzerns

Er wollte seinen Freunden aus der CDU-Führung sicherlich etwas Gutes – sich selbst freilich auch. Der Kölner Pharmaunternehmer *John-Werner Madaus,* dessen Renner das Abführmittel »Agiolax« ist, ließ seinen Freunden zwischen 1969 und 1979 weit über 500.000 Mark zukommen und hinterzog auf diese Weise 300.000 Mark an Steuern. Madaus hatte nicht direkt an die Partei gezahlt, sondern das Geld über drei gemeinnützige und staatspolitische Vereinigungen, wie die *»Staatsbürgerliche Vereinigung 1954 e.V.«* in Köln, der CDU zukommen lassen und dafür abzugsfähige Quittungen für das Finanzamt erhalten.

»Umwegfinanzierung« ist Steuerhinterziehung. Von Anfang an – so der Richter

63

beim Urteilsspruch gegen Madaus Anfang November 1984 – sei das überwiesene Geld ausschließlich für die CDU bestimmt gewesen und nicht für den auf den Quittungen angegebenen Zweck.

Einer der Spendensammler und Finanz-Animateure war der frühere Schatzmeister der CDU *Walther Leisler Kiep.*

Das Amtsgericht Köln verurteilte den Arzneimittelhersteller schließlich zu einer Geldstrafe von 420.000 Mark, zahlbar in 210 Tagessätzen á 2000 Mark. Bundeskanzler *Helmut Kohl* erhielt vom Gericht einen Rüffel und wurde dahingehend korrigiert, daß die Finanzbehörden die illegale Spendenpraxis der Parteien nicht wissentlich geduldet hätten. Kohl hatte öffentlich verkündet, die Praxis verdeckter Parteienfinanzierung sei gängig und der Finanzverwaltung bekannt gewesen.

Oktober 1984

RAINER CANDIDUS BARZEL – wg. Flick und Co.

»*Dr. Dr. A. Paul,* wg. Dr. R. Barzel – 250.000,–« – so vermerkten Flicks Buchhalter ab 1973 jahrelange Zahlungen an den zuvor vom Parteivorsitz zurückgetretenen CDU – Politiker *Rainer Candidus Barzel.* Barzel erhielt von Flick rund 1,6 Millionen Mark über seinen Freund *Albert Paul* in Frankfurt, in dessen Anwaltskanzlei der CDU-Spitzenpolitiker als Berater eingetreten war. Im Zusammenhang mit den Ermittlungen des Flick-Untersuchungsausschusses wurden diese zwischen 1973 und 1980 geleisteten Zahlungen aus der Flick-Kasse bekannt. Offiziell wurde Barzel zwar von Paul wegen sogenannter »Gutachtertätigkeiten« bezahlt, in Wirklichkeit aber stammten die Gelder von Flick.

Barzel, inzwischen Bundestagspräsident und damit zweiter Mann im Staat, trat am 25. Oktober 1984 von seinem Amt zurück, nachdem die Flick-Zahlungen an ihn mit seinem vorübergehenden Ausscheiden aus der Bundespolitik und der Steuerbefreiung des Flick-Konzerns in Verbindung gebracht worden waren. So soll Barzel – um *Helmut Kohl* den Stuhl für den CDU-Parteivorsitz frei zu machen – mit Industriegeldern abgefunden worden sein, damit er mit seinen Abgeordneten-Diäten von rund 10.000 DM nicht zum »sozialen Fall« werde.

Barzel wurde vor dem Flick-Untersuchungsausschuß von einem hohen Repräsentanten des Flick-Konzerns schwer belastet. Der ewige »Moralapostel« und »Saubermann« Rainer Candidus Barzel stolperte über die Flick-Affäre.

Oktober 1984

»Luxusleben auf Kosten der WiSo«

Aus der »Nürnberger Zeitung« vom 30. Oktober 1984: »Elf Jahre lang (von Anfang 1973–1984) lebte die ehemalige Universitätsangestellte *Iris Löwel* (39) in einem wahren Konsumrausch. Um sich ihr ersehntes Luxusleben leisten zukönnen, verpraßte sie das gesamte Vermögen der *Hans-Frisch-Stiftung* der Wirtschafts- und Sozialwissenschaftlichen Fakultät. Das Stiftungsvermögen belief sich auf 1,937 Millionen Mark. Doch damit nicht genug: Die Frau stürzte den Förderkreis der WiSo obendrein noch in Schulden von 165.000 Mark. Rechnet man den Zinsentfall von ca. 500.000 Mark für das Vermögen hinzu, so beläuft sich der Gesamtschaden auf 2,4 Millionen Mark. Gestern verurteilte die 7. Große Strafkammer des Landgerichts Iris Löwel wegen fortgesetzter Untreue zu viereinhalb Jahren Gefängnis.«

Oktober 1984

RICHARD SÜSSMEIER – »Der Sturz des »Wies'n-Napoleons«

Er war Sprecher der Münchner Oktoberfestwirte, rühmte sich, aus einem 240-Liter-Faß 289 Maß Bier zu zapfen und aus einem Hendl drei halbe Portionen auf den Tisch zu bringen. Beim Oktoberfest 1984 erlebte der selbsternannte Napoleon sein Wies'n-Waterloo: Der damalige ultrarechte Münchner Kreisverwaltungsreferent und heutige bayerische Innenstaatssekretär und Scharfmacher. *Peter Gauweiler* ließ seinen Spezi hochgehen. Wegen der illegalen Beschäftigung von 23 Jugoslawen – ohne Anmeldung, ohne Sozialabgaben, ohne Wohnsitz und bei mäßiger Bezahlung arbeiteten sie in seiner Festzeltküche – ließ Gauweiler das »Armbrustschützenzelt« Süßmeiers noch während der Wies'n schließen und entzog ihm die Konzession – übrigens ein einmaliger Vorgang in der bis dato 174jährigen Geschichte des Münchner Oktoberfestes.

Das Ermittlungsverfahren wegen Beihilfe zur unerlaubten Beschäftigung ausländischer Arbeitskräfte wurde im März 1986 eingestellt, nachdem der ehemalige Wirte-Sprecher ein Bußgeld von 100.000 Mark gezahlt hatte. Der sogenannte »Bier-Wunder«-Prozeß wegen schlechten Einschenkens endete für Süßmeier nach vielen »Klimmzügen« vorläufig mit einem Freispruch.

Mediziner-Skandal – Geschäfte mit »Faktor VIII«

Die Steuerfahnder kamen ihm auf die Schliche: dem Bonner Oberarzt *Franz Etzel,* Mitarbeiter am international anerkannten *»Institut für experimentelle Hämatologie und Bluttransfusionswesen«* der Universität Bonn.

Etzel, dem der Instituts-Etat von 120 Millionen Mark unterstand und der über die teuren Therapien und Behandlungsmöglichkeiten für Bluter mit den Krankenkassen und den Forschungsinstituten bzw. den Medikamentenherstellern verhandelte, hatte mit dem für Bluter-Kranke lebenswichtigen Medikament »Faktor VIII« Geschäfte gemacht.

Er vermittelte über eine Schweizer Postkastenfirma den Lieferanten von »Faktor VIII« Aufträge in Millionenhöhe und kassierte dafür seinerseits Schmiergelder in Höhe von rund 2,5 Millionen Mark. Als Etzel im September 1984 von der 7. Großen Strafkammer des Landgerichts Bonn wegen »fortgesetzter Vorteilsannahme und Steuerhinterziehung« zu 22 Monaten Haft auf Bewährung und 600.000 Mark Geldstrafe verurteilt wurde, kam auch heraus, daß er sich und seiner Familie von den Schmiergeldern ein jahrelanges Luxus-Leben finanziert hatte. Ein Leben in Saus und Braus mit der Not der Bluter-Kranken.

»Nicht operiert, aber kassiert«

So berichtete der »Stern« im August 1984 über den Chefarzt des Duisburger Marien-Hospitals. *Dr. Joseph Horatz,* seit über 20 Jahren Chef der Gynäkologie, hatte über Jahre hinweg seinen Patientinnen vorgetäuscht, sie selbst operiert zu haben. Die Frauen hatten »ihrem« Arzt vertraut. Tatsächlich aber stellte Horatz meistens lediglich die Diagnosen, die komplizierten Eingriffe führten seine Assistenzärzte unter Leitung von Oberarzt *Hans-Joachim Laker* durch – wie bei jedem Kassenpatienten.

Joseph Horatz allerdings kassierte den Rechnungssatz für Privatpatienten.

Dann stolperte Dr. Horatz – so der »Stern« – über einen Kunstfehler. Als eine Duisburgerin, der bereits ein Knoten aus der linken Brust herausoperiert worden war, erneut unters Messer mußte, wurden ihr wegen einer bösartigen Krebsgeschwulst ohne ihre Zustimmung beide Brüste amputiert – mit späteren katastrophalen Komplikationen.

Als sie erfuhr, daß sie nicht vom Arzt ihres Vertrauens operiert worden war, sondern vom Oberarzt, der es im übrigen unterlassen hatte, frühzeitig die rechte Brust zu untersuchen, schaltete sie einen Anwalt ein. Der forderte die Herausgabe des Operationsberichtes. Horatz versuchte, den Operationsbericht zu fälschen und wurde fristlos gefeuert. Die Staatsanwaltschaft Duisburg nahm die Ermittlungen auf.

Juli 1984

Alles in die eigene Tasche

Mit Hochglanzbroschüren und smarten Männerstimmen am Telefon sowie einer in London ansässigen Briefkastenfirma entlockten acht Anlagebetrüger betuchten und weniger betuchten Kunden knapp 1,2 Millionen Mark. Nur 90.000 Mark wurden tatsächlich angelegt, aber nicht in die versprochenen »Trusts«, sondern in Geschäftsaktivitäten, die dem Bluff die nötige Seriosität verleihen sollten.

Im Juli 1984 wurden die Geschäftemacher von der 28. Großen Strafkammer des Frankfurter Landgerichts zu Gefängnisstrafen zwischen einem und fünf Jahren verurteilt.

Juni 1984

»Pintsch«-Panscherei – Hanau '84

In Hanaus Brunnen wurden seit 1982 immer wieder Chlorkohlenwasserstoffe im Grundwasser gefunden, Mitte März 1984 stießen die Wasser-Fahnder bei der Hanauer Wiederaufbereitungsfirma für Altöl *»Pintsch Oel GmbH«*, die bundesweit aktiv war, sogar auf Dioxin. Bis in acht Meter Tiefe war das Erdreich unter der Pintsch-Altöl-Raffinerie verseucht.

Die Gutachter des biologisch-chemischen *Instituts Fresenius* stießen in der Erde, in Brunnen und im Abwasser auf hochgiftige Stoffe wie Benzol, Toluol, Chlorkohlenwasserstoffe und polychlorierte Biphenyle (PCB). »Der zulässige PCB-Grenzwert von 0,5 Mikrogramm pro Kubikmeter Wasser war bei Pintsch-Rückständen um mehr als das Fünfzigtausendfache überschritten«, schrieb *Peter Roth* über die Wasserverseuchung von Hanau im »Spiegel«-Buch »Supergift Dioxin«.

Die beiden Geschäftsführer der Skandal-Firma, *Clemens Graf von Stauffenberg* und *Günther Becker,* sowie der Betriebsleiter *Manuel Suarez* bekamen vom Amtsgericht Hanau ihre Tätigkeit untersagt, die Raffinerie wurde stillgelegt, der Betrieb meldete Konkurs an.

Schließlich kam alles an den Tag: Das Dreiergespann hatte jahrelang Behördenauflagen ignoriert. Die Vertreter des Landratsamtes Hanau und des Regierungspräsidiums hätten das merken müssen, ebenso wie die Stadtwerke und das Wasserwerk. Jahrelang gingen ihre Vertreter bei Pintsch ein und aus, ja, die Firma hatte zuvor noch einige Subventionsmillionen kassiert.

Auch gegen acht weitere Unternehmen im Industriegebiet an der Leipziger Straße ermittelte Hanaus Staatsanwalt wegen schwerer Grundwasserverschmutzung. Peter Roth nannte u.a.: *Degussa, Dunlop, Leybold-Heraeus* (denen die Stadtwerke einen Tiefbrunnen in der Trinkwasserschutzzone verkauften), *BBC* und *Rowenta.* »Acht von zwölf Brunnen sind in dieser Gegend mit halogenierten Kohlenwasserstoffen verseucht, mit Lösungsmitteln, die Metallfabriken, Chemie- und Gummiwerke sowie Reinigungsfirmen verwenden und die als Kaltreiniger zum Entfetten von verölten Maschinen dienen.

Gegen die Geschäftsführer von drei Firmen bereitete die Staatsanwaltschaft im Juni 1984 die Anklage vor. Der Vorwurf: schwere Gefährdung der öffentlichen Wasserversorgung.«

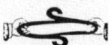

1984

Die Osteroder Korruptionsaffäre

Im Rahmen der aufsehenerregenden Korruptionsaffäre innerhalb der Stadtverwaltung von Osterode im Harz, in die über ein Dutzend Kommunalbedienstete und Geschäftsleute verwickelt sind, wanderte der ehemalige Bauamtsangestellte Heinz S. für zweieinhalb Jahre ins Gefängnis wegen Betrugs, Bestechlichkeit und Veruntreuung von 157.000 Mark städtischer Gelder.

Der ehemalige CDU-Ratsherr und Inhaber der größten Eisenwaren- und Haushaltswarenhandlung vor Ort, *Rüdiger Rinne-Wolf*, kam mit Bewährung und einer Strafe von 15.000 Mark glimpflich davon.

Dem Bauamtsangestellten konnte nachgewiesen werden, vom Eisenwarenhändler und CDU-Mann über zwölf Jahre hinweg Waren erhalten zu haben – von der Ski-Ausrüstung bis zum kompletten Sonnenstudio –, die er mit insgesamt über 220 fingierten Rechnungen aus der Stadtkasse an seinen Spezi bezahlte.

Juli 1984

Berliner Heizöl-Skandal

Mit Altöl miese Geschäfte auf Kosten der Gesundheit der Berliner machten seit Jahren mehrere Groß- und Zwischenhändler der Öl-Branche aus dem Bundesgebiet und Westberlin.

Im Juli 1984 wurde der Umwelt-Skandal bekannt. Danach hatten die Öl-Pansch-Firmen dem Heizöl bei der Altölaufbereitung gewonnenes Gasöl zugesetzt. Gasöl aber enthält die chemische Verbindung PCB (polychlorierte Biphenyle), aus der bei Verbrennungstemperaturen unter 1200 Grad das Seveso-Gift Dioxin freigesetzt wird.

Da die meisten Ölbrenner in den Heizungen nur im Ausnahmefall höhere Temperaturen erreichen, ist es nach der Heizöl-Verordnung strengstens untersagt, raffiniertem Heizöl wiederaufbereitete Öle beizumischen. Gasöl darf nur als Schmieröl verwendet werden.

Die Panscherei lohnte sich: Die Tonne Gasöl kostet auf dem Markt etwa 300 Mark. Im Gegensatz dazu zahlt man 700 Mark für eine Tonne Heizöl. Die »Zeit« schrieb Ende Juli zum Berliner Umwelt-Skandal: »Nach den bisherigen Erkenntnissen sind in den letzten Jahren einige 100.000 Tonnen Gasöl nach Berlin geschafft und hier etwa im Verhältnis 1:30 dem Heizöl beigemengt worden. Das Gasöl wurde, soweit bisher bekannt, von der Firma *Edelhoff* aus Iserlohn gekauft; es stammt aus einer Bochumer Aufbereitungsraffinerie. Zwischenhändler war die Firma *Felger,* die das Gasöl nach Berlin lieferte, aber, wie ihr Geschäftsführer erklärt, nicht weiß, wofür es dann verwendet wird. Im Spandauer Südhafen wird das Gasöl von der Firma *Halter-mann* in einem 600.000-Liter-Tank eingelagert. Abnehmer sind nach bisherigen Erkenntnissen die Bochumer Firma *Bomin,* die in Berlin wegen ihrer niedrigen Preise bekannt ist und übrigens Heizöl vor allem aus der DDR bezieht, sowie die Firma *Mabanaft.*«

Der Berliner Heizöl-Skandal wurde von der Redaktion »Plus-Minus« des WDR aufgedeckt.

1984

JOSEPH SCHÖRGHUBER –
Die Münchner »Bauland-Affäre«

Das ganze Jahr 1984 hindurch beschäftigte sich das Münchner Stadtparlament und die Öffentlichkeit mit der Bauland-Affäre um den Münchner Baulöwen *Joseph Schörg-huber* und seine »*Bayerische Hausbau GmbH & Co.*«. Der Vorwurf der damals oppositionellen SPD an die regierende CSU unter Oberbürgermeister *Erich Kiesl:* Die Stadt habe im September 1981 dem Baulöwen ein »Baulandgeschenk« von 20 Millionen Mark gemacht, indem sie ihm 60.000 Quadratmeter wertvolles städtisches Bauland ohne Ausschreibung und Angebotsvergleiche für 230 Mark pro Quadratmeter praktisch geschenkt hätte. Der wirkliche Preis sei mindestens dreimal so hoch gewesen. Schörghuber seinerseits soll zwei Jahre nach dem »Geschenk« 930 Mark pro Quadratmeter erhalten haben. Kurz vor den Münchner Kommunalwahlen im Herbst 1984 stimmte auch die Regierung von Oberbayern dem Geschäft zu und schien damit OB Kiesl in letzter Minute quasi aus der Schußlinie zu nehmen.

Neuer Münchner OB wurde *Georg Kronawitter* (SPD), der in der Folgezeit wegen der »Bauland-Affäre« heftig mit Erich Kiesl aneinandergeriet. Auch ein Untersuchungsausschuß der Stadt konnte die Affäre nicht aufklären, der städtische Revisionsbericht geriet in den Verdacht der Unseriosität, wurde der Täuschung und Irreführung bezichtigt – und schon hatte die SPD den schwarzen Peter.

Man einigte sich schließlich 1986 auf einen Vergleich, das Kriegsbeil wurde begraben, und der lachende Dritte war in München wieder einmal: Joseph Schörghuber.

JÜRGEN MÖLLEMANN – Verquickung von Amt und Privatgeschäft

Die »Möllemann-Affäre« bestimmte den Sommer 1984 wesentlich mit. Der »Spiegel« hatte enthüllt, daß der Staatsminister im Auswärtigen Amt und »Minenhund« *Genschers* sein Amt mit Privatgeschäften verknüpft hatte.

Dieser Verdacht bestand seit längerem und tauchte in der Kritik an *Jürgen Möllemann immer wieder auf. Der* »Spiegel« setzte sich mit den Nebentätigkeiten Möllemanns in der Werbeagentur *»PR + Text«* auseinander. Diesen Job soll er auch noch nach der Berufung ins Auswärtige Amt fortgesetzt haben. Außerdem wurde seine Rolle als Präsident der Deutsch-Arabischen Gesellschaft näher untersucht. In diesem Zusammenhang – so der »Spiegel« – soll sich Möllemann mehrfach als Lobbyist für Waffenfirmen betätigt haben und zusätzlich als stiller Teilhaber einer Bonner Consulting-Firma *(ICM)* seine Geschäfte im Amt als Genschers Stellvertreters gemacht haben.

Darüber hinaus soll Möllemann – der ab Juli 1982 an der *TFK-Verlagsgesellschaft GmbH* mitbeteiligt war und vorübergehend den neuen »Twen« herausgab – zur Abdeckung und zum Ausgleich von TFK-Verlusten seinen ehemaligen Partnern andere Geschäfte im Nahen Osten vorgeschlagen haben.

Es hagelte Gegendarstellungen, Versuche einstweiliger Verfügungen und immer wieder neue Enthüllungen des »Spiegels«, die bewiesen, daß es Möllemann während seiner gesamten politischen Karriere nie so genau nahm mit der Trennung zwischen öffentlichem Amt und privatem Geschäft.

So kam beispielsweise im Zusammenhang mit Enthüllungen in der »Flick-Affäre« ans Licht, daß Möllemann in den Jahren 1978/79 in den Diensten der Flick-Firma *PVC* stand.

Schon 1981 sprach das Präsidium des Bundestages dem Emporkömmling einen schriftlichen Tadel aus, weil er seine Mitgliedschaft im Parlament mit »beruflichen und geschäftlichen Angelegenheiten« verquickt hatte.

Möllemann hatte versucht, der Regierung *Rau* in Düsseldorf die Dienste seiner Werbeagentur »PR + Text« anzubieten.

Möllemann fühlte sich im Sommer 1984 schließlich nicht nur als Opfer einer Hetzkampagne des »Spiegel«, sondern auch als Opfer einer möglichen »zionistischen Verschwörung«. Anfang 1987 wurde er Bildungsminister im Kabinett *Kohl*. Eine logische Karriere...

Buschhaus – Dreckschleuder der Nation

Obwohl sich der Bundestag im Sommer 1984 dafür ausgesprochen hatte, das umstrittene Kohlekraftwerk Buschhaus in Niedersachsen nicht ohne Entschwefelungsanlage in Betrieb zu nehmen, unternahm die Bundesregierung im Verbund mit dem niedersächsischen Ministerpräsidenten *Ernst Albrecht* alles, um Buschhaus trotz massiver Proteste der Öffentlichkeit flott zu bekommen.

Zur Beruhigung der Bevölkerung sollte das Kraftwerk *Offleben I* stillgelegt werden.

Aufgrund verschiedener Klagen beschloß das Verwaltungsgericht Braunschweig, Buschhaus müsse vorerst außer Betrieb bleiben, da ein zusätzliches Anhörungs- und Genehmigungsverfahren hätte vorausgehen müssen.

Das Oberverwaltungsgericht Lüneburg revidierte im März 1985 in zweiter Instanz das Braunschweiger Urteil, machte der »Dreckschleuder der Nation« und seinen Betreibern aber Auflagen.

Dioxin-Katastrophe bei BASF – 43 Arbeiter gestorben

Aus der »Frankfurter Rundschau« Ludwigshafen, 2. Juli 1984 (dpa). »Der Arbeitsdirektor des Chemiekonzerns *BASF, Wolfgang Jentzsch,* hat in der Hauptversammlung des Unternehmens Presseveröffentlichungen über eine mehr als 30 Jahre zurückliegende und damals unbekannt gebliebene Dioxin-Katastrophe auf dem Gelände der BASF in Ludwigshafen bestätigt. ›Bei dem Produktionsunfall in der Ludwigshafener BASF vom 17. November 1953 hat es sich tatsächlich um einen Unfall gehandelt, der heute vielleicht als Seveso-Unfall bezeichnet werden würde‹, sagte Jentzsch.

Nach seiner Darstellung unterschied sich dieses Unglück jedoch von Seveso vor allem dadurch, daß es keine Explosion gab und die Substanz nicht ins Freie gelangte. Erst 1957 sei die damals frei gewordene Substanz als Dioxin isoliert und erkannt worden.

›Im Höchstfall‹ 153 Mitarbeiter waren nach den Worten des Arbeitsdirektors von dem Unglück betroffen. Von ihnen seien 79 der Berufsgenossenschaft gemeldet worden. Aus dem Kreis dieser Mitarbeiter seien inzwischen 43 verstorben.

›Wir wissen mit Sicherheit, daß ein Todesfall im unmittelbaren Zusammenwirken mit Dioxin erfolgt ist‹, sagte Jentzsch. Der Bauschutt der später abgerissenen Produktionsanlage lagert nach Mitteilung der BASF in mit Folie ausgeschlagenen Kisten verpackt auf der Deponie *Flotzgrün* bei Germersheim am Rhein.«

Der »Fall Boehringer«

Der Grün-Alternativen Liste *(GAL)* war es zu danken, daß das ganze Ausmaß des Umwelt-Skandals im Chemiewerk *C.H. Boehringer* in Hamburg-Moorfleet bekanntwurde und die SPD zum Handeln zwang.

Im Juni 1984 wurde das Hamburger Werk des Chemie-Riesen aus Ingelheim aufgrund staatlicher Auflagen geschlossen. Der Leiter des Hamburger Boehringer-Werkes und erster Exponent der »Gift-Schleuder«, *Werner Krum,* sah denn auch die Schließung des Giftsünders zähneknirschend als ersten Erfolg der GAL.

Die Hamburger Behörden hatten jahrelang kaum bis gar nicht auf die ständig neuen Umweltsünden der Chemie-Firma reagiert, die SPD drückte immer wieder beide Augen zu aus Furcht vor dem möglichen Verlust von Arbeitsplätzen und aus Angst vor einer »negativen« Signalwirkung für den »Wirtschaftsplatz Hamburg«.

Dabei war das Sündenregister Boehringers ein Skandal ersten Ranges: Bereits 1954 waren bei der Herstellung von Trichlorphenol durch abfallendes TCDD (Dioxin) zahlreiche Arbeiter schwer erkrankt. Die Dioxin-Zwischenfälle bei Boehringer-Hamburg rissen nicht ab. Seit dem Unfall von Seveso im Jahre 1976 war die Öffentlichkeit hoch sensibilisiert, und man fragte sich, wo Boehringer jahrzehntelang seine Dioxin-Abfälle entsorgt hatte.

Als dann nach dem Skandal um die 41 Giftfässer von Seveso jeder Transport dioxinhaltiger Abfälle vom Bundesrat verboten wurde – Hamburg stimmte gegen diesen Beschluß –, mußte Boehringer die Produktion seiner umstrittenen Unkrautvernichtungsmittel einstellen.

Umweltschützer drängten die Hamburger Behörden, weiter zu forschen und zu messen. Nachdem bei Boehringer wieder Dioxin-Werte festgestellt worden waren, mußte das Werk schließen.

Das rief erstmals die verantwortlichen Spitzenmanager des Medikamenten-Multis (zu dessen »Weltimperium 130 Firmen mit fast 23.000 Beschäftigten« gehören), *Erich von Baumbach* und *Herbert W. Grimm,* auf den Plan.

Doch die »Lindan-Klitsche in Hamburg« (Die Zeit) war nicht mehr zu retten. Im Gegenteil: Die Boehringer-Bosse wurden auch noch mit der Skandal-Deponie *Georgswerder* konfrontiert, auf der ihr »Laden« jahrelang Dioxin abgelagert und damit über das Trinkwasser Leben und Gesundheit der Hamburger hochgradig gefährdet hatte.

TCDD bzw. Dioxin ist nicht nur hochgradig giftig, es kann auch zu Mißbildungen und Krebs führen, ist also nicht nur toxisch, sondern auch teratogen und kanzerogen.

Der parlamentarische Untersuchungsausschuß zur dioxinverseuchten Hamburger Großdeponie Georgswerder kam zu dem Ergebnis, daß Boehringer in den Jahren 1966 bis 1974 auf verschiedenen Sondermüll-Deponien im ganzen Bundesgebiet insgesamt 15.500 Tonnen Produktionsrückstände abgeladen hat, in denen nach Berechnungen von Wissenschaftlern zwischen 21 und 30 Kilo des Seveso-Dioxins TCDD und zwischen 50 und 100 Tonnen Gesamt-Dioxine enthalten waren. Die Hamburger Großdeponie Georgswerder war dabei Spitzenreiter.

Hans Friderichs – wg. Bestechlichkeit und Steuerhinterziehung

Hans Friderichs hatte bereits seit längerem den Stuhl des Wirtschaftsministers der Regierung Schmidt/Genscher mit dem Posten des Vorstandschefs der *Dresdner Bank* »gewinnbringend« vertauscht – eine gradlinige Karriere –, als ihn 1984 die Vergangenheit einholte.

Der Ex-Wirtschaftspolitiker und Bankmanager mit der steilen »Musterkarriere« wurde wegen Bestechlichkeit angeklagt. Er sollte 375.000 Mark kassiert und als Gegenleistung der Steuerbefreiung des Flick-Konzerns zugestimmt haben, als dieser 850 Millionen Mark von dem 1,9 Milliarden-Erlös aus dem Verkauf der *Mercedes-Aktien* an der Steuer vorbei wieder angelegt hatte.

Dieser Vorwurf wurde wegen einer »Unrechtsvereinbarung« zwischen Flick-Manager *von Brauchitsch* und Friderichs aus der Verhandlung genommen. Es blieb aber der Vorwurf bestehen, Friderichs habe in seiner späteren Tätigkeit als Vorstandssprecher der Dresdner Bank Steuern hinterzogen. So soll er mindestens 1,7 Millionen Mark Steuern im Zusammenhang mit Spendenzahlungen der Dresdner Bank hinterzogen haben.

Im Februar 1985 mußte Friderichs die Dresdner Bank verlassen. Er war für die Chefetage durch seine offenkundigen Verfilzungen mit der Bonner Politik nicht mehr tragbar.

Spenden in die eigene Tasche

Innerhalb von zwei Jahren hatte der Marketingspezialist *Michael Dresen* drei Hilfsorganisationen gegründet und deren Geschäftsführung übernommen. Die Spannbreite reichte vom Rettungsfonds für aktive Unfallhilfe über ein Unfallopfer-Hilfswerk bis zur Gesellschaft für Gesundheitsvorsorge und Genesungstherapie.

Die reichlich sprudelnden Spendengelder flossen teilweise in die eigene Tasche des Heilbronner Geschäftsmannes: 80.000 Mark. Dafür erhielt Dresen von der Wirtschaftsstrafkammer des Stuttgarter Landgerichts eine Gefängnisstrafe von einem Jahr und vier Monaten ohne Bewährung.

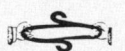

Otto Graf Lambsdorff – wg. Bestechlichkeit und Steuerhinterziehung

Eine der Schlüsselfiguren in der Parteispendenaffäre um den Flick-Konzern ist der frühere Wirtschaftsminister *Otto Graf Lambsdorff,* der am 26. Juni 1984 von seinem Amt zurücktrat, nachdem bekanntgeworden war, daß ihm der Prozeß wegen Bestechlichkeit und Steuerhinterziehung gemacht würde.

Schon im Februar 1982 war gegen Graf Lambsdorff ein Ermittlungsverfahren eröffnet worden, nachdem der Verdacht aufkam, daß er für einen Steuererlaß von rund 850 Millionen Mark des Flick-Konzern mit 135.000 Mark geschmiert worden sein soll.

Außerdem wurde Lambsdorff der Vorwurf der aktiven Beihilfe zur Steuerhinterziehung von Parteispenden (als früherer FDP-Schatzmeister von Nordrhein-Westfalen) gemacht. Er soll in den 70er Jahren lt. Anklageschrift über sogenannte »Geldwaschanlagen« der FDP wie die *»Gesellschaft für europäische Wirtschaftspolitik«* und einen *»Internationalen Wirtschaftsclub«* rund 1,1 Millionen Mark an Spendengeldern des Flick-Konzerns bei Eberhardt von Brauchitsch beschafft haben.

Insgesamt soll sich der Spendensammler Lambsdorff der Beihilfe zur Hinterziehung von Körperschafts- und Gewerbesteuern durch Unternehmen in Höhe von über drei Millionen Mark schuldig gemacht haben. Ohne daß der Verdacht der Bestechlichkeit ausgeräumt werden konnte, wurde vom Bonner Landgericht im »Flick-Spenden-Prozeß« der Vorwurf der Bestechlichkeit bzw. der Bestechung gegen Lambsdorff nicht mehr verhandelt. Mit einer Verurteilung wegen Steuerhinterziehung und der Anstiftung dazu rechnet der Graf mittlerweile selbst: »Da finde ich mich im Kreise von mehr als tausend Spendern und Schatzmeistern. Ich fühle mich da nicht in der schlechtesten Gesellschaft der Bundesrepublik.«

Was nun, Herr Weiser?

Die angeblich »sichere« Sondermülldeponie *Billigheim* in Baden-Württemberg, die zehn Millionen Mark gekostet hatte, geriet schon kurz nach ihrer Eröffnung in die Schlagzeilen. Der Grund: hohe und gesundheitsgefährdende Dioxin-Werte im Abfall. Die Anliegergemeinden Billigheim, Möckmühl und Schefflenz fühlten sich von Umweltminister *Gerhard Weiser* sowie vom Geschäftsführer des Deponiebetreibers *SBW,* *Klaus Mangold,* hinters Licht geführt und »belogen«.

Die »Stuttgarter Zeitung« schrieb am 31. Mai 1984: »›Das Ding‹, versicherte noch im letzten August ein hoher Beamter des Stuttgarter Umweltministeriums, ›ist 150mal abgesichert.‹ Wohl doch nicht. Das ›Ding‹, die Sondermülldeponie in Billigheim/Nekkar-Odenwald-Kreis, ist seit ihrer unauffälligen Eröffnung im Januar ein ärgerer Zankapfel denn je – verlorener Sondermüll auf den Straßen, verwehter Chemiestaub auf den Äckern ringsum und die unzulässige Deponierung von dioxinhaltigem Flugstaub ließen die umliegenden Gemeinden vor Gericht ziehen.«

Sie wollten nicht nur eine Schließung der Deponie einklagen, sondern auch deren »Ausräumung«.

Mai 1984

»DONISL«-Skandal – K.o.-Tropfen im Bier

Mai 1984: Razzia im Münchner Traditionslokal »*Donisl*« am Marienplatz. 130 »Donisl«-Mitarbeiter – die komplette Belegschaft – werden verhaftet.

Erst in den folgenden Wochen werden Einzelheiten der Affäre um die über 200 Jahre alte Gaststätte bekannt: Gäste waren mit K.o.-Tropfen im Bier betäubt und ausgeraubt worden, Bier wurde gepanscht oder aus »Noagerln« (bayerischer Ausdruck für Bierrest im Glas) zusammengeschüttet, ein Gast war mit einem zertrümmerten Schädel in der Toilette gefunden worden. Der »Donisl«-Skandal umfaßte Raub, Diebstahl, Unterschlagung, Untreue, Betrug, Körperverletzung und schwere Körperverletzung, Erpressung, Nötigung, Verstöße gegen das Lebensmittelgesetz, das Ausländerrecht und Steuerhinterziehung.

In rund 200 Fällen waren Gäste Opfer schweren Diebstahls und Raubes geworden.

Ein nach einer Anzeige festgenommener Kellner, der sich nach seinen »entscheidenden« Hinweisen an die Polizei in seiner Zelle erhängt hatte, schilderte das »Donisl«-Geschäft folgendermaßen: Geschäftsführer *Engelbert Mayrhofer* ließ die Gäste bestehlen und berauben und kassierte dafür von seinen Kellnern Provisionen.

Wegen schweren Diebstahls, Hehlerei und Betrugs landete der Kellner *Rudi Limmer* im ersten »Donisl«-Prozeß für zwei Jahre im Gefängnis, Geschäftsführer Engelbert Mayrhofer und die ehemalige Büffetdame *Margot Gärtner* wurden im zweiten Prozeß wegen Untreue, Beihilfe zur Steuerhinterziehung und Hehlerei zu zweieinhalb bzw. einem Jahr und vier Monaten Gefängnis verurteilt. Die Pächterin und frühere Wirtin der »Räuberhöhle«, *Paula Baader,* wurde wegen Steuerhinterziehung und Nichtabführens von Sozialbeiträgen zu 105.000 Mark Geldstrafe und zwei Jahren Gefängnis mit Bewährung verurteilt, ihre Tochter hingegen mußte wegen fortgesetzter Steuerhinterziehung ein Jahr und drei Monate hinter Gitter.

Christian Schwarz-Schilling – Verdienen an der Post

Seit *Christian Schwarz-Schilling* 1982 Bundespostminister wurde, drängen sich immer wieder Verquickungen zwischen seinen Forderungen und Aktivitäten als Postminister und seinen privaten Interessen auf.

Schwarz-Schilling war bis zu seinem Amtsantritt

1. Geschäftsführer der seiner Frau gehörenden Firma »Sonnenschein«, die an der die Verkabelung vorantreibenden »Projektgesellschaft für Kabelkommunikation« *(PKK)* beteiligt ist;

2. Vorsitzender der Enquête-Kommission »Neue Kommunikationstechniken« des Deutschen Bundestages und

3. Medienexperte der CDU.

Obwohl Schwarz-Schilling kurz vor seiner Vereidigung zum Bundespostminister seine Anteile an der PKK an den Computerhersteller *Nixdorf* verkauft hatte, sahen seine Kritiker einen direkten Zusammenhang zwischen der bundesweiten Totalverkabelung mit Kupferkabel, also dem »Ausverkauf« der Post zugunsten einer »Clique internationaler Kupferhändler«, und seinem Engagement im Bereich der PKK.

Schwarz-Schilling habe die Post der PKK geöffnet und ausgeliefert – so seine Kritiker. Durch die längst als überholt geltende Breitbandverkabelung mit Kupferkabel (statt des zukunftsweisenden Glasfaserkabels) verschleudert der Bundespostminister Steuermilliarden und damit die wirtschaftliche Basis der Bundespost.

Schwarz-Schillings Breitband-Verkabelung gilt mit Fug und Recht als einer der größten Skandale in der Geschichte der Bundesrepublik. Um die Verkabelung voranzutreiben und der Industrie Milliardenaufträge zu sichern, setzt der Minister die Funktionsfähigkeit der Post aufs Spiel.

Die Paketbeförderung wird beschnitten, und Briefe werden nur noch unzureichend befördert, Gebühren werden erhöht und Arbeitsplätze gefährdet. Hinzu kommt, daß ein Kabelanschluß für die »kleinen Leute« unverhältnismäßig teuer ist, während Großabnehmer das Kabel zum Billigtarif nachgeworfen bekommen. Bürger werden gegen ihren Willen zwangsverkabelt, um Industrie und PKK gerecht zu werden. 1984 wurde die Investitionspolitik des Postministers vom Bundesrechnungshof heftig kritisiert – ohne Erfolg.

April 1984

»Massenbetrug mit falschen Autogutachten«

Aus der »Süddeutschen Zeitung« vom 17. April 1984: Landshut (dpa). »Einem ›Massenbetrug mit falschen Autogutachten‹ ist die Landshuter Staatsanwaltschaft auf der Spur. Nach der Überprüfung von rund 90 Kraftfahrzeugen und ihren Besitzern steht nach Auskunft der Staatsanwaltschaft fest, daß an dem Betrug Sachverständige, KfZ-Werkstätten und Autohalter aus ganz Niederbayern beteiligt sind.

Wie die Ermittlungen ergaben, wurden mit falschen Gutachten und fingierten Unfallschäden Versicherungen hereingelegt und Autokäufer ausgetrickst. Die Staatsanwaltschaft Landshut spricht von den ›umfangreichsten Ermittlungen dieser Art in der ganzen Bundesrepublik‹ und erwartet ein Sammelverfahren von ganz außergewöhnlichem Umfang.«

Mindestens 11.000 Gutachten von Sachverständigen mußten wegen des Verdachts des vorsätzlichen Betrugs überprüft werden.

April 1984

Bürgermeister wegen Untreue verurteilt

Aus der »Süddeutschen Zeitung« vom 17. April 1984: Kassel (Reuter). »Eine Strafkammer des Kasseler Landgerichts hat den ehemaligen Bürgermeister *Dieter Michel* der Gemeinde Fuldatal wegen Untreue zu einem Jahr und sieben Monaten Haft mit Bewährung und einer Geldbuße von 10.000 Mark verurteilt. Der mitangeklagte ehemalige Bauamtsleiter erhielt wegen des gleichen Delikts 15 Monate Freiheitsstrafe mit Bewährung und eine Geldstrafe. Zwei Bauunternehmer wurden zu Geldbußen verurteilt.

Der Bürgermeister und sein Bauamtsleiter haben nach Überzeugung des Gerichts in Absprache mit dem Bauunternehmer und einem Landschaftsgärtner Straßenbaumaßnahmen berechnet, die nie geleistet wurden.

Mit den verschleierten Abrechnungen wurden die Firmen dagegen für Arbeiten an der Tennisanlage eines Vereins bezahlt.«

April 1984

»Für die Steuer zu kleine Brötchen gebacken«

Zu drei Jahren und sechs Monaten Gefängnis verurteilte die 16. Große Strafkammer des Frankfurter Landgerichts im April 1984 den 46jährigen Bäckermeister Franz K. wegen Steuerhinterziehung von rund 1,7 Millionen Mark über einen Zeitraum von zwölf Jahren hinweg. Dem Bäcker konnte nachgewiesen werden, in seinen Filialen diesen Betrag nicht verbucht und an der Steuer vorbei »gebacken« zu haben.

März 1984

Unseriöse Firmengründungen –
Das »Handelsblatt« muß es wissen

Handelsblatt, Montag, 26. März 1984: »Die derzeitige Erholungs- und Aufschwungs-phase nutzen Wirtschaftskriminelle für ihre Machenschaften aus. Zu dieser Feststellung kommt die Wirtschaftsauskunftei *Creditreform* auf Grund einer Repräsentativuntersuchung von 822 dubiosen Firmengründungen im Jahre 1983...

Nach Schätzungen war 1983 jede zehnte Unternehmens-Neugründung unseriös, d.h., in 3500 Fällen wurden Firmen unter zweifelhaften Voraussetzungen etabliert. Die von diesen Unternehmen geprellten Geschäftspartner haben nach Meinung von Creditreform einen Gesamtschaden von 1 Milliarde DM zu verkraften.«

März 1984

Die Frühpensionäre des Verteidigungsministers

»Opas halten die Armee nicht in einem Zustand, der abschrecken kann«, meinte Verteidigungsminister *Manfred Wörner* im März 1984.

Weil er jungen Offizieren in der Bundeswehr Aufstiegsmöglichkeiten bieten wollte, schickte Wörner mit seinem »Personalstruktur-Gesetz« ältere Dienstgrade in Früh-Rente. Ab 45 Jahren aufwärts durften sie den Dienst quittieren, weil sie »jenseits der Knackigkeitsgrenze« seien, befand Wörner, zu diesem Zeitpunkt selbst 51 Jahre alt.

»Manni's Edelrentner« (bis 1991 können 1500 Offiziere die Früh-Pensionierung in Anspruch nehmen) kosten den Steuerzahler runde zwei Milliarden Mark: Im Schnitt nehmen sie 40.000 Mark Rente mit, steuerfrei, plus monatlich 70 Prozent ihrer letzten Bruttobezüge.

Zu jung, um nur spazieren zu gehen, sind sie zweifellos. Wörners »Aktion Goldener Handschlag« löste deshalb einen Run unter den Offizieren aus.

Sie wurden von der Industrie umworben und können reichlich dazuverdienen – nur, wenn sie einen neuen Job im öffentlichen Dienst annehmen, wird die Pension mit dem neuen Gehalt verrechnet! Vor allem im Rüstungsreferat des Führungsstabes des Heeres beantragten viele ihre Früh-Rente – die Rüstungsindustrie winkt mit stattlichen Geldern. Einer dieser Früh-Rentner verdient sich beispielsweise als Kurdirektor eines niedersächsischen Bades ein zusätzliches Manager-Gehalt.

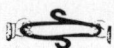

Aachener Großklinikum – Kostenexplosion und Filz

Weil die »*Neue Heimat Städtebau*« *(NHS)* den Genossen in der Düsseldorfer Landesregierung ein völlig neuartiges Bausystem im Krankenhauswesen versprach, bekamen die Gewerkschafter den Zuschlag zum Bau des *Großklinikums Aachen.*

Die »größte und häßlichste Krankenburg Europas«, acht Etagen hoch, 260 auf 135 Meter groß, mit fast 1600 Betten, 50 Operationssälen und der kompletten Einrichtung einer medizinischen Fakultät, wurde in einem Anflug von Größenwahn konzipiert.

Die laufenden Betriebskosten des Großklinikums werden auf 300 bis 500 Millionen Mark jährlich veranschlagt, eine Auslastung mit 50 % als optimistisch angesehen.

Ein Krankenhausbett würde täglich zwischen 1000 und 2000 Mark kosten. Keine Krankenkasse kann und will das bezahlen.

Der Bundesrechnungshof trat auf den Plan, und zwei parlamentarische Untersuchungsausschüsse setzten sich mit dem Großklinikum und dessen gigantischer Fehlplanung auseinander.

Von Baubeginn an – 1970 – war *Johannes Rau,* damals Wissenschaftsminister in Nordrhein-Westfalen, heute Regierungschef, für dieses Projekt politisch verantwortlich. Und damit auch für die Fehlplanungen, Terminverzögerungen am Bau und unzähligen Reparatur- und Ausbesserungsarbeiten.

Besondere Verantwortung trifft ihn aber auch für das Kosten-Desaster.

Die Bettenburg sollte ursprünglich rund 550 Millionen Mark kosten, wurde dann auf 800 Millionen korrigiert, lag 1984 bei 2,1 Milliarden Mark und wird schließlich 2,5 Milliarden verschlingen. 2,5 Milliarden Mark an Steuergeldern sind die Folge einer verheerenden Fehlplanung, der Mißwirtschaft von Sozialdemokraten und der NHS.

Drei Jahre für den Herrn Professor

Aus der Münchner »Abendzeitung« vom 18. Februar 1984: »München – Drei Jahre Gefängnis für den Münchner Medizinprofessor *Dr. Walter Hart* (58) wegen Betrugs. So urteilte gestern die 28. Strafkammer beim Landgericht München I. Der Mediziner und sein Steuerberater Hermann L. (62) haben den Staat um fast zwei Millionen Mark betrogen. Der ehemalige Klinik-Chef – seine Klinik hat vor zwei Jahren den Besitzer gewechselt – hatte für den Bau des Krankenhauses rund 40 Millionen Mark Fördermittel vom Staat bekommen. Einen Teil dieser staatlichen Zuschüsse hatte Steuerberater Hermann L. auf privaten Festgeldkonten gelegt und dadurch einen Gewinn von 631.000 Mark erzielt. Dieses Geld haben sich der Steuerbevollmächtigte und der Arzt später geteilt. Der ehemalige Klinikchef hat durch falsche Angaben insgesamt rund 1,2 Millionen Mark aus den zweckgebundenen staatlichen Fördermitteln für sich verbraucht.«

Vorsicht, wenn der Chefarzt kommt... Der Hamburger Orthopädie-Skandal

Zentrale Figur in einer in der Geschichte der Bundesrepublik wohl einmaligen Kunstfehler-Serie ist der ehemalige Orthopädie-Chefarzt des Allgemeinen Krankenhauses Hamburg-Barmbeck, Professor *Dr. Dr. Rupprecht Bernbeck.*

Er soll in seiner Amtszeit von 1963 bis 1981 unzählige Menschen zu Krüppeln und Invaliden operiert haben.

Eine »Wand des Schweigens« ließ den Operateur (der sich 1981 pensioniert in seine Villa an den Starnberger See zurückzog) unter katastophalen Zuständen im Allgemeinen Krankenhaus wirken.

Seine mutmaßlichen Taten kamen Anfang 1984 ans Licht. Die tragischen Fälle in diesem einzigartigen Mediziner-Skandal: Über 190 fehlerhaft operierte Patienten, viele Rollstuhlfahrer, Menschen mit steifen Beinen, Männer und Frauen mit Krükken, komplizierten Gehstützen und prothetischen Hilfsmitteln.

Der »Spiegel« schrieb Mitte 1984: »Jahrelang, so die Beschwerden, habe der Professor seine Patienten mit waghalsigen Operationen traktiert und dabei gepfuscht, künstliche Hüftgelenke fehlerhaft implantiert oder unter dicken Gipsverbänden schwärende Infektionen so lange übersehen, bis die verfaulten Gliedmaßen schließlich amputiert werden mußten – offenbar mit Wissen der Gesundheitsbehörde, aber auch vieler Hamburger Orthopäden, die in ihren eigenen Kliniken immer wieder die Pannen des Kollegen diskret repariert hatten.«

Und der »Spiegel« weiter: »Bernbecks ehemalige Sekretärin *Maren Knigge-Sieberg,* die heute in Kanada lebt, bestätigte, daß Bernbeck häufig Krankenunterlagen retuschierte oder verschwinden ließ; das sei in der Klinik kein Geheimnis gewesen: ›Wer nicht mitmachte, flog raus‹.«

Ein mehrere Monate tagender Parlamentarischer Untersuchungsausschuß der Hamburger Bürgerschaft brachte Katastrophales an den Tag: Bernbeck operierte wie am Fließband, war autoritär, duldete keine Kritik und benutzte veraltete Operationsmethoden. Er operierte unter katastrophalen hygienischen Bedingungen. So telefonierte der Chefarzt während einer Operation und kehrte dann ohne Desinfektionsmaßnahmen in den OP zurück. Es wimmelte von Keimen im OP, das Wasser drang durch die Außenwände der Orthopädie, im Patientenfahrstuhl wurden auch Abfälle transportiert.

Trotz dieser Zustände operierte Bernbeck bis zu 3000 Patienten im Jahr.

Vor dem Untersuchungsausschuß meinte der »Halbgott in Weiß« angesichts der massiven Vorwürfe und der zahlreichen Zuhörer, die im Rollstuhl und an Gehstützen angereist waren: »Es belastet meine Seele, nicht mein Gewissen.«

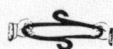

Die Frustrationen des Steuerfahnders Klaus Förster

Klaus Förster arbeitete als Steuerfahnder in Sankt Augustin bei Bonn. Er war es, der eher durch Zufall, dann aber mit bundesdeutscher Beamten-Akribie den Parteispendenskandal und die Flick-Spenden-Affäre ins Rollen brachte. Er war es, der die »Spendenwaschanlagen« der CDU entdeckte – die Briefkastenfirma in Liechtenstein, über die Millionenbeträge »schwarz« und unter Umgehung der Steuer und des Parteiengesetzes in die Parteikasse der CDU flossen.

Der »Stern«: »Dieser zufällige Fund in *Peter Müllenbachs* Büro führte zu mehr als hundert Ermittlungsverfahren wegen strafbarer Steuerverkürzung. Betroffen war die Creme der deutschen Wirtschaft, und der erste Strafbefehl erging an *Dr. Konrad Nikolaus Fasolt*, Chef einer Bonner Fliesenfabrik und damals zugleich Präsident des *Bundesverbandes der Deutschen Industrie*.«

Doch für den »Aufdecker« des größten Skandals in der Geschichte der Bundesrepublik begann damit auch das Ende seiner Beamtenlaufbahn. Zahlreichen Herrschaften in den Etagen der Industrieunternehmen und der Parteizentralen war der rechtschaffene Beamte ein widerlicher Dorn im korrupten Fleisch. Förster wurde immer und immer wieder gebremst, ihm wurde vor der Bundestagswahl 1976 deutlich gemacht, »in dieser Angelegenheit vorläufig keine Fahndungsmaßnahmen zu ergreifen«. Förster protestierte.

Ihm wurde der Fall entzogen, der renitente Beamte und Steuerfahnder wurde als stellvertretender Leiter ans unbedeutende Finanzamt Köln-Ost »hinweg-befördert« – gegen seinen Willen.

Förster klagte gegen diese Zwangsversetzung zweimal – und verlor. Anfang 1984 verließ er resigniert den Staatsdienst und arbeitet seither als Rechtsanwalt in Bonn.

Der Mann, der eigentlich von der Bundesrepublik hätte hoch dekoriert werden müssen, resümierte am 17. Februar 1987 in der »Münchner Abendzeitung« nach Urteilen im »Flick-Parteispenden-Prozeß«:

»Der Prozeß war nebensächlich. Die Affäre begann eigentlich erst nach der Aufdeckung. Man hat es nicht geschafft, mit der Sache ins reine zu kommen. Die vielgepriesene Selbstreinigung hat nie stattgefunden. Es wurde noch mehr verdunkelt, ein neues Parteiengesetz gemacht und praktisch das legalisiert, was früher im dunkeln war. Auch auf der Beamtenseite ist nichts als Vertuschung gewesen.«

»Abfalleimer Hamburg« – Die Skandal-Deponie Georgswerder

Der Parlamentarische Untersuchungsausschuß, der sich von Anfang 1984 an ein Jahr lang mit dem Skandal um die dioxinverseuchte Hamburger *Mülldeponie Georgswerder* beschäftigte, stellte fest, daß Industrie, Verwaltung und Senat für die Katastrophe verantwortlich waren. Die Industrie habe die Hamburger Umwelt als »Abfalleimer zum Nulltarif mißbraucht«. Der Senat habe jahrelang stillschweigend der Giftablagerung zugesehen.

Für die GAL war einer der Hauptverantwortlichen im Zusammenspiel von Wirtschaft und Politik der ehemalige Bausenator *Volker Lange (SPD).* Der Untersuchungsausschuß warf der Verwaltung Hamburgs geringes Umweltbewußtsein, wenig Konfliktbereitschaft und eine allzu große Unterstützung der Privatwirtschaft vor. Außerdem machten sich die Umweltverseucher ständige Kompetenzstreitigkeiten und Ämterzank in Hamburgs Amtsstuben zunutze. Auch der Senat habe keine Sensibilität für die Probleme einer umweltgerechten Chemie-Müll-Beseitigung entwickelt.

Zuvor schon hatte der Ausschußvorsitzende *Wulf Damkowski* (SPD) das »Geflecht« zwischen Hochschullehrern und chemischer Industrie kritisiert. So habe der frühere Wissenschaftssenator und Chemie-Professor *Hansjörg Sinn* seine »Warnfunktion« in Sachen *Boehringer* und Dioxin im Senat nicht wahrgenommen, obwohl er nach der Katastrophe von Seveso das Chemie-Werk in Hamburg-Moorfleet über Sicherheitsmaßnahmen beraten habe. Der Industrie – Verursachern wie Beförderern der Sonderabfälle – warf der Bericht des Untersuchungsausschusses schließlich vor, die Sondermüll-Beseitigung nur unter Kostenaspekten gesehen zu haben. Sie habe versucht, möglichst billig den Dreck loszuwerden, obwohl sie über die Umwelt- und Gesundheitsschädlichkeit der Giftstoffe genau Bescheid wußte.

So zitiert der Bericht einen internen Vermerk der Firma Boehringer über die Beseitigung von giftigen Rückständen aus dem Jahr 1972, der wohl typisch für die Geisteshaltung großer Teile der Chemie- und Pharmaindustrie sein dürfte: »Benutzung der Hamburger Deponien, solange dies möglich ist.«

Millionenprofite durch illegale Leiharbeit

Im Januar 1984 meldete dpa, daß ein nordrhein-westfälisches Bauunternehmen durch mehrere hundert illegal Beschäftigte in acht Jahren 30,7 Millionen Mark an Steuern hinterzogen haben soll. Dazu kamen weitere »etliche Millionen Mark an Sozialabgaben«.

Dieser größte Fall von illegaler Beschäftigung im Bereich der Oberfinanzdirektion Düsseldorf – die das derzeit größte Steueraufkommen innerhalb der Bundesrepublik hat – war nur die Spitze des Eisbergs. Rund 250 weitere Fälle illegaler Arbeit und damit zusammenhängender Steuerhinterziehung waren bekannt. In all diesen Fällen – so dpa – ging es um hinterzogene Steuern »von 10.000 Mark bis in Millionenhöhe«.

Januar 1984

»Der Feuertod in der Zelle«

So beschrieb die »Zeit« den »Westberliner Skandal«, als sechs Abschiebehäftlinge, drei Araber und drei Tamilen zwischen 19 und 26 Jahren, im Westberliner *Gefängnis Augustaplatz* in der Silvesternacht verbrannten, nachdem kurz nach 21 Uhr fast gleichzeitig in zwei der vier belegten Zellen Feuer ausgebrochen war. »Wenige Tage vor dem Brand hatte übrigens Innensenator *Lummer* die 1500 in Berlin lebenden Tamilen schriftlich in ihrer Landessprache gebeten, Berlin freiwillig zu verlassen, wenn sie für einen Asylantrag keine politischen Gründe geltend machen können; der Senat bietet dafür kostenlose Rückflüge an.«

Januar 1984

Schmiergelder bei der Post

Bestechung, Betrug, Vorteilsnahme und Annahme von Bestechungsgeldern im Zusammenhang mit der Vergabe von Aufträgen sowie überhöhte Preisgestaltung mit einem Gesamtschaden von rund 100 Millionen Mark standen Anfang 1984 auf der Liste der Kölner Staatsanwaltschaft.

Einem guten Dutzend Fernmeldebeamte und zahlreichen Baufirmen wurde vorgeworfen, durch Manipulation mehrere Millionen Mark verschoben zu haben.

Januar 1984

»10.000 Rentner gehen im Konkursverfahren leer aus«

Unter der Überschrift »Hubmann-Opfer sehen keinen Pfennig« schrieb die »Passauer Neue Presse« Anfang Januar 1984: »München. Endgültig leer gehen nach Auskunft der SPD die rund 10.000 Senioren aus, die Ende der 60er und Anfang der 70er Jahre in der Hoffnung auf einen Altenheimplatz oft ihre gesamten Ersparnisse der gescheiterten *Hubmann*-Baugruppe in München als Darlehen zur Verfügung gestellt hatten.

Diesen Schluß zog am Dienstag die SPD aufgrund des Abschlußberichts von Justizminister *August R. Lang* an den Landtag. Darin stellte der Minister fest, daß das beim Bundesgerichtshof anhängige Revisionsverfahren inzwischen beendet sei... Die SPD will nun von der Staatsregierung genaue Angaben über das tatsächliche Ausmaß der Schäden. Zumindest habe der Staat eine moralische Verpflichtung zur Hilfe für die geschädigten Senioren, da Hubmann – 1977 zu fünf Jahren Haft verurteilt – für den Erwerb seiner ›*Wetterstein-Fonds-Anteile*‹ immerhin mit den Namen prominenter Politiker geworben habe. Bei den Konkursverfahren im Jahr 1976 waren Forderungen in Höhe von 500 Millionen DM gestellt worden.«

1983/84

Affäre Kießling/Wörner – »Der Jürgen von der Bundeswehr«

Ohne Angabe von Gründen wurde zum Jahresende 1983 der Stellvertreter des amerikanischen NATO-Oberbefehlshabers *General Rogers,* der bundesdeutsche General *Günter Kießling,* in den vorzeitigen Ruhestand versetzt.

Als der Vier-Sterne-General nachrecherchierte, stellte sich heraus, daß der *Militärische Abschirmdienst (MAD)* und der Verteidigungsminister *Manfred Wörner* ihn der Homosexualität verdächtigten.

Kießling sollte sich angeblich in der Kölner Homo-Szene herumgetrieben haben und häufiger Besucher verschiedener Schwulenkneipen gewesen sein. Deshalb galt Kießling für den Verteidigungsminister wegen möglicher Erpreßbarkeit als Sicherheitsrisiko für die Bundeswehr.

Die Zeugen Wörners und des MAD: zweifelhafte Figuren aus der Kölner Unterwelt sowie ein unseriöser Schweizer Journalist.

Der geschaßte General stellte Strafanzeige wegen falscher Anschuldigung, übler Nachrede und Verleumdung.

Nachdem die Rufmord-Kampagne des MAD und des Verteidigungsminister gegen den General entlarvt worden war – ein »Jürgen von der Bundeswehr« entpuppte sich als »Doppelgänger« Kießlings –, wurde der General am 1. Februar 1984 voll rehabilitiert und mit einem Großen Zapfenstreich endgültig in den Ruhestand entlassen. Wörner, der zuvor eine Ehrenerklärung für »seinen« General abgegeben hatte (nicht zuletzt, um seinen eigenen Kopf zu retten), war bei den Feierlichkeiten anwesend.

Die Affäre Kießling war immer auch eine Affäre Wörner.

Der Verteidigungsminister degradierte den General aufgrund dubioser Anschuldigungen und Verleumdungen aus dem MAD.

Wörner bewies Handlungsschwäche, Unkenntnis, borniertes Vorurteile und einen katastrophalen Umgang mit Untergebenen.

Dennoch blieb der Minister auf Drängen des Bundeskanzlers im Amt. Statt Wörner warf der mit der Angelegenheit befaßte Staatssekretär *Joachim Hiehle* das Handtuch.

Ein Untersuchungsausschuß des Bundestages befaßte sich mit der »unappetitlichen Affäre« und den Praktiken des MAD.

1983/84

Militärischer Abschirmdienst (MAD)

»Wir haben heute den Übergang vom Morast in den abgrundtiefen Sumpf erlebt«, meinte der CDU-Abgeordnete und Ausschußvorsitzende des Untersuchungsausschusses zur Affäre *Kießling/Wörner, Alfred Biehle,* als die Praktiken des MAD behandelt wurden. Es stellte sich heraus, daß der General nur aufgrund von Gerüchten und Hirngespinsten verschiedener MAD-Mitarbeiter verunglimpft worden war.

So hieß es beim MAD, NATO-Oberbefehlshaber *General Rogers,* habe seinen Stellvertreter Kießling nicht mehr empfangen, weil er ihn für homosexuell hielt. Der »Spiegel« enthüllte die Ermittlungspraktiken des MAD: dieser sammelt auch Informationen über Personen, die nichts mit der Bundeswehr zu tun haben.

Der MAD, der dem *»Amt für Sicherheit der Bundeswehr«* untersteht, war immer wieder durch fragwürdige Lauschaktionen ins Gerede gekommen, durch kriminelle Praktiken, durch das Beschnüffeln von Personengruppen, die nicht in den Aufgabenbereich des MAD fallen.

Ging es aber darum, Ostagenten aus dem Verteidigungsministerium fernzuhalten, versagte der MAD. So im Jahre 1976, als ein Agenten-Ehepaar in wichtiger Position auf der Bonner Hardthöhe auflog.

Über die Lausch- und Spionageaffären, Pleiten und Pannen des MAD stürzte auch der damalige Verteidigungsminister *Georg Leber,* der 1976 zurücktrat.

Dezember 1983

Achtung, Heiratsschwindler!

Aus der »FAZ«: Frankfurt, 7. Dezember. »Um mindestens 1,7 Millionen Mark soll ein 53 Jahre alter angeblicher Schriftsteller aus Frankfurt drei Frauen durch Eheversprechen gebracht haben. Den heiratswilligen Damen stellte sich der Mann nach den Ermittlungen von Polizei und Staatsanwaltschaft als ehemaliger Richter, Geheimdienstmitarbeiter oder Teilhaber einer Londoner Privatbank vor. Einer 59 Jahre alten Frau aus Karlsruhe, die er über eine Ehewunschanzeige kennengelernt hatte, soll er gar versichert haben, nach Beendigung seiner Geheimdiensttätigkeit könne er als deutscher Botschafter nach Rom gehen...«.

Dezember 1983

Helmut Horten – Die 6-Millionen-Spende

Helmut Horten brachte es zum bundesdeutschen Kaufhauskönig. Den Grundstock zu seinem Vermögen legte er während der Nazizeit, als er arisierte Firmen übernahm und Warenhäuser den zur Emigration gezwungenen Juden zu Spottpreisen abkaufte.

Zwischen 1969 und 1972 verkaufte Horten seine Kaufhaus-Aktien von 52 Warenhäusern für rund 1,2 Milliarden Mark und setzte sich mit dem Geld, vorbei am deutschen Fiskus, in die Schweiz ab. Horton wollte die »sozialistische« Politik der Regierung *Brandt/Scheel* nicht mitmachen und avancierte zu Deutschlands größtem Steuerflüchtling der Geschichte.

Der Coup schien vergessen, als Horten 1983 wieder auf sich aufmerksam machte. Er ließ im Dezember 1983 der FDP eine »anonyme« Spende von 6 Millionen Mark zukommen – mitten in der Flick-Affäre.

Mit diesen Millionen wollte der im Luxus schwelgende Wahl-Tessiner, in dessen Haus zahlreiche Bonner Politiker trotz seiner kriminellen Steuervergehen ein und aus gehen, die durch die Bonner »Genscher-Lambsdorff-Wende« vom Herbst 1982 »zur Vernunft zurückgekehrte FDP« belohnen. Der Steuerflüchtling kennt eben seine Freunde und honoriert deren Treue.

... und immer verliert der kleine Mann...

Die großen und die kleinen Pleiten
Bankzusammenbrüche in der Bundesrepublik seit 1962

Jahr	Bankhaus	Bilanzsumme in Millionen Mark
1962	**Allg. Wirtschaftsbank,** Berlin	4,8
1962	**Math. Hausmann.** Cochem	1,2
1963	**Hugo Stinnes,** Mühlheim, Ruhr	172,3
1964	**Eff.-und Kreditbank AG,** Düsseld.	2,0
1965	**Grundbesitz- und Handelsbank,** Berlin	2,0
1965	**Bankgeschäft Gebr. George,** Berlin	0,9
1966	**Bankhaus Mertins & Co. KG,** Köln	14,5
1966	**Hugo Oppenheim & Sohn,** Berlin	5,0
1967	**Bankgeschäft Heltmann,** Hamburg	3,0
1968	**Bankgeschäft W. Sauer,** Arnsheim	0,6
1968	**T.H. Fasshold,** Mannheim	6,7
1972	**Bankhaus Bansa KG,** München	91,7
1973	**Bankgeschäft W. Findorff** München	6,7
1973	**Bayer. Wirtschaftsbank AG,** München	60,4
1973	**Bau-Kredit-Bank,** Düsseldorf	626,7
1973	**J. Ryan KG** (vorm. Franco-Bank), Köln	16,1
1974	**Mertz & Co.,** Hamburg	110,0
1974	**Bankhaus I.D. Herstatt,** Köln	2705,0
1974	**Bass & Herz,** Frankfurt	70,0
1975	**Herbert Eiden,** Hamburg	5,5
1975	**Handelsfinanzbank,** München	41,0
1975	**Selmi-Bank,** Frankfurt	90,0
1976	**Pfalz-Kredit-Bank,** Kaiserslautern	262,0
1976	**Bankhaus Otto Dierks,** München	20,0
1978	**Verwa-Bank,** Stuttgart	160,0
1979	**Spar- und Kreditbank,** Stuttgart	155,0
1980	**HKB-Handelskreditbank AG,** Frankfurt	154,0
1980	**Bankhaus Hassel & Cie.,** Frankfurt	10,0
1982	**Askanische Bank Trautwein,** Berlin	151,0
1982	**Pister Bank für Finanzierung GmbH,** Mannheim	37,6
1983	**Bank Robert Meyerding,** Hamburg	45,0
1983	**Herms Bank KG,** Hamburg	115,0
1983	**Hensel Kreditbank GmbH,** Darmstadt	60,0
1983	**Jan Weymar & Co. KG, Teilzahlungsbank,** Köln	22,8

Aus: »Die Zeit« v. 11.11.1983

»Affäre Galen« – Die SMH-Bankiers

Der neben der Herstatt-Pleite von 1974 größte Skandal im bundesdeutschen Bankengewerbe war der spektakuläre Zusammenbruch einer der größten Privatbanken des Landes, *»Schröder, Münchmeyer, Hengst & Co (SMH)«,* im November 1983.

Dieser Zusammenbruch machte gleichzeitig deutlich, in welchem Gaunermilieu sich bundesdeutsche Bankiers phasenweise bewegen und wie die Solidarität der Banken untereinander funktioniert, die die teilweise unseriöse Branche vor öffentlichem Mißkredit bewahren soll.

Galionsfigur von SMH und gleichzeitig Präsident der Frankfurter Börse war *Ferdinand Graf von Galen,* der neben den Bankiers *Hans Lampert, Wolfgang Stryj* und *HansHermann Münchmeyer* persönlich haftender Gesellschafter des Privatbankhauses war. So galt der Graf, der die schwerreiche Hengst-Tochter Anita (mit großem Vermögen im Ausland) geheiratet hatte, als beste Adresse im Kreditwesen und »erklärter Notenbank-Liebling«. Der »Rheinische Merkur/Christ und Welt« schrieb zu Beginn des Galen-Prozesses im Januar 1986: »Von den amerikanischen Doktorhüten, die er vermittelte, fiel einer auch für Bundesbankpräsident *Karl Otto Pöhl* ab.

Wegen seiner rauschenden Feste hatte Galen im gesellschaftlichen Leben der Mainmetropole eine starke Position. Mit dem ›Löwen von Münster‹, einem Opponenten Hitlers, hatte er übrigens einen leibhaftigen Kardinal zum Onkel. Unmöglich, Galen & Co in Konkurs gehen zu lassen.«

So kam es im November 1983 unter dem Management von Bundesbankpräsident Pöhl und dem Bundesverband deutscher Banken »zu einer blitzartigen Stützungsaktion, an der sich eine Vielzahl von Banken mit 490 Millionen Mark beteiligten«. Graf Galen und den Seinen freilich ging es an den Kragen.

Der Graf wurde Anfang 1985 verhaftet und bis zum Prozeß im Januar 1986 auch gegen eine von *Anita Gräfin von Galen* und der »Galen-Clique« angebotene Kaution von 16 Millionen Mark nicht auf freien Fuß gesetzt.

Die Anklage warf den Bankiers vor: Galen und Co. hatten die Mainzer *IBH-Baumaschinenfirma* des Unternehmers *Horst-Dieter Esch* mit Krediten von über einer Milliarde Mark unterstützt, die dieser wiederum zu dubiosen Geschäften benutzte. Esch, der seit 1975 Baumaschinen-Firmen für seine *»Internationale Baumaschinen Holding«* aufgekauft hatte, so auch den maroden und verlustreichen Betonpumpen-Hersteller *WIBAU,* an dem die SMH beteiligt war, stand bei der SMH zwischenzeitlich mit 966 Millionen Mark in der Kreide, obwohl die Bank nur über ein Eigenkapital von 110 Millionen Mark verfügte. Die Bankiers hatten in betrügerischer Manier dem *»Bundesaufsichtsamt für das Kreditwesen«* das Mißverhältnis zwischen Eigenkapital und Darlehnshöhe nicht angegeben.

Die Esch-Gruppe ging pleite; Horst-Dieter Esch wurde bereits 1984 wegen Untreue und Bilanzfälschung zu dreieinhalb Jahren Haft verurteilt.

Die SMH-Bankiers hatten sich schließlich wegen Betrugs und Untreue von 750 Millionen Mark vor dem Frankfurter Landgericht zu verantworten. In der ersten Phase des Prozesses erhielt Wolfgang Stryj 7 Monate Gefängnis ohne Bewährung, Hans-Hermann Münchmeyer 21 und der Banksekretär *Ralf-René Lucius* wegen Beihilfe zum Betrug 12 Monate auf Bewährung. Die beiden wurden außerdem dazu verurteilt, 10.000 bzw. 3.000 Mark an die SOS-Kinderdörfer zu zahlen.

Hans Lampert wurde im März 1986 wegen Betruges zu drei Jahren und sieben Monaten Freiheitsstrafe verurteilt, der Graf selbst erhielt nach sechsmonatiger Prozeßdauer von der 2. Großen Strafkammer beim Landgericht Frnakfurt drei Jahre und neun Monate Gefängnis – ohne Bewährung.

Anita Gräfin von Galen wurde von einer anderen Kammer dazu verurteilt, 20 Millionen Mark aus ihrem US-Vermögen an den Bundesverband deutscher Banken herauszurücken. Sie und ihr Mann hatten in einem Kungelgeschäft – marode Bankanteile gegen teuren US-Besitz – dieses Geld vor dem Bankenzusammenbruch im November 1983 clever transferiert.

Es versteht sich: Gräfin und Graf sind dazu nicht bereit.

November 1983

Skandal um kirchliche Baugesellschaft

Aus der »Frankfurter Rundschau« vom 1. November 1983: Die *Gemeinnützige Siedlungsgesellschaft (GSG),* die von der *Evangelischen Kirche in Deutschland* und der *Leonberger Bausparkasse* getragen wird, ist Gegenstand zweier staatsanwaltschaftlicher Ermittlungsverfahren in Lübeck und Oldenburg, bei denen dem Vorwurf eines möglichen Betrugs nachgegangen wird. Anzeige erstattet haben eine Eigentümergemeinschaft eines von der Siedlungsgesellschaft veräußerten Hauses mit 114 Eigentumswohnungen in Reinfeld bei Lübeck und der Wilhelmshavener SPD-Landtagsabgeordnete *Ulrich Iserlohe...* Gegenüber dem Evangelischen Pressedienst bekräftigte er seinen Verdacht, daß beim Verkauf von 28 Altenwohnungen in Wilhelmshaven entweder die GSG den Käufer, die ›*Classic Bau GmbH und Co. Projekt KG‹,* betrogen oder aber die »Classic« sich des versuchten Betruges schuldig gemacht habe, indem sie die Rentner mit falschen Angaben zum Kauf ihrer Wohnungen beziehungsweise zum Auszug veranlassen wollte.« Der »Spiegel« schrieb wenige Tage später: »Eine der größten gemeinnützigen Wohnungsbaugesellschaften der Bundesrepublik, die Stuttgarter GSG (880 Millionen Mark Bilanzsumme), steht vor der Pleite.« Die GSG stand bei knapp 50 Banken mit rund 500 Millionen Mark in der Kreide und mußte ihre Zahlungen einstellen, nachdem sie sich offensichtlich mit Eigentumswohnungen und Bauherrenmodellen übernommen hatte.

Die Vergiftung der Dritten Welt

Die Bundesregierung reagierte eindeutig auf eine kleine Anfrage der Grünen im November 1983: »Strenge deutsche Regelungen mit Produktions- und Anwendungsverboten können nicht zwangsläufig den internationalen Verkehr mit Pflanzenschutzmitteln bestimmen.«

Im Klartext hieß das: An ein Exportverbot für giftige Substanzen, die hierzulande nicht gespritzt oder verteilt werden dürfen, ist bezogen auf das Ausland, und das heißt in erster Linie die Dritte Welt, nicht zu denken.

Pestizide, also Schädlingsbekämpfungsmittel und die verschiedensten Chemiegifte, die hierzulande strengsten Auflagen unterliegen, haben in den vergangenen Jahrzehnten besonders in Ländern der Dritten Welt immer wieder zu verheerenden massenhaften Vergiftungen und Todesfällen geführt. Die großen bundesdeutschen Chemiekonzerne, an vorderster Stelle *Hoechst* und *Bayer*, nutzen das lockere Pflanzenschutzgesetz hemmungslos aus, um ihre giftigen Exportpestizide zu verkaufen.

In dem »Spiegel«-Buch »Supergift Dioxin« weist *Swantje Strieder* auf Zahlen der *Weltgesundheitsorganisation (WHO)* hin, wonach sich jedes Jahr eine halbe Million Menschen im Umgang mit Pflanzen- und Insektenvernichtungsmitteln vergiften, 5000 sterben daran. Die Dunkelziffer dürfte um ein Vielfaches höher liegen.

»Dabei ist die bundesdeutsche Chemie Weltspitze: Sie exportiert pro Jahr rund 150.000 Pestizide. 1980 etwa führten die im *Industrieverband Pflanzenschutz- und Schädlingsbekämpfungsmittel* zusammengeschlossenen Unternehmen Gifte im Wert von 2,6 Milliarden Mark aus, davon etwa 40 Prozent in die Entwicklungsländer. Der westdeutsche *Bayer-Konzern* lieferte zum Beispiel Heptachlor, hierzulande verboten, nach Südamerika.«

Die Giftexporte schlagen aber auch auf die hiesige Bevölkerung und die Bundesrepublik zurück.

Der doppelte Skandal also, etwa wenn hochgiftige Pestizidrückstände in Fleisch, Kaffee und Gemüse importiert werden – aus eben diesen Ländern, mit denen Bayer und Hoechst Geschäfte machen. »So entdeckten deutsche Behörden bereits Rückstände verschiedener halogenierter Kohlenwasserstoffe (möglicherweise krebserregend) in importierten Nahrungsmitteln«, schrieb Swantje Strieder, »HCB in argentinischem Rindfleisch, DDT in Gänsen aus dem Ostblock, Heptachlor in Kaninchenfleisch aus China.« Besonders gefährlich sind Zitrusfrüchte.

Oktober 1983

Skandal in Oberstdorf: Kurdirektor machte Kasse

Kurdirektor *Walter Besler* und Verkehrsamtsleiter *Fritz Rösler* wurden im Oktober 1983 fristlos entlassen. Der Grund: Sie hatten eine Urlauber-Betreuungsfirma *»Touristik-Service-Information GmbH« (TSI)* gegründet, mit der sie Oberstdorfer Touristen übers Ohr gehauen haben sollen, indem sie die Urlauber bereits an der Stadtgrenze begrüßten und ihnen Provisionen abverlangten, die weit über den ortsüblichen Preisen lagen. Die beiden »Fremdenverkehrsexperten« sollen auf diese Weise auch schon mal einen ganzen Sonderzug »betreut« haben.

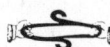

Oktober 1983

Der Wald stirbt – »Freie Fahrt für freie Bürger«

Seit Beginn der 80er Jahre ist das Waldsterben eines der zentralen Umweltthemen. In der Bundesrepublik sind nach Schätzungen des Landwirtschafts-Ministeriums (zweite Waldschadenserhebung Mitte Oktober 1983) 34 Prozent der gesamten Waldfläche – das sind 2,5 Millionen Hektar – geschädigt, hauptsächlich in Bayern, Baden-Württemberg und Niedersachsen.

Nahezu alle Baumarten sind betroffen, in erster Linie aber Nadelbäume, angeführt von Tanne und Fichte.

Hauptursache für das Waldsterben ist die Luftverschmutzung, die Gesamtheit der Luftverunreinigung durch Schwefeldioxid (SO_2), Stickoxiden (NO_x), Ozon und Schwermetallstaub. In der Bundesrepublik werden jährlich rund 3,6 Millionen Tonnen Stickoxide emittiert. Emissionsquellen sind Kraftwerke, Fernheizwerke, Industriefeuerungen, Kleinverbraucher (Haushalte und Gewerbe) und natürlich der Autoverkehr.

Durch den »sauren Regen« wird nicht nur der Wald vernichtet, auch der Boden wird sauer und langfristig verändert, Gewässer werden geschädigt, und die menschliche Gesundheit ist hochgradig gefährdet. Und was passiert?

Im März 1983 wurde eine neue »Technische Anleitung zur Reinhaltung der Luft« (TA Luft) verabschiedet, die sogar die alten Werte noch entschärfte, Innenminister *Friedrich Zimmermann* scheiterte weitgehend bei der Einführung des Katalysator-Autos. Anschließend wurde der Großversuch zu »Tempo 100« im Sinne der Autoindustrie manipuliert bzw. für gescheitert erklärt.

Der Wald stirbt – »Freie Fahrt für freie Bürger« oder »Weiter so, Deutschland«.

Oktober 1983

Korruption im Stadtbauamt Koblenz

Wenn Architekten, Bauunternehmer und Handwerker in Koblenz staatliche Aufträge haben wollten, mußten sie erst einmal ein Aquarell vom Leitenden Baudirektor *Anton Lambrich* im Staatsbauamt Koblenz-Nord erwerben.

Auf diese Weise verdiente der Baudirektor und Landschaftsmaler seit Mitte der siebziger Jahre rund 460.000 Mark nebenbei. So berichtete der »Spiegel« vom 31. Oktober 1983.

Neben dem Baudirektor standen weitere Angestellte unter dem Verdacht, bestochen worden zu sein. Der »Spiegel«: »Für die Handwerker aus Hunsrück, Westerwald und Eifel war es wichtig, bei Ausschreibungen von ›kleineren, gleichwohl interessanten staatlichen Bauprojekten‹ (Staatsanwaltschaft) auf eine sogenannte Achter-Liste zu kommen, die von Bau- und Sachgebietsleitern der Staatsbauämter erstellt und vom Koblenzer Amtschef ständig überprüft wurde. Nur jene acht Firmen, die auf der Liste verzeichnet waren, wurden regelmäßig aufgefordert, sich an Wettbewerben zu beteiligen.«

Der Preis für ein Aquarell lag etwa bei 2000 Mark. Im Juni 1985 wurde der korrupte Hobby-Maler zu Dreieinhalb Jahren Gefängnis verurteilt.

Oktober 1983

Otto Wiesheu – Verkehrsunfall mit Todesfolge

Der Tathergang: Am 29. Oktober 1983 um 2.30 Uhr früh prallte der damalige CSU-Generalsekretär und Strauß-Intimus *Otto Wiesheu* mit seinem Dienst-Mercedes 380 SE auf den Fiat 500 des Rentners *Josef Rubinfeld*. Rubinfeld, NS-Opfer und mit seinem Fiat auf dem Weg nach Polen – u.a. nach Auschwitz –, starb am Unfallort, sein Beifahrer wurde schwer verletzt. Der ehemalige CSU-Generalsekretär hatte 1,99 Promille im Blut.

Das Amtsgericht München entschied im Oktober 1984: 13 Monate Freiheitsstrafe ohne Bewährung für Otto Wiesheu. Ende November trat der bis dahin beurlaubte Wiesheu vom Posten des Generalsekretärs seiner Partei zurück.

Bereits am 1. Dezember 1984 trat er das Amt des Geschäftsführers der CSU-nahen *Hanns-Seidel-Stiftung* an. Das »Munzinger-Archiv« schreibt dazu: »Die Aufgabe bei der Hanns-Seidel-Stiftung wird als eine aussichtsreiche Warteposition angesehen, aus der heraus Wiesheu später wieder in die vordere Reihe bayerischer Politiker treten könnte.«

Die Berufungsinstanz im »Fall Wiesheu«, die 5. Strafkammer des Landgerichts München I, änderte das erstinstanzliche Urteil ab in 12 Monate auf Bewährung. Von Skandal und Prominentenurteil war die Rede. Nachdem der Protest über die Doppelbödigkeit des Wiesheu-Urteils in der Öffentlichkeit immer lauter wurde, legte die Staatsanwaltschaft gegen das Urteil des Landgerichts Revision ein.

Nachdem sich die Wogen geglättet hatten, wurde die Revision im Oktober 1985 zurückgezogen.

Einer weiteren Karriere Wiesheus steht somit nichts mehr im Wege.

Herbst 1983

Das Gift von Bielefeld

Einen vergleichbaren Skandal hatte es in der Bundesrepublik noch nicht gegeben: Die Stadt Bielefeld wies im grünen Stadtteil Brake einen Bebauungsplan auf einer ehemaligen Giftmülldeponie aus, obwohl ihre Beamten wissen mußten, daß im Erdinnern hochgefährliche Giftstoffe lagerten.

Bereits Anfang der siebziger Jahre nämlich war durch eine Änderung des Bebauungsplanes aus der wertlosen Giftmülldeponie, auf der der Fuhrunternehmer *Gerhard Steinkühler* mit Erlaubnis des damaligen Heepener Amtsdirektors *Erich Krahmüller* Haus- und Industrieabfälle verbuddelte, kurzerhand teures Bauland geworden. 30 Familien kauften für viel Geld die Grundstücke und siedelten sich – in dem Wunsch, im Grünen zu wohnen – auf der ehemaligen Giftmülldeponie an.

Durch Zufall flog der Skandal bei Baggerarbeiten im Herbst 1983 auf. Untersuchungen ergaben: Der Boden wies Blei, Cadmium, Zink, Nitrate und chlorierte Wasserstoffe auf – in hohen Dosen und Werten. Außerdem trat Methangas in explosiver Mischung auf. Als schließlich auch noch polychlorierte Biphenyle (aus denen bei Verbrennung Dioxin entsteht) zu Tage kamen, flippten die Hausbewohner aus. Sie organisierten sich und brachten allerlei an die Öffentlichkeit: Jahrelang hatte die Stadt von den Giftschlämmen gewußt, aber bis zur letzten Minute versucht, diesen Skandal zu verschleiern. Ins Schußfeld gerieten – und da half auch die öffentliche Entschuldigung von Bielefelds Oberstadtdirektor *Klaus Meyer (SPD)* nichts mehr – der sozialdemokratische Baudezernent der Stadt, *Jürgen Hotzan,* und FDP-Stadtdirektor *Rudolf Möllenbrock.*

Jürgen Hotzan mußte seinen Posten räumen, den Bürgern wurde Entschädigung versprochen. Tröstlich? Sie hatten nicht nur den Betrug des giftverseuchten Baulands, sondern zum Teil auch schon erhebliche gesundheitliche Schäden davongetragen.

Das »Blutbad von Alsdorf«

Am 29. September 1983 überfielen zwei Bankräuber die Filiale der Spar- und Darlehenskasse in Alsdorf bei Aachen. Als die Polizei zum Tatort kam, nahmen die Räuber die beiden Bankangestellten *Alfred Mertens* und *Karl Delahaye* als Geiseln.

Das Geiseldrama nahm ein schlimmes Ende. Als die Bankräuber mit ihren Geiseln in einem Renault 4 fliehen wollten, eröffneten die beiden Polizisten *Josef Hädrich* und *Ulrich Bründl* mit Maschinenpistolen das Dauerfeuer auf das klapprige und langsame Fluchtauto und durchsiebten den Wagen mit 38 Schüssen.

Dabei trafen sie alle vier Insassen, eine Geisel wurde tödlich verletzt. Einer der Bankräuber ist heute querschnittsgelähmt und auf einem Auge blind. Damit nicht genug: Als die zweite Geisel – der Familienvater Karl Delahaye – leicht verletzt und gekrümmt aus dem inzwischen gestoppten Auto zu entkommen versuchte, schoß ihm Josef Hädrich noch zweimal in den Rücken. Der Bankangestellte starb später an den Verletzungen.

Im sogenannten »Aachener Polizisten-Prozeß« erhielt Josef Hädrich wegen fahrlässiger Tötung und vorsätzlicher Körperverletzung eine Freiheitsstrafe von 14 Monaten mit Bewährung, Ulrich Bründl bekam sechs Monate und der bereits wegen Körperverletzung im Amt vorbestrafte Polizeiobermeister *Ralf Dünzer* neun Monate zur Bewährung. Dünzer hatte gesehen, daß sich in dem Fluchtauto sowohl die Bankräuber als auch die Geiseln befunden hatten, seine beiden Kollegen davon aber nicht unterrichtet.

Der »Schlachthof-Skandal von Kempten«

Ein ehemaliger Lehrling des Schlachthofs Kempten brachte die Affäre ins Rollen: Er hatte ausgepackt, daß auf dem Großschlachthof manipuliert wurde. Ermittlungen ergaben, daß jahrelang beim Vieh-Wiegen Gewichtsmanipulationen zu Lasten Tausender von Bauern stattgefunden hatten. Die Wiegekarten waren gefälscht worden, und die nichtsahnenden Bauern wurden so um Millionenbeträge geprellt.

Es hagelte Verfahren gegen zahlreiche Viehhändler. Der Drahtzieher aber soll der geschäftsführende Direktor der Firma *Südfleisch Kontor Kempten, Dieter Döbler,* gewesen sein. Er soll in Übereinstimmung mit zahlreichen Viehhändlern die jahrelangen Gewichtsmanipulationen angewiesen haben.

Das Fleischunternehmen ist Mehrheitsgesellschafter am von der Stadt Kempten gepachteten Schlacht- und Viehhof.

Die Südfleisch Kontor Kempten gehörte zur Hälfte jeweils der *Münchner Südfleisch GmbH* und dem Vater des Manipulations-Geschäftsführers, dem Kemptener *Friedrich Döbler,* Konsul der westafrikanischen Volksrepublik Benin.

Fußball-Präsident hinter Gittern

Aus der »FAZ« vom 31. August 1983: Mainz (dpa). »Mit einem unerwarteten Geständnis ist in Mainz der Prozeß gegen den ehemaligen Präsidenten des Fußballver-
eins *Wormatia Worms, Winfried Heyn,* schnell zu Ende gegangen. Bereits am Schluß des
zweiten Verhandlungstages verurteilte ihn die Vierte Große Strafkammer des Landgerichts Mainz wegen Betrugs in sechs Fällen, davon zwei in Tateinheit mit Untreue, zu
einer Gesamtstrafe von siebeneinhalb Jahren Haft. Nach dem überraschenden Geständnis des Angeklagten sah es das Gericht als erwiesen an, daß sich Heyn Darlehen
in einer Gesamthöhe von rund 1,5 Millionen Mark erschwindelte, obwohl ihm bewußt gewesen sei, daß er diese Summe nicht zurückzahlen könne. Die Darlehen
seien zu Spielereinkäufen für Wormatia Worms bestimmt, habe er gegenüber seinen
Gläubigern angegeben. Als Sicherheit habe er mehrmals die Transfersummen von
Wormatia-Spielern hinterlegt. Der offensichtliche Menschenhandel mit Fußballspie-
lern könne vom Gericht nicht beurteilt werden, bedauerte der Staatsanwalt in seinem
Plädoyer. Den Opfern des Angeklagten sei aber eine Mitschuld nicht abzusprechen,
denn – so der Staatsanwalt – sie hätten es, verlockt durch vorgespiegelte hohe Speku-
lationsgewinne mit Bundesligaspielern, ›dem Angeklagten zu leicht gemacht‹.«

Der »Fall Altun« – Selbstmord aus Angst

Aus Angst, an die Türkei ausgeliefert zu werden und in die Hände der Militärs zu
geraten, stürzte sich im August 1983 der 23jährige Türke *Kemal Altun* aus dem Fenster
eines Westberliner Gerichts und beging Selbstmord.

Obwohl Altun bereits politisches Asyl gewährt worden war, hatte Innenminister
Friedrich Zimmermann dagegen Rechtsmittel einlegen lassen. Altun verbrachte mehrere Wochen in Abschiebehaft.

Durch den »Fall Altun« kam die Diskussion um eine Verschärfung des Asylrechts
wieder in Bewegung, die 1986 in die Forderung nach einer entsprechenden Grundge-
setzänderung seitens der CSU gipfelte.

Aus Habgier tablettensüchtig gemacht

Um an das Vermögen einer 80jährigen Rentnerin zu gelangen, soll ein in Aachen lebendes Arzt-Ehepaar die alte Frau seit 1980 systematisch tablettensüchtig gemacht haben.

Die beiden Ärzte sollen der kranken Patientin regelmäßig große Mengen Schmerz- und Beruhigungstabletten verschrieben haben, nachdem sie merkten, daß die Rentnerin über einen wertvollen Besitz verfügte. Nach einem Herzanfall soll sie der Ärztin in Gegenwart eines Notars den Besitz für rund ein Drittel des wahren Wertes überschrieben haben.

Kurz nach dem Deal nahm die Ärztin auf das Anwesen eine hohe Hypothek auf. Das Geld war ebenso verschwunden wie ein Sparbuch der Rentnerin über 50.000 Mark, meinte die Anklage, als sich das dubiose Arzt-Ehepaar im August 1983 vor dem Richter wiederfand. Die betrogene Rentnerin war zwei Monate zuvor gestorben.

Der »Mega-Petrol-Skandal«

Im Sommer 1983 brach die Ölbohrfirma *Mega Petrol* zusammen – Pleite. Der Vorwurf: Das Unternehmen, das von Anfang an – so die »Süddeutsche Zeitung« – nur einem einzigen Ziel gedient hatte, nämlich »Geldgeber anzuzapfen und nicht Ölquellen«, soll rund 2000 Bundesbürger in den Jahren 1978 bis 1983 um 270 Millionen Mark gebracht haben. Versprochen wurden den Anlegern hohe Renditen, das große Geschäft.

Vor der 3. Wirtschaftsstrafkammer des Landgerichts München fanden sich Anfang 1987 die »feinen« Herren der Mega Petrol wieder: der Gründer und Chef von Mega Petrol, *Ernst Willner*, seine früheren Geschäftsführer *Wolfgang Steinbauer* und *Karl Hartmann* sowie der Geldmakler *Heinz Hartwig*. Willner wurde vorgeworfen, sich des »fortgesetzt und gemeinschaftlich begangenen Vergehens des Betrugs in einem besonders schweren Fall« schuldig gemacht zu haben.

Eine besonders pikante Note: Jahrelang hatte die *Bayerische Landesbank* das unseriöse Mega-Petrol-Geschäft mit Millionenkrediten finanziert, obwohl die Bank, dessen Direktor der bayerische Ex-Minister *Ludwig Huber* und dessen Verwaltungsratsvorsitzender Finanzminister *Max Streibl* ist, von den »sittenwidrigen« und »kreditvertragswidrigen« Geschäften der angeblichen Ölbohrer wußten. Eine Rolle spielte außerdem der Ingolstädter Hosenfabrikant *Karl Schleicher*, gegen den ebenfalls mehrere Ermittlungsverfahren wegen über 300 mit der Mega Petrol geschlossener sittenwidriger Darlehnsverträge laufen. Gegen ihn wurde ein Verfahren wegen des Verdachts des versuchten Totschlags eingeleitet. Der Grund: Willner hatte behauptet, sein dubioser Geschäftspartner Schleicher habe ihn 1979 vergiften wollen, um seine – Willners – Lebensversicherung von zehn Millionen Mark kassieren zu können.

Die hatte Willner dem Hosenfabrikanten nach allerlei Geschäften und geschäftlichen Schwierigkeiten überschrieben – für den Fall seines Todes. Ein Skandal mit vielen Fragezeichen.

Sommer 1983

Der Landrat und die »Müllaffäre«

Eine Korruptionsaffäre um den Landrat des hessischen Wetteraukreises, *Helmut Münch (CDU)*, sorgte im Sommer 1983 für Schlagzeilen.

Als Münch schließlich den Regierungspräsidenten von Darmstadt um seine Entlassung bat, schrieb die »Süddeutsche Zeitung« Ende Oktober 1983: »Die Gießener Staatsanwaltschaft hatte gegen Münch wegen des Verdachts der Vorteilsannahme ermittelt und das Amtsgericht Friedberg gegen den Landrat einen Strafbefehl über 5000 Mark erlassen. Münch legte dagegen Einspruch ein. Ihm wird vorgeworfen, auf Kosten der bayerischen Staatsfirma Berg-, Hütten- und Salzwerke AG *(BHS)* einen Familienaufenthalt in Bad Reichenhall verbracht zu haben. Die Firma soll sich den Auftrag des Kreises für den Bau einer fünf Millionen Mark teuren Müllumladestation mit 45.000 Mark Schmiergeldern an zwei ehemalige CDU-Kreisabgeordnete gesichert haben.« Das Verfahren gegen den Direktor der BHS wegen »Vorteilsgewährung« wurde nach Zahlung eines Bußgeldes von 10.000 Mark wegen »geringfügiger Schuld« eingestellt.

1983

Formaldehyd! – Na und?

Öffentliche Gebäude mußten geschlossen werden, Schulen und Kindergärten machten dicht, Fertighäuser wurden kurzerhand abgerissen, Schüler, Lehrer, Beamte und Angestellte klagten vielfach über Hautausschläge, Kopfschmerzen und Übelkeit. Der Grund: Die »Massenchemikalie« Formaldehyd – die zur Herstellung von Spanplatten und Sperrholz ebenso verwendet wird wie für Desinfektions- und Konservierungsmittel, sowie für kosmetische und pharmazeutische Präparate – wurde als hochgradig gesundheitsschädigend entlarvt.

Das »Aktuelle Lexikon« der »Süddeutschen Zeitung« zu diesem farblosen, stechend riechenden Gas: »Auf Organismen wirkt es als Zellgift: Symptome von Formaldehydvergiftungen beim Menschen sind Entzündungen von Bindehaut und Atemwegen, Gewebsnekrosen in Mund, Speiseröhre, Magen (bei starker Einwirkung bis hin zum Magendurchbruch) und Darm, später Nierenschäden. Die Senatskommission zur Prüfung gesundheitsschädlicher Arbeitsstoffe der Deutschen Forschungsgemeinschaft hat Formaldehyd in die Liste jener Stoffe aufgenommen, bei denen ›begründeter Verdacht auf krebserzeugendes Potential‹ besteht.« Das *Umweltbundesamt (UBA)*, das *Bundesgesundheitsamt (BGA)* und die *Bundesanstalt für Arbeitsschutz* kamen im Oktober 1983 ebenfalls zu dem Ergebnis: »Krebserzeugend!«

Die Forderungen der Untersuchungsbehörden liefen auf ein Verbot von Formaldehyd hinaus, zumal eine Studie des Toxikologischen Instituts der amerikanischen Chemieindustrie nachwies, daß Formaldehyd bei Tieren zu Krebs führt.

Der Skandal war perfekt: Der Hauptproduzent von Formaldehyd, *BASF* in Ludwigshafen, reagierte empört, wies immer wieder darauf hin, daß doch eine Ratte kein Mensch sei, drohte mit dem Verlust von Arbeitsplätzen und einem Einbruch der chemischen Industrie, wenn das Gift aus dem Verkehr gezogen würde. BASF schaltete den Ludwigshafener CDU-Stadtrat *Julius Hetterich* ein, der wiederum über seinen Wahlkreis-Abgeordneten *Helmut Kohl* Einfluß auf den damaligen Gesundheitsminister *Heiner Geißler* ausüben sollte.

Und es gelang: Der Bundesgesundheitsminister spielte die Chemikalie herunter, hielt Gutachten zurück und unter Verschluß, verlangte vor einem Eingreifen neue, langwierige Gutachten, verschanzte sich hinter EG-Normen und neuen notwendigen Richtlinien und sah im Interesse von BASF keinerlei hinreichenden Grund zum Handeln.

August 1983

Zivilstreife erschießt Radfahrer

In der Nacht vom 25. August 1983 radelte der Familienvater *Gerhard Freundt* in stark angetrunkenem Zustand mit seiner Frau in Wesseling bei Köln Richtung Wohnung. Freundt benutzte nicht den Radweg, sondern fuhr offensichtlich in Schlangenlinien auf der Straße, als er von dem als Zivilstreife eingesetzten Polizisten *Klaus Leinenbach* gestoppt wurde. Leinenbach verließ mit gezogenem Revolver das Auto. Wenige Sekunden später fiel der Schuß, der Gerhard Freundt mitten ins Herz traf und auf der Stelle tötete. Der Kriminalhauptmeister gab vor, im »Reflex« geschossen zu haben.

Der Kölner Polizist wurde im Dezember 1983 zu einer Freiheitsstrafe von acht Monaten zur Bewährung verurteilt. Bereits Anfang 1985 war er wieder im Innendienst der Kölner Polizei tätig.

1983

Runde 15 Millionen Mark hinterzogen

Der 44jährige Handelsvertreter, der 1983 verhaftet werden konnte, handelte in erster Linie mit Zelten, Bekleidung und kugelsicheren Westen.

Zwischen 1978 und 1982 soll er als Vermittler von Exportgeschäften in den Nahen Osten runde 23 Millionen Mark an Provision kassiert haben. Gegenüber dem Finanzamt gab er aber lediglich einen jährlichen Betrag von 60.000 Mark an.

Der Beschuldigte gab zu, im Namen einer Firma aus Fulda und eines österreichischen Unternehmens große Summen für Schmiergelder aufgebracht zu haben.

1983

Volkszählung – Nein, danke!

Um die geplante Volkszählung gab es 1983 großen Streit, der in ein teilweise skandalöses Verhalten Innenminister *Friedrich Zimmermanns* mündete.

Er stempelte die Gegner der Volkszählung als radikale Randgruppe ab, die etwas zu verbergen hätte, erklärte sie zu einer Minderheit, die »eine Diffamierungskampagne gegen das Volkszählungsgesetz« führe, reihte sie in seine Kategorien von Verfassungsfeinden ein, die sich dem Staat verweigerten. Ende 1983 wurde gegen den erbitterten Widerstand Zimmermanns das Volkszählungsgesetz vom Bundesverfassungsgericht in wesentlichen Teilen für verfassungswidrig erklärt. In dem Urteil wurde der § 9, Absatz 1 bis 3 des Volkszählungsgesetzes, der einen »Abgleich« der erfragten Daten mit dem Melderegister bzw. die Übermittlung der Daten an andere Gebietskörperschaften und Behörden enthielt, teilweise für grundgesetzwidrig erklärt. Im Zentrum der Urteilsbegründung der Verfassungsrichter stand das aus Artikel 1 und 2 des Grundgesetzes abgeleitete »informationelle Selbstbestimmungsrecht des Bürgers«. Der Bundesbeauftragte für den Datenschutz, *Reinhold Baumann,* kommentierte das Urteil: »Das wichtigste Ereignis in der Geschichte des Datenschutzes.«

Mit diesem Urteil stimmte das höchste Gericht erstmals in der Geschichte der Bundesrepublik gegen ein einmütig vom Bundestag, also von allen Parteien – die Grünen waren noch nicht in Bonn vertreten – verabschiedetes Gesetz.

Dieses Votum kam nicht zuletzt unter dem Druck der Öffentlichkeit zustande. Weit mehr als 500 Gruppen, Initiativen und Organisationen hatten zum Boykott aufgerufen; Schriftsteller, Gewerkschafter und Wissenschaftler schlossen sich den Appellen an, Karlsruhe wurde mit Verfassungsbeschwerden überschüttet.

Nach einer ZDF-Umfrage standen 52 % der Befragten der Volkszählung mißtrauisch gegenüber. Laut »Politbarometer« wollte sich jeder vierte nicht beteiligen.

»Schmieren ist sittenwidrig« –
Eine Grundsatzentscheidung

Aus der »Frankfurter Rundschau«: »Karlsruhe, 8. Juli (Reuter). Schmiergeldzahlungen zur Anbahnung von Geschäftsabschlüssen sind nach einer jetzt veröffentlichten Grundsatzentscheidung des Bundesgerichtshofes (BGH) sittenwidrig. Provisionen für Geschäfte, die auf der Grundlage von Bestechungsgeldern abgeschlossen wurden, können deshalb nicht eingeklagt werden (AZ: IVa ZR 138/83).

In dem Fall, der dem Gericht zur Entscheidung vorlag, hatte eine britische Maklerfirma einem bundesdeutschen Unternehmen den Auftrag vermittelt, in Nigeria eine Brauerei zu errichten. Zur Anbahnung dieses Auftrags hatten nach Angaben des BGH die Makler Schmiergelder in Höhe von rund 300.000 Mark gezahlt. Wegen finanzieller Schwierigkeiten hielt Nigeria den geschlossenen Vertrag schließlich nicht ein. Die britischen Makler verlangten von ihren bundesdeutschen Geschäftspartnern gleichwohl die Zahlung der vereinbarten Provision von fünf Prozent des Auftragswertes. Diese Zahlung sollte zugleich die vorfinanzierten Schmiergelder abdecken.«

Amnestie für Steuerhinterzieher – Der Coup mißlang

Mehrere Male haben Bonner Politiker aller etablierten Parteien im Zuammenhang mit der Flick- und Parteispenden-Affäre versucht, sich selbst zu amnestieren und damit drohende und bereits eingeleitete Steuerhinterziehungsverfahren außer Kraft zu setzen. Hunderte von staatsanwaltschaftlichen Ermittlungsverfahren gegen Politiker und Parteispender hätten durch eine rückwirkende Amnestie wieder eingestellt werden müssen, die Steuersünder aus Industrie, Wirtschaft und Politik wären davongekommen. Der Coup mißlang.

Im Juni 1983 scheiterte der Versuch, die Parteien mit steuerlich besonders begünstigten gemeinnützigen Organisationen gleichzustellen. Die Bundesregierung weigerte sich danach unter Berufung auf das Steuergeheimnis beharrlich, dem Flick-Untersuchungsausschuß zur Aufklärung der Flick-Affäre alle Unterlagen herauszurücken. Erst der Zweite Senat des Bundesverfassungsgerichts entschied auf Klage von SPD und Grünen, daß das Zurückhalten von Flick-Akten verfassungswidrig sei.

In einem raffiniert eingefädelten Blitzverfahren wollten Anfang Mai 1984 die Vorsitzenden der Bonner Koalitionsparteien – *Kohl, Strauß* und *Genscher* – ein hinter verschlossenen Türen ausgeküngeltes Gesetz durchpeitschen, das allen durch Spenden an politische Parteien zu Steuersündern gewordenen Personen und Unternehmen Amnestie und damit Straffreiheit gewährt hätte.

Der Coup scheiterte an SPD und Grünen, die Basis der FDP muckte gegen Genscher auf.

Von einer solchen Amnestie hätten auch zwei Dutzend Politiker der Bonner Koalition profitiert. Von der CDU u. a. *Adolf Müller-Remscheid, Walther Leisler Kiep, Konrad Grundmann, Horst Waffenschmidt, Alo Hauser;* von der CSU u. a. *Oscar Schneider, Franz Heubl, Reinhold Kreile, Friedrich Zimmermann;* von der FDP u. a. *Josef Ertl, Hans Gattermann* und *Otto Graf Lambsdorff.*

Mitte 1986 wurde erneut nach einer Amnestie für die Parteispenden-Verfahren und die in sie verstrickten korrupten Politiker und Wirtschaftsführer gerufen.

1983

Die »Herms-Bank« und der Briefkasten in Liechtenstein

Als die Hamburger »Herms-Bank« 1983 in Konkurs ging, flog der Schwindel auf: Jahrelang hatten die Hamburger Bankkaufleute *Hans Rudi Wilhelm* und *Arne Albrecht* am Finanzamt vorbei Millionenbeträge über die von ihnen gegründete Liechtensteiner Briefkastenfirma »*Investitions- und Kreditanstalt« (IKA)* steuerfrei wieder zurück an die Elbe transferiert. Als Treuhänder für die Briefkastenfirma zeichnete *Dr. Karlheinz Ritter,* Präsident des liechtensteinischen Parlaments und der »höchste bürgerliche Repräsentant im Fürstentum«. Der »Spiegel« (11/1986) schrieb über das Mitglied des Verwaltungsrates der Bank von Liechtenstein: »Der gute Ruf des Dr. Karlheinz Ritter ist bereits angekratzt. Die liechtensteinische Regierung hat Strafanzeige gegen ihn erstattet. Er habe, so der Vorwurf, gegen das Bankengesetz und gegen das Gesetz über Rechtsanwälte, Rechtsagenten und Treuhänder im Fürstentum verstoßen. Ein durch IKA-Transaktionen geschädigter Geschäftsmann aus Hamburg hat den Liechtensteiner auf millionenschweren Schadenersatz verklagt und ihn bei der Staatsanwaltschaft in Vaduz wegen Betrugs angezeigt. Ritter wiederum hat Klagen bei bundesdeutschen Gerichten eingereicht.« Sogenannte IKA-Kredite flossen als Darlehen maroden Unternehmungen zur Sanierung zu, denen die Bankleute durch geschäftliches oder privates Engagement verbunden waren. Zur IKA flossen auch reichlich Schwarzgelder der Herms-Kunden. Den Hamburgern im eleganten Zwirn konnten auch verbotene »Koppelgeschäfte« nachgewiesen werden.

Kreditwürdig war derjenige, der zu völlig überhöhten Preisen Edelsteine minderer Qualität mitkaufte oder besser: mitkaufen mußte. Als die Bank schließlich pleite machte, gingen die meisten IKA-Anleger leer aus. Die Bank selbst hingegen verfügte noch über die recht ansehnliche Konkursmasse von mehreren Millionen Mark.

Der »Spiegel« schrieb dazu: »Als die Bank ruiniert war, präsentierten sich die unbeschränkt haftenden Gesellschafter als vermögenslos – im Gegensatz zu den Ehefrauen. Wilhelm schuldete seiner Frau *Gotlinde Mia* 1,26 Millionern Mark, Albrecht seiner Frau *Karin* rund eine Million Mark.«

Der »Stern-Skandal« – Die gefälschten Hitler-Tagebücher

»Hitler-Tagebücher entdeckt«. Anfang 1983 wartete die Hamburger Illustrierte *»Stern«* mit einer Sensation auf, die national wie international einschlug: Der »Stern« hatte mit dem Abdruck der angeblichen Tagebücher Hitlers begonnen. Von der Existenz dieser Tagebücher hatte bislang niemand gewußt. Sie sollten auf geheimnisvolle Art und Weise dem »Stern« zugespielt worden sein – für über neun Millionen Mark.

Besonders problematisch war: Die »Stern«-Chefredaktion verkaufte die unseriösen Tagebücher als Weltsensation. Die jüngste Geschichte müsse teilweise neu geschrieben werden, teilte man der erstaunten Öffentlichkeit vollmundig mit.

Die *»Story«* stellte sich als größter Flop der bundesdeutschen Pressegeschichte heraus. Der »Stern« war in seiner Sensationshascherei einem gigantischen Betrug aufgesessen. Der vermeintliche Top-Journalist *Gerd Heidemann* – verschuldet und Eigner der Yacht *Hermann Görings* – sowie der NS-Andenken-Händler und Fälscher *Konrad Kujau* hatten es geschickt verstanden, in einem großangelegten Coup dem »Stern« und damit der Öffentlichkeit die Tagebücher unterzujubeln. Der Schwindel flog schließlich auf.

Die Fälscher landeten hinter Gittern, die beiden »Stern«-Chefredakteure *Peter Koch* und *Felix Schmidt* wurden gefeuert – mit einer Abfindung von jeweils 3 (in Worten drei) Millionen Mark. Skandale lohnen sich.

Betrugstüten aus Gießen

»Für ein hervorragendes Preis-Leistungs-Verhältnis« verlieh der Präsident der *»Gesellschaft für Leistungs- und Qualitätsförderung e.V. Deutschland«* aus Gießen Geschäftsleuten im süddeutschen Raum Ehrenurkunden und Belobigungen. Nicht nur genug der Urkunden. Mit gleicher Post erhielten die Adressaten auch noch ein Emailleschildchen, das sie als »vorbildlichen Betrieb« auszeichnete und das sichtbar an der Eingangstüre anzubringen sei.

Für das Emailles-Schildchen hatten die Geschäftsleute per Nachnahme zwischen 120 und 180 DM zu bezahlen. Daß der Präsident bei seinen Versandaktionen eine Bäckerei auszeichnete, die schon seit Jahren nicht mehr existierte, daß sein e.V. gar nicht eingetragen war und er jeweils angab, die entsprechend Ausgezeichneten nur vom Hörensagen und auf Empfehlung zu kennen, wurde erst bekannt, als der Schwindel ans Licht kam – nach vielen Monaten...

Ihr Anwalt? Bitte!

Die Agentur »Reuter« meldete Anfang April 1983: »Das Berliner Landgericht hat den Rechtsanwalt und FDP-Politiker *Harald Loch* wegen Betruges und Untreue zu 18 Monaten Freiheitsstrafe mit dreijähriger Bewährungsfrist verurteilt. Außerdem wurde gegen ihn eine Geldbuße von 5000 Mark verhängt. Dem Anwalt wurde vorgeworfen, Mandantengelder in Höhe von 100.000 Mark nicht fristgerecht weitergeleitet zu haben. In der Urteilsbegründung hieß es dazu, ›der Angeklagte habe als Organ der Rechtspflege die Grundlagen des Rechtsstaates erschüttert‹.«

April 1983

Der »Giftmüllskandal von Gerolsheim«

14 Jahre lang durften die Industrie und voran die Chemieriesen auf der Sondermüll-Deponie *Gerolsheim* in Rheinland-Pfalz ihren Müll abladen.

Im April 1983 platzte die Bombe. In Gerolsheim lagerten Tausende Eisenfässer mit vom Seveso-Gift TCDD verseuchten Industrieabfällen. Eine Zeitbombe tickte in dem 15 Hektar großen Dreckloch, das die Anwohner in heillose Aufregung und Angst versetzte. Sie schlossen sich zur »Schutzgemeinschaft gegen die Deponie« zusammen und forderten deren Stillegung und Ausräumung.

Aber der damalige rheinland-pfälzische Umweltminister *Rudi Geil (CDU)* verweigerte eine Ausgrabung der Dioxin-Fässer, verharmloste und beschwichtigte den Umwelt-Skandal. Man brauche – so die Mainzer Landesregierung – die Dioxin-Fässer nicht bergen, da keine unmittelbare Gefahr bestünde.

Der Kieler Toxikologe *Otmar Wassermann* nannte dieses Verhalten gegenüber der »Frankfurter Rundschau« »unverantwortlich« und eine »Verdummung der Bevölkerung«. 1969 bis 1972 hatte allein die Firma *Boehringer* rund 4000 Fässer mit bis zu 1000 Tonnen durch Dioxin verseuchte Abfälle in Gerolsheim abgeklappt.

Man vermutete in Gerolsheim 22 Kilogramm Dioxin von gleicher Gefährlichkeit wie die 900 Gramm der verschwundenen und später aufgetauchten 41 Fässer von Seveso. Die Firma Boehringer hatte das lebensgefährliche Dioxin in den Jahren 1969 bis 1972 immer als »Destillationsrückstände« deklariert.

Außer Dioxin-Fässern lagern auf dem »Giftberg« auch noch Zyanide, Aceton- und Salpeterrückstände sowie alle möglichen Säuren.

Niemand kann genau sagen, ob und wann diese tödlichen Gifte ins Grundwasser geschwemmt werden. Daß das irgendwann geschieht, gilt als sicher, denn der Großteil der Dioxin-Fässer ist angeschlagen, undicht und bereits ausgelaufen.

»Giftmüllkippe Deutschland«

Aus dem »Stern« vom 14. April 1983:

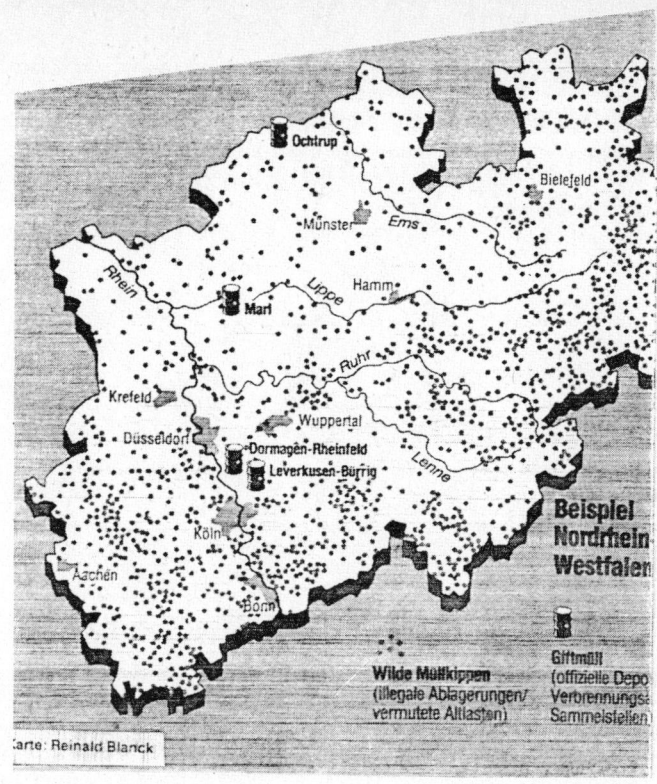

März 1983

Tod in Gauting

Die Tat war ein Skandal, das Urteil nicht minder.

In der Nacht vom 19. auf den 20. März 1983 war der 14jährige *Jürgen Bergbauer* in das ihm vertraute Gautinger Jugendzentrum eingestiegen. Er wollte dort übernachten, weil er einiges getrunken hatte. Der Polizeieinsatzleiter *Friedrich Konzack* hatte den Jungen beobachtet und für einen gefährlichen Einbrecher gehalten. Er stürmte auf das Jugendzentrum zu und erschoß den Jungen, als er sich angegriffen glaubte. Der 1,58 m große und etwa 48 kg schwere Junge, der vermeintliche Einbrecher, starb in »seinem« Jugendzentrum.

Die Tat führte zu einem Sturm der Entrüstung. Im Juli 1983 sprach die Schwurgerichtskammer des Landgerichts München II unter Vorsitz von Richter *Hans-Joachim Brüning* ein äußerst umstrittenes Urteil: sechs Monate Freiheitsstrafe mit Bewährung für Friedrich Konzack wegen »fahrlässiger Tötung«.

Der Richter ging von einer Putativnotwehr aus, auf die selbst der Polizist sich nicht berufen hatte.

Für das Gericht stand fest: »Das Opfer ist der eigentliche Tatauslöser gewesen.« Die Staatsanwaltschaft freilich hatte das anders gesehen und dreieinhalb Jahre Haft wegen Totschlags in einem minder schweren Fall gefordert.

Im Januar 1984 verwarf der Bundesgerichtshof die Revision der Mutter des Erschossenen und des Polizisten. Das Urteil wurde rechtskräftig – und der Todesschütze durfte weiterhin Polizist bleiben.

März 1983

Wende skandalös!

Nach der »Wende« vom 1. Oktober 1982 und der Wahl der konservativ-liberalen Regierung *Kohl* wurde das in die Tat umgesetzt, was das *Lambsdorff-Papier* (September 1982) gefordert hatte. Dieses Papier war mit ein Grund für den Bruch der sozial-liberalen Koalition gewesen und hatte die Thesen des CDU-Sozialexperten *George* (Juli 1983) sowie die *Albrecht*-Thesen (August 1983) propagiert: einen massiven Sozialabbau zur sogenannten Gesundung der Staatsfinanzen.

Die Regierung *Kohl/Genscher* ging sofort ans Werk, die amerikanischen Mittelstreckenraketen gegen den Willen der Bevölkerung zu stationieren und alle umstrittenen Großprojekte auf dem Boden der Bundesrepublik hemmungslos durchzupeitschen.

Gleichzeitig wurde an den schwächsten Stellen drastisch gekürzt und gestrichen: beim Arbeitslosengeld, bei der Studienförderung, beim Wohngeld, den Renten, der Sozialhilfe und bei den Schwerbehinderten. Die Mietgesetzgebung wurde im Sinne der Vermieter gelockert, die Zwangs-Erfassung der Bürger weiter vorangetrieben und die Bürgerrechte systematisch eingeschränkt. Die Regierung beschränkte schließlich noch den Streikparagraphen 116 und beschnitt damit die Flexibilität der Gewerkschaften. Freilich: Die Gewerkschaften und die Bevölkerung setzten dem allen nur einen äußerst bescheidenen Widerstand entgegen.

Februar 1983

Am Zoll vorbei...

Knapp drei Jahre Haft erhielt ein 42jähriger Kaufmann, als ihm vom Amtsgericht Frankfurt im Februar 1983 nachgewiesen werden konnte, Steuern in Höhe von 750.000 Mark hinterzogen zu haben. Der Kaufmann hatte in den Jahren 1981 und 1982 Goldbarren und südafrikanische Krügerrand-Münzen aus Luxemburg für fünfeinhalb Millionen Mark an der Einfuhrumsatzsteuer vorbei in die Bundesrepublik geschmuggelt.

Anfang 1983

Dem »Verein Lebenshilfe« in die Tasche gegriffen

Der Verwaltungsleiter der vom *»Verein Lebenshilfe«* getragenen Behindertenwerkstätte in Landshut hatte zwischen April und November 1981 über 950.000 Mark an Betriebsgeldern in die eigene Tasche gewirtschaftet.

Die Quittung des Landgerichts Landshut: vier Jahre und neun Monate Gefängnis.

Februar 1983

»Wunderbrillen« für Blinde

Sechseinhalb Jahre Gefängnis erhielt im Februar 1983 die Prothetikerin *Margot Stover* von der 16. Strafkammer beim Landgericht München I wegen des fortgesetzten Betruges in mehreren Fällen und eines angerichteten Schadens von 600.000 Mark.

Die Frau hatte zahlreichen Blinden vorgegaukelt, sie hätte eine Sehhilfebrille entwickelt, mit der diese wieder sehen könnten.

Das Gericht hielt diese Täuschung, für die die Prothetikerin hohe »Honorare« abkassiert hatte, für »skrupellos, gewissenlos und verantwortungslos«.

Januar 1983

»Bisher 1500 Verdächtige in Spendenaffäre der CDU«

Die »Frankfurter Rundschau« zog am 13. Januar 1983 Bilanz: »Die Spendenaffäre der CDU weitet sich immer mehr aus. Innerhalb der letzten vier Monate ist die Zahl der in dem Ermittlungsverfahren der Steuerhinterziehung Beschuldigten um 800 Personen auf insgesamt 1500 Verdächtige angestiegen. Dabei handelt es sich ausschließlich um den Kreis von Firmeninhabern und Mitarbeitern, denen Steuermanipulationen bei Spenden an die Union vorgeworfen wird. Dazu kommen noch die Anstifter innerhalb der Union und Helfershelfer bei gemeinnützigen, der CDU nahestehenden Vereinigungen und Verbänden, die den Spendern die strafbaren Transaktionen erst ermöglichten.«

1983

Schmuggelfahrten in Millionenhöhe

Die Wirtschaftsstrafkammer beim Landgericht Hof konnte Anfang 1983 einem 35 Jahre alten türkischen Importkaufmann rund 100 Schmuggelfahrten nachweisen, bei denen er Zoll- und Steuerabgaben in Höhe einer runden Million Mark hinterzogen hatte.

Der bereits im Herbst 1981 erstmals in Untersuchungshaft genommene Türke, der als Sohn eines türkischen Richters 1971 in die Bundesrepublik gekommen war, wurde wegen Zollvergehens, Teesteuervergehens, der Hinterziehung von Monopolabgaben und Abschöpfungsbeiträgen sowie unerlaubten Waffenbesitzes zu viereinhalb Jahren Gefängnis verurteilt. Der Händler hatte anstelle von Schnaps- und Teelieferungen dem Einfuhrzoll nicht unterliegende Linsen, Erbsen und Bohnen angegeben.

Januar 1983

Schwarzbau-Affäre ums »Café Extrablatt«

Kein Skandal im Sperrbezirk – aber in Schwabing. Der Münchner Klatschkolumnist *Michael Graeter* hatte seinem Schicki-Micki-Café an der Leopoldstraße einen illegalen Vorbau – eine Art Wintergarten – verpaßt. Als der Schwarzbau abgerissen werden sollte, versuchte der Münchner Kreisverwaltungsreferent und CSU-Saubermann, *Peter Gauweiler,* seinen Spezi zu retten. Dafür fing er sich von seinem Dienstherrn, Oberbürgermeister *Erich Kiesl,* einen gewaltigen Rüffel ein. In Schwabing: Ortsgespräch. Na also – Der draeter und der »Schwarze Peter«.

1982/83

Die Odyssee der Dioxin-Fässer aus Seveso

Die »giftigste Fracht der Welt« beschäftigte über ein halbes Jahr lang die Bevölkerung in ganz Zentraleuropa. Acht europäische Regierungen ließen nach den verschwundenen 41 Fässern mit Seveso-Giftmüll suchen, die in einer Nacht- und Nebel-Aktion am 10. September 1982 das Gelände der Gift-Tochterfirma des Baseler Chemiekonzerns *Hoffmann-La-Roche, Icmesa,* verlassen hatten.

Für die internationale Fahndungsaktion sorgte der Inhaber der französischen Müll-firma *»Spelidec«, Bernard Paringaux,* der die Fässer mit 2,2 Tonnen hochgiftigem Di-oxin-Gemisch im Auftrag der Müllentsorgungsfirma *»Mannesmann-Italiana«,* einer Tochter des deutschen Stahlkonzerns, »entsorgen« (sprich: verschwinden) lassen sollte. Paringaux hatte zuvor eidesstattlich versichert, eine sichere Deponie für den todbringenden Müll ausfindig gemacht zu haben. Paringaux war der europäischen Müll-Mafia kein Unbekannter. Der »Stern« Mitte April 1983: »Paringaux belieferte via Rotterdam das deutsche Giftmüllverbrennungsschiff ›Matthias II‹ im Auftrag von *BASF, Bayer, Hoechst, Ciba-Geigy.* Aktenkundig sind auch die ausgezeichneten Verbin-dungen von Paringaux mit den Müllhändlern in der Bundesrepublik.« Es gab auch das Gerücht, die Seveso-Fässer könnten in den Sondermüll-Deponien *Gerolsheim* (Rheinland-Pfalz) und *Hoheneggelsen* (Niedersachsen) vergraben sein.

Bernard Paringaux wurde verhaftet, schwieg aber beharrlich über den Verbleib des Seveso-Mülls. Angeblich soll er von seinen Auftraggebern Millionen an Schmiergel-dern bekommen haben.

Erst am 51. Tag nach seiner Verhaftung gab der Franzose zu, die 41 Fässer in einem Dörfchen in der französischen Provinz abgestellt zu haben.

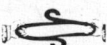

Ende 1982

Steuerhinterzieher im »Glück«

Raffinesse, Verschleppung des Verfahrens und Trickserei mußte ein Berliner Rechtsan-walt aufwenden, bis das groß angelegte Verfahren wegen Steuerhinterziehungen von rund 2,4 Millionen Mark wegen Verjährung für ihn zu Ende ging. Ende 1982 mußte eines der größten Berliner Wirtschaftsverfahren während der laufenden Hauptver-handlung eingestellt werden.

Der Angeklagte, der in den siebziger Jahren Steuern in der genannten Höhe hinterzogen haben soll, hatte gut lachen.

Dezember 1982

Narren, Narrer und Genarrte

»Der Baustoffunternehmer *Axel Vetter* regierte als Faschingsprinz der Saison 1975/76 die Münchner Narren. Zwei Jahre später narrte der 38jährige seine Mitbürger als Gründer und Alleingeschäftsführer einer Warenterminfirma und schädigte sie um knapp neun Millionen Mark.«

Das verkündete die »Süddeutsche Zeitung« Ende Dezember 1982, als die ganze Affäre noch einmal vor Gericht aufgerollt wurde und der Faschingsprinz und Obergauner wegen fortgesetzten gemeinschaftlichen Betruges zu viereinhalb Jahren Freiheitsstrafe verurteilt wurde.

Mit einem weiteren Ex-Faschingsprinzen und den besten Beziehungen zu betuchten Münchner Kreisen hatte Vetter 1977 die *»Kapitalanlagenvermittlungs GmbH«* in München gegründet und von den von nahezu 1000 »Kunden« zur Abwicklung von Warentermingeschäften an der Londoner Börse eingezahlten knapp 24 Millionen Mark kräftigst in die eigene Tasche gewirtschaftet.

1982

Rhein-Main-Donau-Kanal

Das »dümmste Projekt seit dem Turmbau zu Babel« *(Volker Hauff)* ist zugleich auch eines der skandalträchtigsten Bauwerke der Bundesrepublik.

Die bayerische Staatsregierung und die gut verdienende Kanal-Lobby baut den Kanal mit grünem Licht der Regierung *Kohl/Genscher,* obwohl Hunderttausende von Bürgern sich gegen den Weiterbau ausgesprochen hatten und Naturschützer und Ökologen gegen das wirtschaftlich unrentable Unternehmen Sturm gelaufen sind.

Die 677 Kilometer lange, 55 Meter breite und 4 Meter tiefe Stahl- und Betonrinne mit Schleusen, Hebewerken, hohen Dämmen, unzähligen Brücken und Erschließungsstraßen zerstört nicht nur das Landschaftsbild des malerischen Altmühltals. Durch diesen Kanal gingen mehrere Millionen Quadratmeter Feucht- und Naßgebiete und damit die Biotope seltener Tier- und Pflanzenarten verloren. Der Rhein-Main-Donau-Kanal ist die bislang größte systematisch geplante Zerstörung unwiederbringlicher Natur – entstanden aus größenwahnsinniger Gigantomanie regionaler Politiker und klingender Kasse in privaten Schatullen.

Dezember 1982

Das Ende eines »Rentenhändler-Skandals«

Das »Handelsblatt« schrieb am 23. Dezember 1982: »Frankfurt. Mit Freiheitsstrafen für alle vier Angeklagten endete am Donnerstag der sogenannte ›Rentenhändler-Prozeß‹ vor der 2. Strafkammer des Landgerichts Frankfurt.« Die Staatsanwaltschaft sieht im Abschluß dieses Verfahrens aber nur das erste Glied in der Kette ihrer Bemühungen, betrügerische Geschäftspraktiken im außerbörslichen Anleihehandel aufzudecken... Wegen Untreue wurden *Hubert Racky* zu vier Jahren und *Martin Ziemann* (beide früher Händler der *Nassauischen Sparkasse*) zu drei Jahren Freiheitsentzug verurteilt. *Joachim Rother* (damals *Deutsche Bank,* Hannover) erhielt ein Jahr und vier Monate wegen Beihilfe zur Untreue und der Makler *Elmar Uhrlandt* wegen Anstiftung zur Untreue fünf Jahre und sechs Monate, wobei in allen Fällen die bisherige Haftzeit angerechnet wird.« Es entstand ein Gesamtschaden von etwa 8 Millionen Mark.

Dezember 1982

»Schneller Brüter« – »Volkswirtschaftlicher Unsinn«

Die Experten der ökologischen Forschungsinstitute in der Bundesrepublik, die sich im Dezember 1982 zu einer Tagung in Rastede trafen, waren sich in der Einschätzung der Energiepolitik der christlich-liberalen Regierung einig: Sie empfanden den verordneten zügigen Ausbau der Atomenergie als »volkswirtschaftlichen Unsinn«. Denn neben den unkalkulierbaren Risiken und Gefahren sowie der Frage nach dem grundsätzlichen Sinn der Atomenergie kletterten die Kosten für diese Großbaustellen in schwindelnde, unermeßliche Höhen.

So hatte der »Schnelle Brüter« in Kalkar bereits 1982 weit über sechs Milliarden (6000 Millionen) Mark an Baukosten verschlungen – davon den weitaus größten Teil an Steuergeldern; veranschlagt waren ursprünglich rund 350 Millionen Mark.

Bei zahlreichen Experten gilt der »Schnelle Brüter« heute bereits als hoffnungslos veraltet, selbst die SPD hat sich nach Tschernobyl aus ökologischen und ökonomischen Gründen vom »Schnellen Brüter« abgewandt, nachdem sie ihn jahrelang propagiert und finanziert hatte. Sollte der »Schnelle Brüter« – und dahinter stehen viele Fragezeichen, wenngleich die *Kohl*-Regierung die Weiterfinanzierung gesichert hat – jemals ans Netz gehen, will diesen Strom niemand mehr, weil er zu teuer ist.

Oktober 1982

Her mit der Knete!

Göttingen (dpa): »Selbst vor Entschädigungsgeldern für ein verunglücktes Kind sowie vor Ersparnissen von Rentnern machte ein Ex-Anwalt aus Northeim nicht halt: Er unterschlug zwischen 1976 und 1981 Mandantengelder in Millionenhöhe. Die Erste Große Strafkammer des Landgerichts Göttingen verhängte gegen den 47jährigen wegen fortgesetzter Untreue in besonders schweren Fällen eine Freiheitsstrafe von sechs Jahren. Außerdem erhielt er lebenslanges Berufsverbot…«.

1982

Konrad Grundmann – Danke, »Neue Heimat«!

Mit dem Filz um die »Neue Heimat« eng verwoben war auch der CDU-Mann und Vizepräsident des Landtages von Nordrhein-Westfalen, *Konrad Grundmann.*
   Der bis zu diesem Zeitpunkt unbescholtene Unions-Politiker hatte die Hand aufgehalten.
   Konrad Grundmann mußte von seinem Amt zurücktreten, als bekanntwurde, daß er sich als Aufsichtsratsmitglied der *»Neuen Heimat«* beim Kauf eines Bungalows einen »Vermögensvorteil« von über 100.000 Mark gesichert hatte.

Oktober 1982

OB-Kandidat verurteilt

Die »Stuttgarter Nachrichten« gaben Ende Oktober 1982 bekannt: »Als Opfer der Rezession hat er sich vor Justitia ausgegeben, als ein Unternehmer, der von der Wirtschaftskrise 1972/73 völlig überrascht worden sei. Doch das Erweiterte Schöffengericht Bad Canstatt zog am Mittwochabend nach sechs Verhandlungstagen andere Schlüsse: Es verurteilte den glücklosen ›Häuslebauer‹ und früheren Stuttgarter Stadtrat und OB-Kandidaten *Dr. Manfred Beck* wegen Konkursverschleppung in vier Fällen und eines Bankrottvergehens zu einer Gesamtfreiheitsstrafe von neun Monaten auf Bewährung.«

Erst das Haus, dann der Privatweg

Erst kaufte er sich in seiner Eigenschaft als Oberbürgermeister von Crailsheim günstig ein Baugrundstück von der Stadt, dann ließ er sich für 56.000 Mark von der Stadt einen Privatweg zu seinem Haus bauen. Von dieser Summe zahlte er aber nur 5.800 Mark an die Stadtkasse zurück. Schließlich soll er auch noch, um Entwässerungskosten zu sparen, Einfluß auf die Abwassersatzung genommen und in seinem neuen Privathaus auf Kosten der Stadt sechs Telefonnebenstellen installiert haben.

Das Regierungspräsidium Stuttgart konnte dem dienstenthobenen Ex-Oberbürgermeister *Hellmut Zundel* (einem Bruder des Heidelberger Oberbürgermeisters *Reinhold Zundel*) im Oktober 1982 zwölf Verstöße gegen die »Pflicht zu uneigennütziger Amtsführung« nachweisen.

September 1982

Der Skandal um das Sozialwerk St. Georg

Zwölf Jahre lang trieb die Leitung des *Sozialwerkes St. Georg* in Gelsenkirchen, eines der größten in freier Trägerschaft befindlichen psychiatrischen Einrichtungen der Bundesrepublik, ihr kriminelles Unwesen. Dann flog der Millionenbetrug von St. Georg, das in Westfalen, im Ruhrgebiet und im Sauerland 2400 schwer geistig behinderte Menschen betreute, auf.

Der Gründer und Leiter des Behindertenwerkes, *Johannes Hennemeyer,* dessen rechte Hand, *Richard Stasch,* sowie der Gelsenkirchener Kämmereidirektor und Vereinsvorstand, *Josef Wolters,* wurden verhaftet.

Die Vorwürfe waren ungeheuerlich: Die Herrschaften hatten sich aus den Mitteln des Sozialwerkes persönlich bereichert, Riesensummen veruntreut und in dunkle Kanäle fließen lassen. Jahrelang wurden keine Bilanzen mehr erstellt und Gelder, die für die Pflege und das Wohlergehen der ihnen anvertrauten alten und psychisch kranken Menschen bestimmt waren, umgesetzt in »Luxuslimousinen für den Anstaltsleiter, in edle Weine für Honoratioren, in kalte Platten, warme Mäntel, schöne Häuser, in Blumenbouquets, Reisen ans Ende der Welt, Einbauküchen und Teppichböden für die Herrschaften« (»Frankfurter Rundschau« vom 16.9.1982). Vom Geld für die Kranken finanzierte sich Hennemeyer eine Haushälterin und unterstützte den Fußballclub »Schalke 04«.

Obwohl dem Sozialwerk nach einigen Anzeigen von Anverwandten 1978 rückwirkend ab 1972 die Gemeinnützigkeit aberkannt worden war und eine Steuerrückzahlung von 2,4 Millionen Mark fällig wurde – es war herausgekommen, daß Hennemeyer einige Luxuslimousinen und ein Jahresgehalt von 400.000 Mark hatte, außerdem war seine Buchhaltung manipuliert –, ging das hemmungslose Treiben auf Kosten und zu Lasten der Kranken weiter.

In der Zwischenzeit hatte Hennemeyer auf Vorschlag des Gelsenkirchener Oberstadtdirektors *Professor Heinrich Meya* das Bundesverdienstkreuz erhalten. Außerdem hatten sich die illustren Herrschaften – so die »Frankfurter Rundschau« eine Weinpartie ins französische Burgund gegönnt.

Meya, dessen Ehefrau, Josef Wolters und Hennemeyer ließen es sich gutgehen. Später tauchte in den Büchern von St. Georg als ein Ergebnis dieser Tour eine Rechnung über 52.000 Mark für Weinkäufe auf, darunter Flaschen zum Preis von 50 Mark. Hennemeyer gegenüber dem »Stern«: »Meine Pfleglinge trinken im Winter gern Glühwein oder Punsch.«

Als die Buchhalterin des Sozialwerkes, *Hannelore Ochs,* die Schiebereien nicht mehr mit ihrem Gewissen vereinbaren konnte und auspacken wollte, hatte sie Mühe, den Skandal publik zu machen. Anfänglich stieß sie überall auf taube Ohren. Zu viele Stellen schienen in den Skandal verstrickt, zu unglaublich waren ihre Vorwürfe. Sie wurde fristlos entlassen.

Im September schließlich wurden vor der Ersten Großen Strafkammer des Essener Landgerichts die Urteile gegen die »ehrenwerten«, im Namen des Sozialen tätigen Herrschaften gesprochen: Johannes Hennemeyer mußte wegen Untreue und Betrugs acht Jahre und sechs Monate hinter Gitter. Richard Stasch wurde zu drei Jahren verurteilt. Alle anderen Angeklagten erhielten Bewährung.

Das Gericht sah es als erwiesen an, daß Hennemeyer durch manipulierte Pflegekostenabrechnungen den Hauptkostenträger des Sozialwerkes, den Landschaftsverband Westfalen-Lippe, um mehr als 14 Millionen Mark betrogen hatte.

Außerdem soll er um seiner persönlichen Bereicherung willen das Sozialwerk selbst – und damit die alten Menschen – um 2,5 Millionen Mark geprellt haben.

Auch der später aus Gesundheitsgründen vorzeitig aus dem Amt geschiedene Oberstadtdirektor Heinrich Meya mußte sich wegen Bestechung vor Gricht verantworten.

August 1982

Klinikvorstand veruntreut Millionen

29. August 1982. Bonn (dpa): »Gegen elf Vorstandsmitglieder von zwei Kurkliniken in Bad Honnef hat die Bonner Staatsanwaltschaft Anklage wegen gemeinschaftlichen fortgesetzten Betruges und Untreue erhoben. Sie sollen die Bundesversicherungsanstalt *(BfA)* in Berlin um mehr als zwei Millionen Mark geschädigt haben. Unter den Beschuldigten sind auch der inzwischen zurückgetretene CDU-Bürgermeister von Bad Honnef, *Franz Josef Kaiser,* sowie der amtierende Honnefer Stadtdirektor *Johannes Wahl.*

Den Ermittlungen der Staatsanwaltschaft zufolge sollen die Beschuldigten, die den Vorständen und Aufsichtsräten der Kurkliniken ›Siebengebirge‹ und ›Drachenfels‹

angehören, von 1970 bis 1979 die BfA unter anderem durch Manipulationen mit überhöhten Pflegesätzen zur Zahlung von 2,2 Millionen Mark veranlaßt haben.«

Juli 1982

»Veruntreuung in der Bundesbank«

Das »Handelsblatt« schrieb am 20. Juli 1982 zum vorläufigen Ende des Skandals um die *Bundesbank:* »Noch haben die drei rechtskräftig verurteilten Bundesbankbeamten *Hans Maas, Dieter Nentwig* und *Herbert Feigel* ihre Haftstrafen zwischen drei und dreieinhalb Jahren nicht angetreten, da sorgte die Staatsanwaltschaft Frankfurt für neue Überraschungen zu diesem Fall. Nach Angaben des Pressesprechers der Anklagebehörde, Oberstaatsanwalt *Reinhard Rochus,* wurde ein 42jähriger Bundesbankhauptsekretär in Untersuchungshaft genommen, der beschuldigt wird, zur Vernichtung bestimmte und gelochte Banknoten nicht dem Verbrennungsofen, sondern der eigenen Börse zugeführt zu haben.«

1982

Tierexperimente für die Bundeswehr

Der Pharmakologe und Bundeswehrarzt *Dr. Nikolaus Weger,* der als Leiter einer Arbeitsgruppe im Pharmakologischen Institut der Münchner Universität im Auftrag der Bundeswehr Tierexperimente durchführte, wurde im Juni 1985 wegen Betrugs, Untreue und fortgesetzter Steuerhinterziehung zu drei Jahren Freiheitsstrafe verurteilt.

Zwischen 1971 und 1982 hatte Weger Hunderte von Beagle-Hunden zur Erprobung von Nerven- und Kampfgasen vergiftet. Der Bundesverdienstkreuzträger manipulierte über eine Million Mark aufs eigene Konto, indem er Versuchstiere, die das Verteidigungsministerium schon bezahlt hatte, Privatfirmen in Rechnung stellte.

Hunde, die die Versuche des Tierexperimentators überlebten, wurden wieder aufgepäppelt und für Industrieaufträge nochmals »geopfert«.

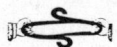

Mai 1982

Schiebung in der Ausländerbehörde

In der Ausländerbehörde des Münchener Kreisverwaltungsreferates wurde kräftig bestochen.

Im Mai 1982 wurden verschiedene Angestellte des Kreisverwaltungsreferates und des Ausländeramtes im Stadtteil Pasing verhaftet. Es stellte sich heraus, daß zwei Beamte seit Frühjahr 1980 gegen den Erhalt von Bargeld gefälschte Aufenthaltsbescheinigungen für türkische Gastarbeiter ausgestellt hatten.

Was die Beamten nicht wußten: Der Türke – ein Dolmetscher –, der die Aufenthaltsgenehmigungen von der Ausländerbehörde gegen Schmiergeld beschaffte, ließ sie sich von den türkischen Familien mit 3000 bis 5000 Mark teuer bezahlen.

Frühjahr 1982

Studienplätze gegen Bares

Im Frühjahr 1982 hagelte es eine Serie von Anzeigen wegen Bestechlichkeit und Falschbeurkundung im Amt gegen Beamte verschiedener Universitätsverwaltungen.

Die Uni-Beamten wurde vorgeworfen, gegen Bares und opulente Geschenke den am Numerus clausus (NC) gescheiterten Töchtern und Söhnen betuchter Eltern zur Aufnahme in die Kartei der *Dortmunder Zentralstelle für die Vergabe von Studienplätzen (ZVS)* verholfen zu haben.

Auf diese Weise hatte beispielsweise ein Studienplatzvermittler der Mainzer »Johannes-Gutenberg-Universität« in drei Dutzend Fällen Studienbewerbern auf gesetzwidrige Weise durch Bestechung einen Studienplatz verschafft.

Mai 1982

Millionengeschäfte: 2000 Arbeitskräfte illegal verliehen

Die »Hessische Allgemeine« schrieb am 22. Mai 1982: »Ihre Büros bestehen meist nur aus einem Telefon, einer Schreibmaschine und ein paar Aktenregalen. Die Geschäfte, die sie machen, gehen in die Millionen: 35 Firmen aus Kassel und Nordhessen, die in den vergangenen Jahren rund 1500 bis 2000 Arbeiter illegal an Unternehmer verliehen, haben nach Schätzungen der Staatsanwaltschaft beim Landgericht Kassel mehrere Millionen Mark Steuern und Sozialabgaben hinterzogen. Allein durch elf illegale Verleihfirmen wurden der Allgemeinen Ortskrankenkasse 4,3 Millionen Mark Sozialversicherungsbeiträge vorenthalten.«

1982

Eberhardt von Brauchitsch – Schmiergelder aus »Schwarzen Kassen«

Die Schlüsselfigur im Flick-Skandal um Korruption, Bestechung und Parteispenden war der Generalbevollmächtigte und haftende Gesellschafter des Flick-Konzerns *Eberhardt von Brauchitsch.* Er schmierte zur »Pflege der politischen Landschaft« alle etablierten Parteien der Bundesrepublik mit Millionenbeträgen – immer am Fiskus vorbei.

Eberhardt von Brauchitsch war es, der die Politiker im Sinne Flick'scher Unternehmenspolitik gefügig machen wollte. Alles, was Rang und Namen hat, stand auf seiner Liste. Selbst die SPD-nahe *Friedrich-Ebert-Stiftung* wurde reichlich bedacht.

Auch der *Bundesnachrichtendienst (BND)* wurde von zehn bundesdeutschen Firmen unter der Federführung Flicks bedacht, zur »Abwehr des Terrorismus«.

Millionen wurden zwischen den Schatzmeistern der Parteien und dem Hause Flick verschoben. Bargeld und Schecks wechselten bei vielen Gelegenheiten den Besitzer – immer mit entsprechender Diskretion freilich.

Eine Schlüsselfigur in der Affäre war auch der später ermordete FDP-Schatzmeister *Hans Herbert Karry.* Ihm soll das Haus Flick seinerzeit drei Millionen Mark versprochen haben.

Eberhardt von Brauchitsch, der schon zum Nachfolger des ermordeten Arbeitgeberpräsidenten *Hanns Martin Schleyer* bestimmt worden war, mußte wegen der mutmaßlichen Schmiergeldzahlungen an führende Bonner Politiker auf dieses Amt verzichten. Er wurde auch als persönlich haftender Gesellschafter des Flick-Konzerns ausgebootet, als sich das Bonner »Watergate« zu einer Staatsaffäre ersten Ranges auswuchs. So wurde von Brauchitsch im Vorfeld des Bonner Parteispenden-Prozesses um den Flick-Konzern aktive Bestechung der damaligen Wirtschaftsminister *Friderichs* und *Lambsdorff* vorgeworfen. Die Anklage lautete außerdem auf direkte Steuerhinterziehung, da der Ex-Manager Spendengelder an Parteien und Politiker im Werte von rund 25 Millionen Mark aus der inzwischen so berühmten »schwarzen Kasse« des Flick-Konzerns an den Steuerämtern vorbei manipuliert haben sollte.

1982

Getürkte Rezepte für die »Stadtpark-Apotheke«

Die »Stadtpark-Apotheke« in Bochum hatte bis 1982 einen guten Ruf. Dann kam die Kripo Apotheker *Ulrich Affeldt* und einer ganzen Reihe von Ärzten auf die Spur.

Der »Stern«: »Der Apotheker Ulrich Affeldt hatte merkwürdige Medizin ausgegeben: Parfüm und Schokolade, Waschmittel und Weinbrand. Kunden hatten von Ärzten getürkte Rezepte erhalten und bei Affeldt gegen Naturalien eingetauscht.« Die Ärzte hatten ihren Patienten auch immer wieder kostenlose Muster mitgegeben, dann aber auf deren Namen Rezepte ausgestellt – »zur Gutschrift in der Stadtpark-Apotheke«.

Wegen schweren Betrugs mit manipulierten Rezepten wurde Apotheker Affeldt zu vier Jahren Gefängnis verurteilt.

Mai 1982

Zwilling bei der Geburt vergessen

Trotz modernster Untersuchungsmethoden hatten sowohl ein niedergelassener Gynäkologe als auch die verantwortlichen Ärzte der gynäkologischen Abteilung des *Hammer Marienhospitals* am 27. Mai 1982 bei einer Zwillingsgeburt ein Kind im Mutterleib schlichtweg übersehen.

Erst als das eine Kind geboren und zur Beschleunigung der Nachgeburt das Medikament Methergin gespritzt worden war, entdeckte der Arzt das zweite Kind. Das »vergessene« Kind wurde wegen akuten Sauerstoffmangels geistig und körperlich behindert geboren.

Das Landgericht Dortmund verurteilte am 4. Februar 1987 den niedergelassenen Gynäkologen wegen fahrlässiger Körperverletzung zu einer Geldstrafe von 20.000 Mark. Der die Geburt überwachende Assistenzarzt mußte 3000 Mark Strafe zahlen. Der Chefarzt der gynäkologischen Abteilung des Marienhospitals in Hamm, für den der Staatsanwalt eine Geldstrafe von 45.000 Mark gefordert hatte, wurde freigesprochen.

Der kleine René ist so behindert, daß er weder sprechen noch laufen noch sitzen kann.

Flick und die Parteispendenaffäre

Friedrich Karl Flick und seinem damaligen Generalbevollmächtigten *Eberhardt von Brauchitsch* gelang zur Jahreswende 1975/76 ein in der Geschichte der Bundesrepublik bislang einmaliger Coup.

Für den Verkauf des konzerneigenen *Daimler-Benz*-Aktienpaketes (knapp 30 % des gesamten Aktienkapitals) für rund zwei Milliarden Mark an die *Deutsche Bank,* von denen ein sogenannter Buchgewinn von 1,8 Milliarden Mark übrigblieb, hätte der Konzern nach geltendem Recht rund eine Milliarde Mark an Steuern zahlen müssen.

Dank des Paragraphen 6b des Einkommenssteuergesetzes und des Paragraphen 4 des Auslands-Investitionsgesetzes, nach denen Wiederanlagen aus Verkaufsgewinnen dann von der Steuer befreit werden, wenn sie volkswirtschaftlich besonders förderungswürdig sind, konnten aus dem Mercedes-Deal 1,5 Milliarden Mark an der Steuer vorbei angelegt werden.

Das freilich war nur möglich mit dem Segen der Bonner Wirtschaftsminister *Friderichs* und *Lambsdorff* (FDP) sowie der Finanzminister *Matthöfer* und *Lahnstein* (SPD) aus der Regierung *Helmut Schmidts.*

Die Bonner Minister segneten 460 Millionen Mark steuerfreies Geld ab, das Flick innerhalb der eigenen Firmengruppe (Dynamit Nobel AG, Buderus AG, Feldmühle AG u.a.) reinvestierte – unter der Drohung von Massenarbeitslosigkeit im Falle einer Bonner Weigerung.

800 Millionen Mark steuerfreies Geld steckte Flick in den amerikanischen Chemiekonzern »Grace«, und mit 210 Millionen Mark kaufte sich der Konzern 1978 in den nach der *Herstatt*-Pleite ins Schleudern geratenen »Gerling«-Konzern ein. Als herauskam, daß die Minister Lambsdorff und Friderichs sowie weitere an den Transaktionen beteiligte Bonner Politiker zur »Pflege der politischen Landschaft« mehrere hunderttausend Mark erhalten hatten, roch die Sache nach Bestechung und Korruption.

135.000 Mark waren »wg. Graf Lambsdorff«, 375.000 Mark »wg. Dr. Friderichs« ausgezahlt worden – so vermerkte es Flicks Chefbuchhalter *Rudolf Diehl.*

Durch unzulässige Manipulationen habe der Flick-Konzern den Staat um mehrere hundert Millionen Mark gebracht – so klagte das Kölner Verwaltungsgericht im Frühjahr 1985: »Beide vom Bundesminister für Wirtschaft erteilten Bescheinigungen hätten nicht erteilt werden dürfen, weil die gesetzlichen Voraussetzungen... zum Zeitpunkt der Erteilung nicht vorgelegen haben.« Als sich endgültig herausstellte, daß die steuerfreien Millionen keineswegs »förderungswürdig« investiert worden waren und der Flick-Konzern Millionen an Parteien und Politiker zur »politischen Landschaftspflege« »gespendet« hatte und damit über »schwarze Kassen« rund 25 Millionen Mark vorbei an der Steuer manipuliert hatte, wurde das ganze Ausmaß des Flick-Parteispenden-Skandals langsam deutlich. Es gab kaum ein Bonner Politiker von Rang und Namen, der nicht auf der Spendenliste stand. Der »Spiegel« sprach von einem »beispiellosen Politik- und Wirtschaftskrimi«. Eberhardt von Brauchitsch ließ den Politikern mit Bargeld prallgefüllte »Couverts« oder »Spezialbriefe« ohne Quittung zukommen, die auch schon mal in der eigenen Tasche verschwanden. In der Diehl-Liste, auf die Wirtschaftsprüfer eher zufällig gestoßen waren, waren u.a. vertreten: *Helmut Kohl* (565.000 Mark), *Franz-Josef Strauß* (950.000), *Hans Matthöfer* (40.000), *Manfred Lahnstein* (25.000).

Die »Diehl-Liste« des »Flick-Konzerns«
(Aus: Otto Schily: Politik in bar. Flick und die Verfassung unserer Republik. C.H. Beck, München 1986.)

a) »Inoffizielle Zahlungen an die CDU«
1969 bis 1980

	DM
1969:	50 000
1970:	55 000
1971:	60.000
1972:	
Schröder	50 000
Köppler	50 000
v. Hassel	30 000
Lutzke[1]	380 000
Müller, Hbg. für Wahl-Anzeigen[1]	500 000
und andere	5 000
	1 015 000

1 Zahlungen aus der »schwarzen Kasse«

1973:	
Kohl	100 000
und andere	80 000
	180 000

1974:	
Ka wg. Kohl	50 000
Ka wg. Dreggerr	50 000
Ka wg. v. Hassel	30 000
und andere	50 000
	180 000

1975:	
Ka wg. Kohl ü v.B.[1]	50 000
Ka wg. Tamm (Springer)	50 000
Dr. Schmitz wg. Dregger	20 000
Ka wg. Kohl	100 000
und andere	160 000
	380 000

1 Zahlung aus der »schwarzen Kasse«

1976:	
Ka. v. B. wg. Kohl	50 000
Ka. v. B. wg. Kohl	50 000
Ka. v. B. wg. Kohl	50 000
Ka. v. B. wg. Kohl	30 000
und andere	25 000
	205 000

1977:	
v. B. wg. Kohl	50 000
v. B. wg. Kohl[1]	30 000
	80 000

1 Zahlung bestritten

1978:	
v. B. wg. Kohl[1]	25 000
v. B. wg. Eberle	35 000
	60 000

1 Zahlung bestritten

1979:	
v. B. wg. Biedenkopf[1]	30 000
v. B. wg. Kohl	30 000
	60 000

1 Laut von Brauchitsch 25 000 an Kohl und 5 000 an Köppler

1980:	
v. B. wg. Kohl	50 000
v. B. wg. Biedenkopf[1]	25 000
und andere	3 000
	78 000

1 Laut von Brauchitsch an Köppler

b) »Offizielle Zahlungen an die CDU« 1972 bis 1980

1972:	
Staatsbürgerliche Vereinigung Leisler Kiep	750 000
Gemeinschaft zur Erschließung unterentwickelter Märkte Stoltenberg	200 000
und andere	530 000
	1 480 000

1973:
L-K über Stbgl. Vg.	500 000
Köhler	150 000
und andere	20 000
	670 000

1974:
Staatsbürgerliche Vereinigung, Köln
wg. Leisler Kiep	500 000
wg. Dr. Köhler/CDU-Rheinland	100 000
Dr. Dr. A. Paul	
wg. Dr. R. Barzel	250 000
Ludwig-Erhard-Stiftung	100 000
und andere	191 140
	1 141 140

1975:
Staatsbürgerliche Vereinigung
wg. Leisler Kiep	600 000
wg. Dr. Köhler/CDU-Rheinland	130 000
wg. Windelen/Dr. Rinsche/	
Dr. Schwefer/CDU-Westfalen	100 000
Dr. Dr. A. Paul, Frankfurt/M.	
wg. R. Barzel	250 000
und andere	261 980
	1 341 980

1976:
Staatsbürgerliche Vereinigung
wg. Leisler Kiep	600 000,00
wg. Dr. Dregger, Fulda	20 000,00
Dr. Dr. A. Paul, Frankfurt/M.	
wg. R. Barzel	250 000,00
Studiengesellschaft für Information	
und Fortbildung, Stuttgart	
wg. Todenhöfer	10 000,00
und andere	195 923,61
	1 075 923,61

1977:
Staatsbürgerliche Vereinigung, Köln
wg. Leisler Kiep	600 000,00
Dr. Dr. A. Paul, Frankfurt/M.	
wg. Barzel	250 000,00
und andere	140 700,05
	990 700,05

1978:
Staatsbürgerliche Vereinigung, Köln
wg. Leisler Kiep	500 000
wg. Albrecht	60 000
wg. Kanther	5 000
Dr. Dr. A. Paul, Frankfurt/M.	
wg. Barzel	250 000
und andere	88 560
	903 560

1979:
Staatsbürgerliche Vereinigung, Köln
wg. Vogel[1]	20 000,00
Dr. Dr. A. Paul, Frankfurt/M.	
wg. Barzel	250 000,00
und andere	167 544,48
	437 544,48

1 Gemeint ist Bernhard Vogel (CDU)

1980:
Dr. Dr. A. Paul, Frankfurt/M.
wg. Barzel	62 500,00
und andere	125 792,95
	188 292,95

c) »Inoffizielle Zahlungen an die CSU«
1969 bis 1980

1969:
Strauß	200 000
Heubl	20 000
	220 000

1971:
Strauß	100 000
und andere	50 000
	150 000

1972:
Heubl	50 000
Höcherl[1]	15 000
und andere	50 000
	115 000

1 Zahlung aus der »schwarzen Kasse«

1973: 45 000

1974:
Ka wg. Heubl	50 000
Ka wg. Jaumann	20 000
und andere	25 000
	95 000

1975:
Ka/vB wg. FJS	200 000
und andere	180 000
	380 000

1976:

Ka wg. Ziesel[1]	100 000
Ka wg. CSU-3.10[2]	100 000
Dr. FKF wg. FJS	250 000
Ka wg. FJS ü Srbik	10 000
und andere	10 000
	470 000

1 Zahlung aus der »schwarzen Kasse«
2 Zahlung aus der »schwarzen Kasse«, ohne Angabe des Empfängers

1978:

Dr. FKF wg. FJS	250 000
Kanter wg. Dr. Voß	5 000
	255 000

1979:

Dr. FKF wg. FJS	250 000

1980:

v. B. wg. Voß ü Kanter	5 000

d) »Offizielle Zahlungen an die CSU« 1969 bis 1980

Für die Jahre 1969 bis 1971 liegen dem Ausschuß keine Unterlagen vor.
Für 1972 findet sich folgende Eintragung:

In 1972 zugesagt	1 000 000
In 1972 tatsächlich gezahlt	500 000
	500 000

Staatsbürgerl. Verein. (Oktober 1972)	75 000
	575 000

1973:

Staatsbürgerl. Verein. (Januar 1973)	75 000

1974:

1974 zugesagt	250 000
Restzahlung aus Zusage 1972	500 000
	750 000
und andere	34 508
	784 508

1975:	56 844

1976:

Bayern-Kurier, München	18 000,00
MTM-Aviation, München wg. Charterflug-Rechnung F.J.S.	10 577,72
und andere	63 744,00
	92 321,72

1977:

Hanns-Seidel-Stiftung, München wg. F.J.S.	100 000,00
Bayern-Kurier, München	40 951,68
Air-Traffic, Düsseldorf wg. Charterflug-Rechnung und andere F.J.S. (anteilig)	2 735,08
und andere	88 300,00
	231 986,76

1978:

Staatsbürgerliche Vereinigung, Köln wg. F.J.S.	500 000,00
Hanns-Seidel-Stiftung, München wg. F.J.S.	60 000,00
Kolping Familie wg. Streibl	25 000,00
Bayern-Kurier, München	23 482,56
Staatsbürgerliche Vereinigung, Köln wg. Heubl	20 000,00
und andere	19 302,56
	647 785,12

1979:

Hanns-Seidel-Stiftung, München wg. F.J.S.	60 000,00
Staatsbürgerliche Vereinigung, Köln wg. F.J.S.	500 000,00
wg. Bössle	30 000,00
Air-Traffic, Düsseldorf wg. F.J.S.	3 997,63
und andere	104 026,80
	697 024,43

1980:

Hanns-Seidel-Stiftung, München wg. F.J.S.	60 000,00
und andere	52 330,50
	112 330,50

e) »Inoffizielle Zahlungen an die FDP« 1969 bis 1980

1969:	50 000
1971:	60 000
1972:	
Genscher	50 000
Lambsdorff	25 000
Scheel	15 000
und andere	150 000
	240 000

1973: 95 000

1974:
Ka wg. Scheel 5 000
Ka wg. Friderichs[1] 75 000
Ka wg. Graf Lambsdorff 10 000
Ka wg. Ertl 50 000
und andere 127 700
_____
267 700

1 Zahlung bestritten

1975:
Ka wg. Dr. Friderichs[1] 50 000
Ka wg. Scheel[1] 100 000
Ka wg. Graf Lambsdorff 25 000
Ka wg. Ertl 25 000
Ka ohne Angabe ü Nemitz[2] 200 000
und andere 220 320
_____
620 320

1 Zahlung aus der »schwarzen Kasse«, bestritten
2 Auf Rückseite des Quittungsbelegs: »Frdr«

1976:
vB wg. Graf Lambsdorff 25 000
Ka wg. Dr. Friderichs[1] 75 000
Ka wg. Ertl ü Nemitz 10 000
vB wg. Dr. Friderichs[2] 70 000
vB wg. Dr. Friderichs[1] 60 000
und andere 107 500
_____
347 500

1 Zahlung aus der »schwarzen Kasse«, bestritten
2 Zahlung bestritten

1977:
v.B. wg. Graf Lambsdorff 25 000
v.B. wg. Dr. Friderichs[1] 70 000
v.B. wg. Dr. Friderichs 40 000
v.B. wg. Graf Lambsdorff[1] 25 000
v.B. wg. Graf Lambsdorff[2] 30 000
und andere 25 000
_____
215 000

1 Zahlung aus der »schwarzen Kasse«, bestritten
2 Zahlung bestritten

1978:
v.B. wg. Karry 35 000
und andere 61 200
_____
96 200

1979:
v.B. wg. Graf Lambsdorff[1] 30 000
und andere 15 000
_____
45 000

1 Zahlung bestritten

1980:
v.B. wg. Graf Lambsdorff[1] 40 000
v.B. wg. Graf Lambsdorff[1] 40 000
v.B. wg. Graf Lambsdorff[1] 25 000
v.B. wg. Funcke 40 000
_____
145 000

1 Zahlung bestritten

f) »Offizielle Zahlungen an die FDP«
1969 bis 1980

1969:
Gesellschaft für europäische Wirtschaftspolitik/H. Kaletsch H. v.B. 100 000
davon: Scheel 50 000

1970:
Gesellschaft für europäische
Wirtschaftspolitik 100 000

1972:
Internationaler Wirtschaftsclub Düsseldorf
Weyer 200 000
Scheel 30 000
Zoglmann 10 000
_____
240 000

FDP/Bayern 30 000

1973:
FDP/Bayern 50 000

1974:
FDP/Bayern 60 000
Gesellschaft für europäische
Wirtschaftspolitik
wg. Riemer/Graf Lambsdorff 75 000
_____
135 000

1975:
Friedrich-Naumann-Stiftung 65 000
Rechnung der Werbeagentur
Träger & Lauenstein
wg. Ertl 25 000
Rechnung der Wirtschafts-
Informationsdienst-Verlagsgesellschaft
wg. Maihofer 25 000

Rechnungen der Troost Kg. Werbeagentur
wg. Riemer   620 400
Gesellschaft für europäische
Wirtschaftspolitik
wg. Riemer/Graf Lambsdorff   125 000
und andere   6 000
                                    ─────────
                                    866 400

1976:
Gesellschaft zur Förderung der freien
Marktwirtschaft in Europa
wg. Graf Lambsdorff   200 000,00
Friedrich-Naumann-Stiftung
wg. Genscher   100 000,00
Rechnungen der Troost Kg.
Werbeagentur, Düsseldorf
wg. Riemer   618 045,05
                                ───────────
                                918 045,05

1977:
Friedrich-Naumann-Stiftung
wg. Genscher   500 000,00
Gesellschaft zur Förderung der freien
Marktwirtschaft in Europa
wg. Graf Lambsdorff   100 000,00
Rechnung der Air-Traffic, Düsseldorf
wg. Friderichs   13 141,06
Internationale wirtschaftspolitische
Vereinigung
wg. Hoesch/Funcke   5 000,00
                                ───────────
                                618 141,06

1978:
Friedrich-Naumann-Stiftung
wg. Genscher   500 000,00
Gesellschaft zur Förderung der freien
Marktwirtschaft in Europa
wg. Graf Lambsdorff   100 000,00
Forschungsinstitut für Wirtschaftspolitik
an der Universität Mainz
wg. Friderichs   40 000,00
Diverse Druck- und Anzeigenrechnungen
wg. Solms/Funcke   4 018,19
                                ───────────
                                644 018,19

1979:
Friedrich-Naumann-Stiftung
wg. Bangemann   7 500,00
wg. Friderichs   50 000,00
Gesellschaft zur Förderung der
freien Marktwirtschaft in Europa
wg. Graf Lambsdorff   100 000,00
Stadtkasse Mainz-Brunnen Lerchenberg
wg. Friderichs   50 000,00

Deutsche Gesellschaft für Fotografie, Köln
wg. Friderichs   10 000,00
und andere   143 923,93
                                ───────────
                                360 423,93

1980:
Gesellschaft zur Förderung der freien
Marktwirtschaft in Europa
wg. Graf Lambsdorff   100 000,00
Studentenschaft in einer demokratischen
Gesellschaft e.V.
wg. Dr. Friderichs   10 000
Deutsche Gesellschaft für Fotografie, Köln
wg. Dr. Friderichs   10 000,00
und andere   16 955 59
                                ───────────
                                136 955,59

g) »Inoffizielle Zahlungen an die SPD«
1969 bis 1980

1969:   60 000
1970:   70 000
1971:   30 000
1972:   180 000
1973:   150 000
1974:   121 000

1975:
Ka wg. Brandt[1]   100 000
Ka wg. Nau   100 000
und andere   170 000
                                ─────────
                                370 000

1 Zahlung aus der »schwarzen Kasse« an
Nau, möglicherweise über Markscheffel

1976:   123 000
1977:   5 000
1978:
vB wg. Bahr[1]   40 000
vB wg. Eppler[1]   40 000
vB wg. Böhm[1]   40 000
                                ─────────
                                120 000

1 Zahlungen bestritten, möglicherweise an
Nau

1979:
vB wg. Porzner[1]   25 000
vB wg. Junghans[1]   25 000
vB wg. Brandt[2]   40 000
vB wg. Ehrenberg[1]   40 000
                                ─────────
                                130 000

2 Zahlung an Nau

124

1980:

vB wg. Brandt[2]	50 000
vB wg. Matthöfer[1]	40 000
vB wg. Lahnstein[1]	35 000
vB wg. Ehmke	10 000
vB wg. Nau	150 000
	285 000

h) »Offizielle Zahlungen an die SPD«
1969 bis 1980
Für die Jahre 1969 bis 1971 liegen keine
Unterlagen über »inoffizielle« Zahlungen
vor.

1972:

Die demokratische Gemeinde	
wg. Nau/Petersen	63 846,20
und andere	19 100,00
	82 946,20

1973:

Die demokratische Gemeinde	
wg. Nau/Petersen	23 917
und andere	19 100
	43 017

1974:

Die demokratische Gemeinde	
wg. Nau/Petersen	24 895,20
und andere	44 592,90
	69 487,10

1975:

Friedrich-Ebert-Stiftung	250 000,00
und andere	67 513,20
	317 513,20

1976:

Friedrich-Ebert-Stiftung	1 000 000,00
und andere	59 507,40
	1 059 507,40

1977:

Friedrich-Ebert-Stiftung	250 000,00
und andere	51 400,14
	301 400,14

1978:

Friedrich-Ebert-Stiftung	260 000,00
und andere	49 974,39
	309 974,39

1979:

Friedrich-Ebert-Stiftung	250 000
Verein der Freunde und Förderer des	
deutschen Kollegs am Campo Santo in Rom	
wg. Leber	20 000,00
und andere	49 974,39
	319 974,39

1980:

Friedrich-Ebert-Stiftung	250 000
und andere	35 000
	285 000

Mai 1982

»Neue-Heimat-Skandal« und »Terrafinanz«

Der »Spiegel« deckte im Mai 1982 auch den zweiten Teil des Skandals um die *»Neue Heimat«* auf. Danach sollen der zu diesem Zeitpunkt bereits entlassene NH-Chef *Albert Vietor* und eine Reihe weiterer Konzernmanager über ihre Beteiligung an der Münchner Grundstückfirma *»Terrafinanz«* in den sechziger und siebziger Jahren (vorsichtig geschätzt) rund 30 Millionen Mark verdient haben.

Über einen Strohmann – den Hamburger Bankier *Ernst Wölbern* – sollen die NH-Bosse besonders am Bau der Münchner Trabantenstadt Neu-Perlach abkassiert haben. Die »Terrafinanz« – mit einer schmalen Kapitaldecke von 60.000 Mark gegründet, anschließend von der NH mit einer Millionenbürgschaft kreditwürdig gesponsert

– kaufte billig Land auf und veräußerte es überteuert an die »Neue Heimat«. Der Coup klappte jahrelang, die Manager machten Millionen.

Für den »Spiegel« waren diese illegalen Machenschaften der NH-Bosse – besonders involviert war auch der bayerische NH-Chef *Ludwig Geigenberger* – ein Schlag gegen den Gewerkschaftskonzern und seine Mieter, da nach den Prinzipien der Gemeinnützigkeit Gewinne entweder in neue Wohnungen hätten investiert werden oder in einen Mietnachlaß für die Bewohner von NH-Wohnungen hätten einschließen müssen.

Bis heute ist nicht geklärt, ob bei dem Geschäft, den Verkauf der Neu-Perlacher Grundstücke, zwischen der »Terrafinanz« von Vietor und Co. und der Stadt München nicht gekungelt worden ist.

1982

Die »Memminger Bauaffäre«

Der Leiter des Memminger Tiefbauamtes, *Hans Hartmann,* und der Bauunternehmer *Hans-Peter Groll* trafen sich immer, wenn es um einen zu vergebenden Auftrag ging, freitags im Tiefbauamt.

Wenn die Angestellten des Amtes gegangen und die Submissionsfristen für die Ausschreibungen abgelaufen waren, begannen sie, das Angebot Grolls zu frisieren.

Der Billig-Anbieter, der den Zuschlag erhielt, konnte manchmal bis zu 100.000 Mark Mehrkosten abrechnen. Als Gegenleistung für Hartmanns »Gefälligkeiten« ließ dieser Arbeiten an seinem Privathaus durchführen, die er nur teilweise bezahlen mußte. Auf diese Weise soll Hartmann mehrere 10.000 Mark gespart haben.

Das Landgericht Memmingen verurteilte den ehemaligen Tiefbauamtsleiter und seinen Spezi aus der Baubranche zu jeweils zwei Jahren Gefängnis ohne Bewährung wegen Urkundenfälschung, Betrugs und aktiver wie passiver Bestechung.

1982

Albert Vietor – Der Skandal der »Neuen Heimat«

1982 deckte der »Spiegel« die verhängnisvollen Geschäftspraktiken des gewerkschaftseigenen Wohnungsbaukonzerns »*Neue Heimat*« auf.

Jahrelang waren innerhalb der größten Wohnungsbaugesellschaft Europas Millionenbeträge »in falsche Kanäle geflossen«, wurden unter dem Etikett der »Gemeinnützigkeit« private Geschäfte der Manager getätigt und im Ausland durch Fehlspekulationen Schuldenberge aufgetürmt. Durch Filzokratie in den Funktionärs- und Manageretagen der »Neuen Heimat« war der *DGB*-Konzern mit 17 Milliarden Mark bei den Banken verschuldet.

Die anschließend geschaßten Bosse hatten das Geld nur so gehortet. *Albert Vietor* (»König Albert«) z.B., der Chef des Wohnungsbauunternehmens, der bis zu seinem Tod in einer Luxusvilla im schweizerischen Tessin wohnte und sich rühmte, von seinem 524.000-Mark-Jahreseinkommen lediglich 100.000 Mark zu versteuern, besaß zwei Dutzend von der »Neuen Heimat« erstellter Wohnungen und war an mehr als 200 weiteren Wohnungen beteiligt.

Der »Neue-Heimat-Skandal« ließ viele Köpfe rollen. Selbst dem früheren DGB-Vorsitzenden *Heinz-Oskar Vetter,* dem Aufsichtsratsvorsitzenden der »Neuen Heimat«, bescherte der Skandal einen unrühmlichen Abgang. Dem bis dato als lauter gegoltenen DGB-Chef haftet bis heute der Makel des Mitwissers an. Er hatte jahrelang von den Machenschaften der NH-Manager Albert Vietor, *Harro Iden* und *Wolfgang Vormbrock* gewußt und sie gedeckt bzw. im Aufsichtsrat vertuscht.

»Affäre Langemann«

Im März 1982 erschien in »*Konkret*« ein Supplement mit dem Thema »Operation Eva – Ein BND-Agent packt aus«.

Der Agent war der Jurist *Hans Langemann,* der bis 1970 dem *Bundesnachrichtendienst (BND)* angehört hatte, zuletzt als Leitender Regierungsdirektor. Bis zum Beginn der Affäre war Langemann Leiter der Staatsschutzabteilung im bayerischen Innenministerium. Die Affäre sorgte zwei Jahre lang für Schlagzeilen, führte zur vorübergehenden Verhaftung Langemanns, der Durchsuchung der Redaktionsräume von »Konkret« und der Wohnungen der Redakteure wegen »Offenbarens von Staatsgeheimnissen« und beschäftigte zwei Untersuchungsausschüsse mit Hunderten von Zeugen, in deren Verlauf u.a. auch *Franz Josef Strauß* und *Hans Jochen Vogel* gehört wurden.

Hans Langemann – so zeigte es schließlich das Verfahren gegen ihn – war ein Mann mit »mangelndem Selbstwertgefühl«, unterbeschäftigt und »persönlich gedemütigt«, frustriert und an einer Kriegsverletzung leidend. All das hatte ihn dazu bewogen, aus dem Schatten des grauen Amtes herauszutreten und Schlagzeilen zu machen.

Die bayerischen Politiker und Staatsschützer freilich waren entsetzt, wie ein solcher Mann in eine so prononcierte Stellung hatte aufsteigen können – zum leitenden Staatsschützer und Spitzenbeamten. Seine Gönner und Förderer von einst, der frühere einflußreiche Kultusminister *Ludwig Huber* (CSU), oder Ex-Innenminister *Gerold Tandler* (CSU), ließen Langemann fallen wie eine heiße Kartoffel.

Dabei hatte Langemann ja nur so werden wollen wie sein Kollege John Le Carré, der englische Erfolgsschriftsteller und ehemalige Diplomat mit Agententätigkeit.

Langemann schrieb einen Roman aus seinem Milieu und bot ihn dem Münchner

Medien-Agenten *Josef von Ferenczy* an; der wiederum schlug als Co-Autor für das dürftige, »sicherheitsmäßig unbedenkliche« Manuskript den in Südfrankreich lebenden Nachrichtenhändler und Journalisten *Frank P. Heigl* vor.

Langemann übergab Heigl zahlreiche Dokumente und Unterlagen aus dem BND und dem Innenministerium. Als Heigl dann Langemanns »Operation Eva« in München Ferenczy vorlegte, bekam der Beamte kalte Füße und wollte eine Veröffentlichung verhindern.

Daraufhin verkaufte Heigl im Alleingang die von Langemann stammenden, zum Teil geheimen Unterlagen, an »Konkret«. Die Affäre, eine James-Bond-Schimäre, kam ins Rollen. Im November 1984 wurde Langemann wegen verminderter Schuldfähigkeit lediglich zu acht Monaten Freiheitsstrafe auf Bewährung verurteilt – wegen fortgesetzter Verletzung von Dienstgeheimnissen.

Heigl lebt in Südfrankreich.

1982

Der Wunderheiler von Düsseldorf

1982 gründete er in der Düsseldorfer City sein »Institut für Psychodynamik International«. Der selbsternannte Allgemeinmediziner, Psychotherapeut und manchmal auch Professor »behandelte« nur Privatpatienten – gegen gesalzene Rechnungen.

Die »modernen Heilmethoden« des Österreichers *Franz Reicher* beschränkten sich in erster Linie auf die Verabreichung und Injektion von Drogen und Aufputschmitteln. Als einer seiner Patienten seinen Anwalt einschaltete, flog der Schwindel auf. Es stellte sich heraus, daß Franz Reicher schon zuvor an verschiedenen Orten im Bundesgebiet aufgefallen war, mal als Rezeptbetrüger bzw. Rezeptfälscher, dann als jemand, der Medikamente verabreichte und Spritzen setzte – immer gegen gute Bezahlung.

1982

Betrug durch Kompensationsgeschäfte

Der 42jährige Hamburger Kaufmann *Dieter Hermann Brühs* hatte seine Finanzopfer über Zeitungsanzeigen angelockt. Er versprach großspurig Kompensationsgeschäfte mit einem Ostblockland bei einer Mindesteinlage von 90.000 Mark und einer Gewinnerwartung von mindestens 18 Prozent.

Die Anleger sahen jedoch weder ihre Einlagen wieder, geschweige denn Zinsen oder Gewinne.

Die Wirtschaftsstrafkammer beim Landgericht Darmstadt verurteilte den Betrüger schließlich 1982 zu zehn Jahren Haft mit anschließender Sicherheitsverwahrung. Das Gericht konnte dem Betrüger neun Betrugsfälle mit einem Gesamtschaden von fünf Millionen Mark nachweisen.

Januar 1982

Aber, aber, Herr Präsident!

Dpa schrieb Ende Januar 1982: Köln. »Den Präsidenten der Bundessteuerberaterkammer, *Hubert Möckershoff,* hat die 14. Große Strafkammer des Kölner Landgerichts wegen Beihilfe zur Untreue zu 30.000 Mark Geldstrafe verurteilt. Möckershoff war zusammen mit dem Dortmunder Volkswirt *Ewald Gutberlet* angeklagt, über mehr als 2,5 Millionen Mark, die sie als Treuhänder von Kapitalanlegern für ein geplantes Kur- und Therapiezentrum in der Schweiz erhalten hatten, zweckwidrig verfügt zu haben.

Gutberlet muß 82.500 Mark zahlen. Die Staatsanwaltschaft, die ein Jahr Gefängnis mit Bewährung gefordert hatte, legte gegen das Urteil sofort Revision ein.«

1982

Selbstbedienungsladen »Neue Heimat«

Jahrelang haben sich einige gutsituierte Herrschaften aus den Chefetagen der gewerkschaftseigenen und gemeinnützigen *»Neuen Heimat« (NH)* Wohnungen und Häuser unter den Nagel gerissen. Die »Neue Heimat« Berlin hatte Sanierungsgrundstücke nicht – wie gesetzlich vorgeschrieben – öffentlich zum Verkauf angeboten und damit »weiten Kreisen der Bevölkerung« zugänglich gemacht, sondern an ihre leitenden Angestellten und prominente Gewerkschafter verkauft.

Nach dem Städtebauförderungsgesetz wäre die NH als Sanierungsträger aber verpflichtet gewesen, die Wohnungen möglichst öffentlich anzubieten. Immerhin hatte der frühere SPD-Wohnungsbauminister und NH-Lobbyist *Lauritz Lauritzen* 1971 ein Gesetz durchgebracht, das ganz auf die NH zugeschnitten war und von der Bauwirtschaft häufig als »Lex Neue Heimat« bezeichnet wurde. Danach subventionierte der Staat auch neben dem sozialen Wohnungsbau die Stadtsanierung – aus Steuergeldern. Die Affäre flog auf, als auf Bezirksebene Fachreferenten in den Unterlagen immer wieder auf die gleichen Namen stießen.

Zu den Steuergewinnlern und NH-Wohnungsbesitzern sollen neben den NH-Bossen auch der damalige DGB-Chef *Heinz Oskar Vetter* und IG-Metall-Chef *Eugen Loderer* gehört haben.

1981/82

Franz Schönhuber – Er war dabei

Im Fernsehen erschien er Millionen Menschen durch seine populäre Sendung »Jetzt red' i« als kluger Kopf, Moralapostel und Saubermann. Doch dann sprach er wirklich: In seinem 1981 erschienenen Buch »Ich war dabei« legte der Hauptabteilungsleiter und designierte Chefredakteur des *Bayerischen Rundfunks* sein Bekenntnis zur Waffen-SS ab, huldigte dem Faschismus und wartete mit einer Reihe ekelerregender Enthüllungen auf.

Der BR feuerte *Franz Schönhuber* auf Druck der Öffentlichkeit fristlos, mußte aber später im Rahmen eines Vergleiches eine sechsstellige Abfindungssumme an den rechtsradikalen Journalisten zahlen.

Im Januar 1987 verlor Schönhuber einen Prozeß gegen einen Journalisten, der die Behauptung, Schönhubers »Idol« sei Adolf Hitler, weiter äußern darf. Es handle sich um keine Beleidigung.

Heute ist Schönhuber »Vordenker«, Vorkämpfer und Vorsitzender der ultrarechten *»Republikaner«,* die bei den letzten bayerischen Landtagswahlen auf Anhieb über drei Prozent der Stimmen erhielten.

Dezember 1981

»Goppel-Freund« schröpft Ärzte

Die »Süddeutsche Zeitung« schrieb am 12. Dezember 1981 über den Skandal um einen Freund des früheren bayerischen Ministerpräsidenten und Präsidenten des *Bayerischen Roten Kreuzes Alfons Goppel:* »In der Rolle eines Präsidiumsmitglieds des Roten Kreuzes, und eines Duzfreundes von dessen Präsidenten, Ex-Ministerpräsident Goppel, schröpfte der 59jährige Hans K. insgesamt sieben Personen, darunter zwei Ärzte und zwei Rechtsanwälte. So zumindest sieht die Staatsanwaltschaft München I, die ihm Betrug in neun Fällen mit einem Schaden von mehr als 100.000 Mark anlastet, seine Machenschaften. Hans K., fünfmal vorbestraft, dreimal einschlägig, betrachtet sich freilich als ›verkannten Ehrenmann‹ und weist jede Schuld von sich.«

Dezember 1981

Herr Doktor hinter Gittern

Aus der Münchner »Abendzeitung« vom 17. Dezember 1981: »München – Der Münchner Klinikchef *Dr. Theodor Spreng* (63) muß ins Gefängnis. Die 16. Strafkammer beim Landgericht München I verurteilte ihn gestern zu zwei Jahren und drei Monaten Freiheitsstrafe. Der Arzt hat – so ergab der elf Tage dauernde Prozeß – den bayerischen Staat um über eine halbe Million Mark an Steuergeldern betrogen.« Der Arzt hatte den Behörden vorgegaukelt, über keine privaten Gelder zu verfügen und deshalb die 540.000 Mark dringend für die Weiterführung der Klinik zu benötigen. Tatsächlich aber verfügte der Klinikchef über 800.000 Mark, die er überwiegend zum Ankauf von zwei Waldgrundstücken (250.000 Mark) benutzte und in den Ausbau seiner Tessiner Villa (440.000) investierte.

Dezember 1981

Der tüchtige Herr Glocke von der Deutschen Bank

Er hatte das Geschäft von der Pike auf gelernt, wie das »Handelsblatt« zu vermelden wußte, und galt als außerordentlich tüchtig und erfolgreich. Dann langte der Direktor der *Deutschen Bank, Filiale Gronau,* hin. *Dietrich Glocke* zockte seinem »Laden« 28,5 Millionen Mark ab und avancierte damit zu den »Skandalösesten« im bundesdeutschen »seriösen« Finanzbereich.

Die 11. Große Wirtschaftsstrafkammer in Münster »honorierte« den Coup denn auch entsprechend: viereinhalb Jahre Knast wegen Untreue und Urkundenfälschung im besonders schweren Fall.

Das »Handelsblatt« vom 22. Dezember 1981 hing den Fall an die große »Glocke«: »So ging Glocke einen ungewöhnlichen Weg. Er richtete neben den Konten ahnungsloser Kunden sogenannte ›Unterkonten‹ ein, die er mit Millionenbeträgen belastete und diese Beträge den Kreditsuchenden überwies. Er ordnete an, daß Kontoauszüge, wie das manchmal von den Kunden bei Unterkonten gewünscht wird, nicht zu übersenden, sondern ihm auszuhändigen seien. Somit war das ›äußere Sicherheitssystem‹, die Kontrolle durch den Kunden, durchbrochen.«

Vorstandsmitglied – MITGEHANGEN, MITBEFANGEN

Heinz Karrasch war ein ehemaliges Vorstandsmitglied der im Sommer 1980 zusammengebrochenen *Handelskreditbank* und aktiv beteiligt an den kriminellen Geschäften des Inhabers der Bank, *Hartmut Frigger.* Es ging im November 1981 vor der Zweiten Großen Strafkammer des Landgerichts Frankfurt um die Vergabe fingierter Kredite. So soll der Angeklagte gemeinsam mit Frigger (der sich nach dem Zusammenbruch der Bank mit seiner Familie ins Ausland abgesetzt hatte) seit 1971 durch die Vorlage fingierter Kreditanträge rund 250 Millionen Mark aus der Handelskreditbank gezogen haben. Die Strafe: Zweieinhalb Jahre Haft für das Vorstandsmitglied.

1981

Die Ausbeutung von Leiharbeitern

Auf Kosten von rund 150 Italienern und Jugoslawen, die er in den Jahren 1980 und 1981 von verschiedenen illegalen Leihfirmen für seine Baugeschäfte ausgeliehen hatte, bereicherte sich ein 57jähriger Bauunternehmer aus Mössingen im Kreis Tübingen um mehrere hunderttausend Mark. Die Tübinger Strafkammer verurteilte den Bauunternehmer Richard F. schließlich zu einer Geldstrafe von 150.000 Mark und zwei Jahren Gefängnis auf Bewährung.

Richard F., der für die angemieteten Arbeiter weder Sozialversicherung noch Steuern zahlte, wurde auch dazu verurteilt, 386.000 Mark Arbeitnehmer- und Arbeitgeberbeiträge zur Sozialversicherung an die AOK sowie 150.000 Mark an die Berufsgenossenschaft und 200.000 Mark an das Finanzamt nachzuzahlen.

Die Firma von Richard F. ist eine von Hunderten in der Bundesrepublik, die mit Leiharbeitern illegalen »Menschenhandel« und skrupellose Geschäfte betreibt.

Oktober 1981

Das Geld des Malteser-Hilfsdienstes

Der Richter im sogenannten »Malteser-Prozeß« von Aachen brachte es im Oktober 1981 auf den Punkt: »Sie haben mehr als 700.000 Mark verjubelt, vergammelt, verpraßt und versoffen.« Sie, das waren der Leiter des *Malteser-Hilfsdienstes* der Diözese

Aachen, *Franz Henn* (fünf Jahre Haft), sein Geschäftsführer *Peter Reimann* (viereinhalb Jahre), der Stadtbeauftragte für Krefeld, *Hans Giesen* (zwei Jahre) und der Mönchengladbacher *Kurt Eßer* (8.100 Mark Geldbuße).

Das Quartett hatte sich seit 1973 kräftig Gelder der öffentlichen und kirchlichen Zuschüsse für den Malteser-Hilfsdienst und dazu noch Mitgliedsbeiträge und Spenden in die eigene Tasche abgezweigt und veruntreut.

Über Franz Henn, der Mitglied des Aachener Stadtrats und auch einmal Präsident des Fußball-Clubs *Alemannia Aachen* war, schrieb die »FAZ«: »Als Franz Henn im Jahre 1973 zum Ritter des Souveränen Malteser-Ordens geschlagen worden war, ließ er sich in Rom die ›Uniform‹ anmessen: er flog deshalb gleich dreimal zur Anprobe in die Hauptstadt Italiens.

›Charakteristischer Höhepunkt‹ dieses flotten Lebens auf Kosten des Malteser-Hilfsdienstes sei, so der Vorsitzende Richter, der Kauf eines Autos zum Preis von 30.000 Mark für Franz Henn aus Mitteln des Hilfsdienstes gewesen.«

Der Malteser-Hilfsdienst ist eine karitative, gemeinnützige Einrichtung der katholischen Kirche.

1981

Handelsschule ruiniert

Das Gericht bescheinigte *Dieter Hermann Brühs* hohe Intelligenz und ausgeprägte Phantasie.

Diese mußte der Hamburger Kaufmann auch eingesetzt haben, als er sich zwischen 1978 und 1981 des neunfachen Betrugs mit einer Schadenshöhe von über fünf Millionen Mark schuldig gemacht hatte.

Hauptopfer war der hochverschuldete Besitzer einer privaten Handelsschule in Darmstadt. Brühs versprach dem Direktor, einen Kredit in Höhe von 28 Millionen Mark herbeizuschaffen. Dafür mußte der Schuldirektor 28 Wechsel zu je 250.000 an Brühs unterzeichnen, die dieser aber an seine eigenen Gläubiger weitergab.

Als die Wechsel fällig wurden, mußte der reingelegte Direktor Konkurs anmelden und seine Handelsschule schließen. Der Hamburger Kaufmann mußte zehn Jahre hinter Gitter. Das Darmstädter Landgericht verfügte anschließende Sicherungsverwahrung für den Wirtschaftsbetrüger.

»Privatbankier stellt neun Millionen Mark Kaution«

Aus der »Süddeutschen Zeitung« vom 19. Oktober 1981: Düsseldorf (dpa). »Gegen neun Millionen Mark Kaution ist der Essener Rechtsanwalt und Bankier *Karl-Heinrich von Waldthausen,* der sich seit Juni dieses Jahres zusammen mit sechs anderen Angeklagten in einem Prozeß um Millionenschwindel mit angeblichen DDR-Waren verantworten muß, auf freien Fuß gesetzt worden. Nach Auskunft des Rechtsanwalts von Waldthausen handelt es sich um die höchste Sicherheitsleistung, die bisher in der Bundesrepublik gestellt wurde. Wie erst jetzt bekannt, wurde, setzte die 3. Strafkammer des Düsseldorfer Landgerichts den Haftbefehl gegen den 70jährigen, der vor drei Monaten wegen Fluchtgefahr ergangen war, bereits am Donnerstag letzter Woche außer Kraft, nachdem es dem Angeklagten gelungen war, eine Bürgschaft in Höhe der Kaution von einer Bank zu erhalten.«

September 1981

Der »Spenden-Pater« von Andechs

21. September 1981. Deggendorf (dpa): »Ich überlegte kurz, kniete nieder und betete drei Tage lang. Dann kam die Erleuchtung.« So schilderte der 66jährige Zisterzienser-Pater *Robert Sauer* dem Landgericht den Beginn seiner Spendenaktion für Vietnam im Jahre 1974. Diese Aktion brachte bis zu seiner Verhaftung 1980 rund 2,9 Millionen Mark von 13.000 meist älteren Spendern ein.

Von diesem Geld soll der Geistliche laut Anklage rund 380.000 Mark für sich verwendet und etwa 900.000 Mark an Bekannte sowie an 18 von ihm verführte Jungen im Alter zwischen 9 und 16 Jahren sowie an deren Eltern verschenkt haben.

Die Anklage warf dem Pater Betrug, Steuerhinterziehung und sexuellen Mißbrauch von Kindern vor.

Der »Spenden-Pater« nutzte die Gebefreudigkeit der Gläubigen schamlos aus, schenkte seinem Bruder von den gesammelten Geldern 40.000 Mark für dessen Heizungs-Reparatur. Seine Schwester soll 70.000 Mark in bar erhalten haben. Einem Freund soll er ein Auto gekauft haben. 8.000 Mark zahlte er allein für die Reitpferde der Familie eines der von ihm verführten Jungen. Insgesamt soll diese Familie vom Pater Sauer 374.000 Mark erhalten haben.

Der Pater, der die letzten eineinhalb Jahre vor seiner Verhaftung im *Kloster Andechs* »gewirkt« hatte, erhielt fünfeinhalb Jahre Gefängnis wegen besonders schweren Betrugs und 40 Vergehen des sexuellen Mißbrauchs von 13 Kindern und zehn Vergehen homosexueller Handlungen an vier Jugendlichen.

September 1981

Mein Gott, dieses BKA!

Fahrlässig großzügig geht das *Bundeskriminalamt (BKA)* mit dem Persönlichkeitsrecht der deutschen Staatsbürger um: Am 18. September 1981 gab es das Foto eines jungen Mannes am Steuer seines roten Ford Escort frei, der in einer Radarfalle geblitzt worden war. Er wurde als RAF-Terrorist Christian Klar gesucht – »Vorsicht, Schußwaffengebrauch«. Tagesschau und »Aktenzeichen XY ungelöst« strahlten das Fahndungsfoto aus.

Der Mann vom Foto bekam fast einen Schock, als er sich im Fernsehen sah. Es war nicht Christian Klar, sondern *Claus-Michael Gerling,* ein 24jähriger, völlig unbescholtener Student der Betriebswirtschaft in Köln.

Gerling klärte die skandalöse BKA-Schlamperei selbst auf. »Da hätte ja der kleinste Zufall gereicht, und die hätten mich abgeballert wie ein Kaninchen.«

September 1981

Schmutzwasser gespritzt – Arzt-Skandal in Essen

Ein Skandal besonderer Art erregte im September 1981 die Essener Öffentlichkeit. Drei Krankenschwestern behaupteten, in der Nacht zum 23. August gesehen zu haben, wie der Herzspezialist und Oberarzt des Klinikums Essen, *Dr. Georg Schramm,* aus dem Eimer mit Schmutzwasser eine Spritze aufzog und sie einem Patienten, der eine schwere Herzoperation hinter sich hatte, spritzte.

Laboruntersuchungen belasteten den Herz-Experten erheblich.

Der Oberarzt erhielt sofort Hausverbot und kam Anfang September in Untersuchungshaft. Schramm empfand sich als Opfer einer internen Krankenhaus-Intrige, andere Theorien behaupteten, der Arzt habe aus Konkurrenzneid gehandelt. Er habe an von Kollegen operierten Patienten Komplikationen provozieren und so die vermeintlichen Konkurrenten desavouieren wollen.

Schließlich hieß es, Schramm habe diese Schmutzwasser-Spritze aus Mißgunst gegenüber einem vorgesetzten Arzt gespritzt. Bewiesen wurde nichts.

Ende November nahm sich der Herzspezialist in der Essener Untersuchungshaftanstalt mit zwei Schnitten durch die Halsschlagadern das Leben.

Die giftigen Geschäfte der »Vulcanus«

Die *»Vulcanus«* ist ein Giftmüllverbrennungsschiff, das überwiegend in der Nordsee operiert. 1981 wurde bekannt, daß die Giftmüllverbrennung hochgradig unzulänglich und umweltgefährdend vonstatten ging und die »Vulcanus« zu einem großen Sicherheitsrisiko geworden war.

Neben aggressiven Fluor- und Chlorwasserstoffen wurden bei der Verbrennung Schwefeldioxide und Schwermetalle wie Salze und Rauchgas in die Luft geblasen. Aber auch Rückstände des Unkrautvernichtungsmittels 2,4,5,-T, das als »Agent Orange« im Vietnamkrieg bekanntwurde sowie das Seveso-Gift TCDD (Dioxin) wurden immer wieder freigesetzt.

Der »Stern«: »Bei unvollständiger Verbrennung und bei den vorherrschenden Westwinden könnten die Giftwolken die Strandkörbe von Borkum erreichen.« In dem Bericht hieß es weiter, skandinavische Forscher wollen herausgefunden haben, daß der »saure Regen«, der manchmal über den nördlichen Wäldern niedergeht, »seinen Ursprung auch in der Hochsee-Verbrennung von Chemikalien hat«. Daß bei der Verklappung von Dünnsäure durch die »Vulcanus« zahlreiche Schadstoffe in das Meer gelangten, war hinlänglich bekannt.

Trotz dieser katastrophalen Zustände blühte für die Duisburger Firma *»Westab«* das Geschäft. Die bundesdeutsche Chemieindustrie ist ständiger und gut zahlender Kunde bei der von der Rotterdamer Agentur *»Ocean Combustion Service« (OCS)* unter Leitung des Duisburger »Müllverbrenners« *Gert Heinemann* betriebenen »Vulcanus«.

Trotz heftiger Proteste von »Green Peace« entfällt bei der »Vulcanus« im Gegensatz zu zwei weiteren operierenden Giftverbrennungsschiffen die Meldepflicht für giftige Rückstände, wie sie die Abkommen von London und Oslo zur Reinhaltung der Nordsee vorsehen.

Denn: Die »Vulcanus« fährt unter der Billigflagge von Singapur. Und Singapur gehörte natürlich nicht zu den Unterzeichnerstaaten der Umweltabkommen.

Bürgermeister machte Kasse

Günter Güller, parteiloser Bürgermeister der 3800-Einwohner-Gemeinde Neuhausen im baden-württembergischen Enzkreis, ließ die braven Schwaben erstarren, als er im August vom Fleck weg verhaftet wurde. Der ehrenwerte erste Bürger der verträumten Gemeinde gestand, 2,3 Millionen Mark unterschlagen zu haben. Güller hatte während seiner Amtszeit seit 1976 zum angeblichen Unterhalt des gemeindeeigenen Mehrzweckgebäudes, auf das doch alle so stolz waren, einen Kredit aufgenommen – allerdings mit falschen Belegen.

Der Kredit kam freilich nicht den »Untertanen« Güllers zugute, sondern diente seinem Wohlbefinden. Für 800.000 Mark kaufte sich der rührige Bürgermeister Ferienhäuser – privat, versteht sich. Eine weitere Million soll er – so die Staatsanwaltschaft – zur Tilgung von Zinsen ausgegeben haben.

Sommer 1981

Die Paletten-Schwindler

Die Bundesbahn war einer der Hauptleidtragenden im bundesweiten Paletten-Schwindel mit Schwerpunkt Köln. Rund eine Million Paletten verschwanden jährlich bei der Bundesbahn und tauchten später als verkäufliche Ware wieder auf.

Ein Millionenverlust für die Staats-Bahn, also für den Steuerzahler. Aber auch Hunderte von Speditionen waren betroffen.

Die Polizei kam im Sommer 1981 den Lastwagenfahrern, Händlern und Hehlern auf die Schliche. Mit Privatdetektiven und raffinierten Tricks drang die Polizei in das Netz der Palettenschieber ein. Gegen 400 Verdächtige wurde Anzeige erstattet. Im Umkreis von Köln wurden innerhalb von drei Wochen allein 150 Strafverfahren gegen Fahrer und illegale Paletten-Händler eingeleitet – nach Meinung der Polizei nur die Spitze des Eisbergs.

Juli 1981

Die Schwäche der Finanzbeamten

Aus der »Frankfurter Rundschau« vom 24. Juli 1981: »Darmstadt/Offenbach. Statt Steuern zu kassieren, haben sich drei ehemalige Bedienstete des Finanzamtes Offenbach Ende vergangenen Jahres für private Zwecke kräftig aus dem Staatssäckel bedient. Die 13. Große Strafkammer (Wirtschaftskammer) beim Landgericht Darmstadt befand die drei früheren Finanzbeamten und einen Kraftfahrzeugmechaniker, der bei den Transaktionen von insgesamt 1,2 Millionen Mark geholfen hatte, am Freitag der Untreue, der Urkundenfälschung oder der Beihilfe zu diesen Delikten für schuldig.« Die Überweisungen von 1,2 Millionen Mark aufs eigene Konto wurden mit Gefängnisstrafen zwischen drei Jahren und drei Monaten und einem Jahr und neun Monaten bestraft.

Mai 1981

Eine Behandlung – dreizehn Eintragungen auf dem Krankenschein

Das Arzt-Ehepaar Dr. *Thaddäus Wißniowski* und Frau *Ingeborg* kassierten bei den Krankenkassen kräftig ab. Hatte der Facharzt für Beinleiden seine Behandlung beendet, trug Frau Ingeborg manchmal zehn bis 13 Eintragungen auf dem Krankenschein ein und rechnete ihn bei den Kassen ohne Hemmungen ab.

Die 13. Große Strafkammer des Landgerichts Nürnberg verurteilte im Mai 1981 nach einem zähen Prozeß das illustre Arzt-Ehepaar zu je drei Jahren Haft wegen fortgesetzten und versuchten Betrugs sowie falscher eidesstattlicher Versicherung.

April 1981

Ende des »Maritima-Skandals«

Darmstadt (dpa). 14. April 1981: »Wegen fortgesetzten und versuchten Betruges, Falschbeurkundung im Amt und Untreue hat das Landgericht Darmstadt den ehemaligen Bürgermeister von Rodgau (Kreis Offenbach), *Hans Elgner* (CDU), zu zweieinhalb Jahren Freiheitsstrafe verurteilt. Mit diesem Schuldspruch zog die große Strafkammer den juristischen Schlußstrich unter den »Maritima-Skandal«, der im März vergangenen Jahres zum Rücktritt Elgners geführt hatte.

Zwischen 1977 und 1979 hatte der Bürgermeister ohne Wissen der Stadt Bankbürgschaften über 3,4 Millionen Mark und Ausfallgarantien über 4,5 Millionen Mark zugunsten der Berliner Firma *Maritima* gegeben, die in Rodgau ein Freizeit- und Badezentrum errichten sollte.

Die Bürgschaften deckte Elgner mit gefälschten Sitzungsprotokollen der Stadtverordnetenversammlung, die vorspiegelten, daß die Gemeinde das Projekt unterstütze. Obwohl die Firma *Maritima* die Gelder in Anspruch nahm, befindet sich das Rodgauer Freizeitzentrum noch immer im Planungsstadium.«

1981

Startbahn West – Die Bürger mundtot machen

Trotz rückläufiger Passagier- und Frachtzahlen, trotz erbitterten Widerstandes aus der Bevölkerung, trotz Luftverschmutzung, unerträglicher »Lärmschleppen« und eines erhöhten Sicherheitsrisikos für die im Ballungsgebiet Frankfurt lebenden Menschen wurde bis 1985 unter massivem Polizeischutz hinter einem Wall aus Beton und Stacheldraht die Startbahn West des Frankfurter Großflughafens zwischen dem Naturschutzgebiet Mönchsbruch und dem Staatsforst Mörfelden errichtet.

Drei Millionen Bäume, ein zusammenhängendes Waldgebiet, mußten den Bulldozern weichen. Die Rodungen bedrohten den Grundwasserspiegel und gefährdeten Flora und Fauna. Die »grüne Lunge« im Ballungsgebiet Frankfurt wurde zubetoniert.

Der Hessische Staatsgerichtshof wies ein gefordertes Volksbegehren – in der hessischen Verfassung vorgesehen – als unzulässig zurück. Der Flughafen gehöre in den Bereich Luftverkehr und dafür sei der Bund zuständig, hieß es.

In einem von mehreren tausend Bürgern unterzeichneten »Offenen Brief« an den hessischen Ministerpräsidenten *Holger Börner* und Protektor der Startbahn sowie den SPD-Vorsitzenden *Willy Brandt* wurde erklärt: »Hier wird die Qualität des Lebens auf Dauer vermindert. Hier also sind die Bürger in ihren Grundrechten betroffen. Deshalb sind in einem konsequenten Verständnis des Grundgesetzes die Bürger Hessens an dieser Entscheidung zu beteiligen. Repräsentative Demokratie kann nicht heißen, die Bürger von sie betreffenden Entscheidungen von der Tragweite des Baus der Startbahn 18 West auszuschließen.« Und weiter hieß es in dem in der »Frankfurter Rundschau« abgedruckten Brief: »Anstatt die legitimen Rechte der zuvörderst Betroffenen zu respektieren, wurde durch harte Polizeieinsätze ein Klima geschaffen, daß verzweifelte Wutausbrüche bei Demonstranten provozierte... So sollen die Bürgerinitiativen mundtot gemacht werden, wie zum Beispiel einer ihrer Sprecher, *Alexander Schubert,* der mit Disziplinar- und Ermittlungsverfahren überzogen wird.«

März 1981

Frankfurter U-Bahn-Bau-Skandal

Dpa meldete am 19. März 1981: »Gegen 35 an der Ausschreibung für die Bauarbeiten an der Frankfurter U-Bahn beteiligte Unternehmen hat der hessische Wirtschaftsminister *Heinz-Herbert Karry (FDP)* bei der Staatsanwaltschaft Frankfurt Strafanzeigen wegen verbotener Preisabsprachen erstattet. Wie Karry mitteilte, haben Ermittlungen der ihm unterstellten Landeskartellbehörde Beweise dafür erbracht, daß die von den beteiligten Firmen verfolgten Absichten »weit über den Rahmen von Ordnungswidrigkeiten« hinausgingen.

Das Landeskartellamt im Wirtschaftsministerium ermittelt seit längerer Zeit gegen mehrere Baufirmen wegen des Verdachts verbotener Preisabsprachen.

Im Dezember vergangenen Jahres sind 21 Unternehmen durchsucht worden. Dabei wurden nach Angaben des Ministers Unterlagen gefunden, die den Verdacht rechtfertigen, daß es bei der Ausschreibung für den U-Bahn-Abschnitt 36 (Bockenheimer Landstraße vom Opernplatz bis zur Universität) auf Grund von Absprachen der 35

Firmen überhöhte Angebote gegeben habe. Die Stadt Frankfurt hatte die Kosten dieses Bauabschnitts nach Karrys Angaben mit 68 Millionen Mark kalkuliert. Das billigste Angebot der Baufirmen habe jedoch bei 84 Millionen Mark gelegen, das später um 12 Millionen Mark vermindert worden sei.«

März 1981

Unseriöse Warentermingeschäfte ... mit dem Geld fremder Leute

Ende der siebziger, Anfang der achtziger Jahre versuchten Hunderte von sogenannten Vermittlungsfirmen über die Abwicklung von Warentermingeschäften die schnelle Mark mit dem Geld fremder Leute zu machen – mit Erfolg.

Dpa schrieb am 29. März 1981: »Mehr als eine Milliarde DM haben Ärzte, Zahnärzte, Steuerberater und andere gutverdienende Bundesbürger in den vergangenen Jahren bei unseriösen Warentermingeschäften eingebüßt.« So jedenfalls lautete das Fazit einer Studie, die das *Schimmelpfeng-Marktforschungs-Institut* in Frankfurt im Auftrag der Bundesregierung angefertigt hatte. Demnach hatten seit Beginn der siebziger Jahre etwa 700 Warentermin-Gesellschaften mit 4000 bis 5000 Aquisiteuren – häufig Studenten, die ihre Geschäfte per Telefon tätigten – von 60.000 bis 70.000 Anlegern ein Spekulationskapital von über 1,25 Milliarden Mark erhalten. Dpa zitiert aus der Studie weiter, der überwiegende Teil der den Vermittlungsfirmen anvertrauten Gelder sei wegen »ungeschickter Plazierungen« verlorengegangen, als überhöhte Prämien und Gebühren geschluckt oder »auf dem Weg vom Vermittler zu den Warentermin-Börsen versickert«. Oft haben die Gelder die Börse gar nicht erreicht, und Abrechnungen wurden manipuliert.

Bis Ende 1980 wurde gegen 530 Vermittlungsfirmen ermittelt.

März 1981

KOMM – Verhaftungen im Jugendzentrum

»Polizei- und Justizskandal in Nürnberg«. So schrieben es die Zeitungen, so prangerten es Politiker an, die nicht der CSU angehörten.

Nach einer Demonstration innerhalb der Nürnberger Innenstadt wurden Anfang März 1981 in einer bis dahin beispiellosen Verhaftungsaktion im selbstverwalteten Jugendzentrum KOMM der Stadt Nürnberg 141 Jugendliche festgenommen und teil-

weise tagelang ohne Wissen der Eltern wegen angeblicher Flucht- und Verdunkelungs-
gefahr in verschiedenen bayerischen Gefängnissen inhaftiert.

Mit gleichlautenden, hektographierten Haftbefehlen wurden die 141 Kinder und
Jugendlichen dem Untersuchungsrichter vorgeführt, egal, ob sie nun an der Demon-
stration teilgenommen oder nur zufällig das Jugendzentrum besucht hatten, als die
Massenverhaftung durch die Polizei begann.

Als der spätere Prozeß gegen einige Jugendliche wegen vermuteter Aktenmanipula-
tion seitens der Behörden aufflog und das Verfahren schließlich eingestellt werden
mußte, hatten die Betroffenen – Jugendliche und deren Eltern – längst zur Selbsthilfe
gegriffen.

Eine »Bürgerinitiative 5. März« (der Tag der Verhaftungen) für »Grundrecht und
Demokratie« war ins Leben gerufen worden.

Anfang 1981

Der 36-Millionen-Mark-Coup des Günter Maximilian Schotte-Natscheff

Für eine der spektakulärsten, sicherlich aber schlagzeilenträchtigsten Betrugsaffären
nach dem Krieg sorgte der Bankkaufmann und Finanzdisponent des Düsseldorfer
»Metro«-Marktes, Günter Maximilian Schotte-Natscheff.

»Maxe« hatte gemeinsam mit seinem Freund, dem Düsseldorfer Altstadt-Kellner
Manfred Vohwinkel, die schwerreiche Großhandelskette um 36,25 Millionen Mark er-
leichtert.

Mit einigen raffinierten Transaktionen unter »Mithilfe« der *Stadtsparkasse Düsseldorf*
und der *Westdeutschen Landesbank* gelang es »Millionen-Maxe«, Millionenbeträge auf
das Konto Vohwinkels zu überweisen. Im Weihnachtsgeschäft 1980 waren es beispielsweise 1,7 Millionen am 4. Dezember, 1,9 Millionen am 8. Dezember, etc. Manfred
Vohwinkel hob das Bargeld von seinem Konto Nr. 10 144 988 der Stadtsparkasse ab,
ohne daß jemand Verdacht geschöpft hätte.

Zum Jahresende 1980 kündigte Schotte-Natscheff seinen Metro-Vertrag, wenige
Tage später setzte er sich nach Südamerika ab. Ein Leben in Saus und Braus begann,
das allerdings nicht lang dauerte.

Die Sache nahm nämlich eine kuriose Wendung. Nachdem es den »Neu-Millionä-
ren« problemlos gelungen war, die Millionen in einem Dutzend Metallkoffern nach
Südamerika zu bringen, wurde Vohwinkel verhaftet, als er noch einmal nach Düsseldorf zurückkehrte, um einige Anzüge und Ikonen Schotte-Natscheffs für das »neue«
Exil zu holen.

Als die Polizei mit der Fahndung des in Paraguay untergetauchten Bankkaufmanns
nicht weiterkam, nahmen die Metro-Manager *Hansjörg Hereth* und *Klaus Noack* die
Angelegenheit selbst in die Hand.

Mit einigen Privatdetektiven und der Hilfe des »Paßfälschers« und Autohändlers *Heinz Elschott,* spürten sie »Millionen Maxe« in Paraguay auf.

Sie tischten Schotte-Natscheff (offenbar sehr glaubwürdig) die Geschichte auf, er werde von der Mafia bedroht, die ihm nach dem Leben trachte und ihm das Geld abjagen wolle. Der Millionenräuber war so beeindruckt, daß er nach Düsseldorf zurückkehrte.

Nach einem aufsehenerregenden Prozeß wurde Schotte-Natscheff zu fünf Jahren, Vohwinkel zu vier und Heinrich Elschott zu zwei Jahren Gefängnis verurteilt.

1981

Warentermingeschäfte – Der Fall Reinhard A.

Zahlreiche Kunden hatten ihm vertraut – und ihr Geld verloren. Dem bekannten Anwalt Reinhard A. war es über Jahre gelungen, im Namen verschiedener Frankfurter Warentermin-Firmen gutgläubigen und sachunkundigen Anlegern viel Geld aus den Taschen zu ziehen.

Verrechnungsschecks zwischen 3.000 und 242.000 Mark gingen im Notariat des Anwalts ein, die angeblich der Londoner Börse zugeleitet werden sollten, in Wirklichkeit aber Schein- und Schwindelfirmen zuflossen.

Der Frankfurter Anwalt für Warentermingeschäfte erschlich und mißbrauchte das Vertrauen gutgläubiger Anleger.

Die 16. Große Strafkammer des Frankfurter Landgerichts verurteilte den geständigen Anwalt schließlich zu drei Jahren Freiheitsstrafe wegen fortgesetzten gemeinschaftlichen Betruges und Falschbeurkundung im Amt.

Anfang 1981

Schwarzbauaffäre mit Ministerpräsident

Ein einflußreicher Kaufmann hatte seine Villa bei Bad Reichenhall im Berchtesgadener Land illegal und schwarz mit einem nicht genehmigten Anbau versehen. Das Landratsamt protestierte und verlangte den Abriß des Anbaus. Der Kaufmann verlor in drei Verwaltungsgerichtsinstanzen gegen das Landratsamt und die Baubehörden.

Auch der Petitionsausschuß des Landtags lehnte die Genehmigung des Schwarzbaus ab.

Da half dem Villenbesitzer nur noch Vitamin B. Er wandte sich an Ministerpräsident *Franz Josef Strauß.* Und siehe da – oh Wunder: Strauß hatte den Bau im nachhinein »genehmigt« und Innenminister *Gerold Tandler* schriftlich den Wunsch mitgeteilt, den Bau doch durchgehen zu lassen. Das geschah denn auch.

Januar 1981

Heidelberger Wucherzinsen

Sie gaben sich seriös, warben um Vertrauen – und dann das: Die *Vereinsbank Heidelberg AG,* eine 100prozentige Tochter der *Badischen Kommunalen Landesbank,* hatte jahrelang Wucherzinsen erhoben und kräftig abkassiert. Die Staatsanwaltschaft Mannheim teilte mit, daß die Bank in rund 200.000 Fällen Wucherzinsen kassiert haben soll. Die ehrenwerten Banker sollen bis zu 200 Prozent mehr an Zinsen genommen haben – das jedenfalls war das Ergebnis einer Auswertung von 18.000 Kreditverträgen.

Besonders betroffen: Hausfrauen und vor allem Gastarbeiter, die für Kleinkredite kräftig zur Kasse gebeten wurden.

»Bei Hochrechnung der bisherigen Untersuchungsergebnisse hätten die Heidelberger ihren Kreditkunden 200 Millionen Mark sittenwidrig abgenommen«, hieß es.

Januar 1981

Ex-Bürgermeister ins Gefängnis

Der »Münchner Merkur« vom 13. Januar 1981: »München/Dachau – Fünfzehn Monate Gefängnis für den 44jährigen früheren katholischen Pfarrer und Ex-Bürgermeister der Gemeinde Schwabhausen, Kreis Dachau, *Sebastian Blank!* Diesen Schuldspruch fällte das Landgericht München II am Montagnachmittag nach fast fünfstündiger Beratung in der Affäre um den Grundstücksbetrug in Schwabhausen.«

Dezember 1980

Die »Garski-Affäre« – Berlins größter Bauskandal

Im Dezember 1980 schlug die Pleite der »*Bautechnik AG*« des früheren Bauunternehmers und Architekten sowie »Promi« der Westberliner High-Society-Szene, *Dietrich*

Garski, wie eine Bombe ein. Der sozialliberale Senat hatte für Garskis dubiose wirtschaftliche Engagements in verschiedenen Ländern des Nahen Ostens über die landeseigene *Berliner Bank* Bürgschaften (Darlehen) für 115 Millionen Mark übernommen.

Für 93 Millionen Mark mußten der Senat und damit zahlreiche Politiker und Parteien (sprich: die Steuerzahler) den Kopf hinhalten. Garski hatte sich in den Jahren zuvor immer wieder besonders mit Spenden und »Beraterhonoraren« (an die FDP 29.000 DM) »erkenntlich« gezeigt.

Die Baupleite, während der Garski 138 Millionen Mark »in den Wüstensand gesetzt hatte«, führte zum Sturz des damaligen Regierenden Bürgermeisters *Dietrich Stobbe (SPD)* und seines Senats und leitete so das Ende der über 30jährigen sozialdemokratischen Ära ein. Besonders in die Affäre verstrickt waren Finanzsenator *Klaus Riebschläger (SPD)* und Wirtschaftssenator *Wolfgang Lüder (FDP),* der Garski zuvor in die FDP aufgenommen hatte, sowie schließlich Bausenator *Harry Ristock (SPD),* der sich moralisch mitverantwortlich fühlte.

Garski selbst war untergetaucht und konnte erst Anfang April 1983 auf der Karibikinsel »Curacao« verhaftet werden. Schon im Juli 1983 konnte sich Garski gegen 1 Million Mark Kaution Haftverschonung »freikaufen«, wurde aber Ende 1984 wegen möglicher Fluchtgefahr erneut festgenommen.

Im Oktober 1985 verurteilte ihn die Fünfte Große Strafkammer des Berliner Landgerichts nach einem überraschenden Geständnis schließlich zu drei Jahren und elf Monaten Gefängnis wegen fortgesetzter Untreue und Kreditbetrugs mit Bauprojekten in arabischen Ländern. Wegen Paßfälschungen in vier Fällen wurde Garski zu 24.000 Mark verurteilt. Er hatte 7,1 Millionen Mark, die für eine Militärakademie in Saudi-Arabien gedacht waren, kurzerhand für ein Bauprojekt in Jordanien verwendet und einen weiteren Aufstockungskredit von 25,8 Millionen Mark durch falsche Angaben gegenüber Bank und Senat erschlichen. Die »Garski-Affäre« kostete den Steuerzahler letztlich 93 Millionen Mark, denn das Geld war futsch. Die »Zeit« schrieb im Mai 1985: »Die Garski-Affäre ist nicht denkbar ohne jene typisch Berliner Vermischung von Politik, Parteien, Verwaltung und Wirtschaft, in der jeder jeden kennt, fast jeder eine Doppel- oder Dreifachfunktion ausübt und kaum einer über den Horizont der gespaltenen Stadt hinausblickt.« Auf einen Nenner gebracht: Filz.

November 1980

Armin Hary – Betrügereien mit Kirchengrundstücken

Der frühere Sprint-Star und Goldmedaillengewinner von Rom, heute Immobilienmakler und wohnhaft im Schloß Possenhofen am Starnberger See, hatte sich zusammen mit dem Liegenschaftsreferenten der Erzdiözese München und Freising, *Karl Heinz Bald,* im sogenannten »Kirchengrundstück-Prozeß« 1980/81 vor der 19. Strafkammer beim Landgericht München I wegen Betrügereien mit Kirchengrundstücken zu verantworten.

Bald und *Armin Hary* sollten die katholische Kirche um Millionen geprellt haben. Bei den Geschäften mit unlauteren Provisionen sollten sowohl die bayerische »Neue Heimat« wie auch der Schwiegervater Armin Harys, *Erich Bagusat,* beteiligt gewesen sein.

So soll Harys Schwiegervater ein Grundstück für 780.000 Mark gekauft und schnurstracks mit Balds Hilfe für 1.813.500 Mark an die Kirche veräußert haben. »Grundstück binnen Stunden 1 Million teurer«, schrieb die »Süddeutsche Zeitung« am 27. November 1980.

Auch kirchliche Würdenträger des erzbischöflichen Ordinariats waren an der Affäre beteiligt.

In der Revision erhielten die beiden »Immobilien-Schieber«, die sich um drei Millionen Mark bereichert haben sollen, wegen Betrugs und Untreue bzw. Beihilfe zur Untreue mit Kirchengrundstücken drei Jahre Gefängnis (Bald) bzw. 18 Monate Gefängnis mit Bewährung (Hary). In erster Instanz waren es fünf bzw. zwei Jahre Haft.

November 1980

Schmiergeld-Affäre in der Kölner SPD

Aus der »Süddeutschen Zeitung« vom 13. November 1980: »Köln (ddp). Drei Mitglieder der Kölner SPD-Ratsfraktion haben sich nach Angaben der eigenen Partei infolge ihres Wissens als Mandatsträger persönlich bereichert.

Wie der Vorsitzende des Unterbezirks Köln, *Günter Herterich,* mitteilte, ist einer der Betroffenen bereits aus der SPD ausgetreten und hat sein Mandat niedergelegt. Gegen die beiden anderen werde ein Parteiordnungsverfahren eingeleitet.

Der stellvertretende Vorsitzende des Liegenschaftsausschusses im Stadtrat von Köln, *Karl Jonas,* hat nach Angaben Herterichs bei Grundstücksgeschäften zwischen der Stadt und der Kölner Kabelfirma *Felten und Guillaume* sowie mit anderen Unternehmen Provisionen im Gesamtwert von 187.000 Mark angenommen. ›Er hat dabei seine Funktion als Mandatsträger der Partei mißbraucht‹, betonte Herterich. Jonas habe den Vorgang ›im ganzen Umfang‹ zugegeben.

Der Bezirksvorsteher des Stadtbezirks Köln-Mühlheim, *Volker Lindlar,* hat demnach beim Verkauf eines Grundstücks der gleichen Firma an die Stadt Köln eine Provision in Höhe von 84.000 Mark kassiert. Man habe auch Lindlar nahegelegt, aus der SPD auszutreten, sagte Herterich.

Der inzwischen ausgeschiedene Betriebsratsvorsitzende von Felten und Guillaume, *Benno Feckler,* wird von seiner Partei beschuldigt, sich bei Häuserverkäufen und deren Weiterveräußerung ›unter Ausnutzung seines Ratsmandats‹ bereichert zu haben. Feckler soll ferner mehrere Personen und Zeitungen bewußt falsch informiert haben, ›um von seinen Machenschaften abzulenken‹. Wie Herterich betonte, hat er eine der

Kölner SPD angebotene Parteispende von Felten und Guillaume in Höhe von 10.000 Mark wegen schwebender Grundstücksverhandlungen abgelehnt. Die Staatsanwaltschaft hat ein Ermittlungsverfahren gegen die drei Ratsmitglieder in Gang gesetzt.«

1980

»35 Zuhälter sind mir lieber als ein Herr Erlemann«

Der das gegenüber der »Bunte« sagte, war *Richard Bickler* von der Strafvollzugsanstalt in Darmstadt. Er meinte damit das selbst noch hinter Gittern arrogante und selbstherrliche Auftreten des einstigen Kölner Anlagen-Jongleurs *Jochem Erlemann,* der im Juli 1982 vom Landgericht Darmstadt in einem der größten bundesdeutschen Prozesse in Sachen Abschreibungsschwindel wegen Betrugs, Untreue, Urkundenfälschung und Steuerhinterziehung zu acht Jahren Gefängnis verurteilt worden war.

Gemeinsam mit seinem Partner *Peter Helmut Klein,* einst Manager bei Linde-Eisund Kühlmaschinen und Generaldirektor bei Rank-Xerox, der in Costa Rica vermutet wird, und dem Kölner Wirtschaftsprüfer *Günter Reinartz,* der sich in den Libanon abgesetzt haben soll, hatte Erlemann 1975 eine Abschreibungsgesellschaft namens »*Contruck*« gegründet. In diesen Fond haben Anleger – darunter laut »Spiegel« u.a. Mannesmann-Chef *Egon Overbeck,* der damalige FDP-Generalsekretär *Günter Verheugen* und Eduscho-Mitinhaber *Rolf Schopf* – rund 100 Millionen Mark eingebracht.

Runde 1600 Anleger haben wegen der »Riesen-Luftgeschäfte« Erlemanns im Wert von 300 Millionen Mark im Libanon »außerordentlich hohe Steuerersparnisse« geltend gemacht. Um den Finanzämtern die Contruck-Geschäfte glaubhaft zu machen, seien Kauf- und Darlehensverträge, Korrespondenzen, Bankauszüge und viele Dokumente in deutscher und arabischer Sprache gefälscht worden. Erlemann hatte für die Verwaltung des Abschreibungsfonds riesige Summen, einmal 13 Millionen Mark, kassiert. Der »Spiegel«: »Die Anleger, die ihr Geld den beiden Fond-Managern anvertrauten, hatten zum Teil Verlustzuweisungen bekommen, die mehr als das Dreifache ihrer Kapitaleinlage ausmachten. Sie zogen diese Verluste von ihrem Einkommen ab und hofften, so mehr Steuern zu sparen, als sie Kapital gezeichnet hatten.« Erlemann besaß schon vor dem Auffliegen seiner Gesellschaft 1980 als Mäzen und Präsident des Kölner Eishockey-Clubs »Die Haie« große Popularität und verfügte durch seinen Vater, *Edmund,* Teilhaber der Düsseldorfer Modemesse »Igedo«, über beste Geschäftsverbindungen.

Als der Gerichtsvorsitzende sein Urteil begründete, kritisierte er die legalen Möglichkeiten, »über gezielt angestrebte Verluste in Abschreibungsgesellschaften Steuern zu sparen«. Die »Frankfurter Rundschau«: »Eine moralische Empörung müsse sich in diesem Fall gegen den Gesetzgeber richten, der solche Steuerersparnisse einem kleinen Kreis von Beziehern hoher Einkommen ermögliche, die der großen Zahl der Bürger mit geringem Einkommen verwehrt seien, sagte er.«

Der »Östrogen-(DES)-Skandal«

Die Verbraucher waren schockiert, die Bauern vollkommen konfus, die Schlachthöfe eher abwehrend, und die Tierärzte standen vor einem Desaster.

Der *»Östrogen*-Skandal« führte in zahlreichen Bundesländern zu Krisensitzungen und zum Rücktritt des Staatssekretärs im Bonner Gesundheitsministerium, *Hans-Georg Wolters.* Die Babynahrungs-Hersteller *Alete* und *Hipp* mußten ihre Kalbfleischkost aus dem Verkehr ziehen. Verhaftungen und Prozesse, Anklagen gegen Pharma-Vertreter, Tierärzte und Schlachthofdirektoren waren die Folge.

Es war bekanntgeworden, daß seit Jahren und in großem Stil besonders im Allgäu, in Niedersachsen und im Münsterland große Mastbetriebe ihrem Vieh Östrogene, Beta-Blocker und Antibiotika verabreichten. Besonders das »Östrogen-Mastwunder *DES*« (dem weiblichen Sexualhormon verwandt) führte zu großen Protesten in der Öffentlichkeit, zu massiven Angriffen gegen Politiker und Aufsichtsbehörden und einem durchschlagenden Käuferboykott.

Der gesamte europäische Kalbfleischmarkt geriet ins Wanken.

DES, für die Kälberaufzucht verboten, steht im Verdacht, beim Menschen Krebs zu verursachen. Einst als Wundermittel gegen Fehlgeburten in den USA Schwangeren verabreicht, zeigten sich als Folgen Scheidenkrebs bei Jugendlichen und ein erhöhtes Risiko von Gebärmutterkrebs.

Der »Spiegel« schrieb über das »Gift im Fleisch« und die Mafia aus Futtermittelhändlern, pharmazeutischen Unternehmen, Tierhändlern, Tierärzten, Apothekern und Tierhaltern: »Bis zu 20 Prozent mehr Fleisch – bei gleichem Futtermitteleinsatz – setzen Kälber an, wenn die Viehhalter Erwerbssinn über Gesetzestreue stellen: Durch Einspritzen des synthetischen Östrogens DES (Diäthylstilböstrol) läßt sich dieses Mast-Wunder vollbringen. Statt mit der Spritze kann das wachstumsfördernde Hormon auch in Form von Depot-Kapseln dem Tier unter die Haut (meist hinters Ohr) eingepflanzt werden; das Depot gibt den Wirkstoff über einen langen Zeitraum ab – mit entsprechend erhöhter Rendite für den Tierhalter. Durchschnittlich zehn Kilogramm gewinnt ein Kalb bei Östrogens-Aufzucht – 80 Mark Mehrerlös für den Züchter; das bedeutet Verdopplung seines Gewinns.«

Ein Viehhändler aus dem Allgäu soll Östrogen und andere verschreibungspflichtige Arzneimittel mit Lastwagen gleich tonnenweise an die Bauern im Allgäu geliefert haben.

Die Handelskreditbank-(HKB)-Affäre

1971 hatte sich *Hartmut Frigger* in eine kleine Privatbank eingekauft – damit begannen gigantische Geschäfte. Mit allen Tricks machte er sie binnen kurzer Zeit zur Vollbank, zur Frankfurter *Handelskreditbank (HKB)*. Das raffiniert ausgeklügelte Schwindelgeschäft mit Scheinkrediten funktionierte, und Frigger kassierte bis zum Zusammenbruch der HKB rund 250 Millionen Mark ab.

Als er am 17. Juli 1980 über seine Abhöranlage erfuhr, daß seine Machenschaften aufgeflogen waren, setzte er sich mit mehreren Millionen Mark ins Ausland ab; 110 Millionen fehlten insgesamt in der Kasse. Auch in seinem französischen Exil tauchte Frigger immer wieder großspurig im Rolls Royce auf. Er lebte überhaupt immer auf großem Fuß. So soll er für Häuser, Appartements, Luxusschiffe und Gold für sich privat zwischen 1971 und 1980 rund sechs Millionen Mark ausgegeben haben.

Im sogenannten »110-Millionen-Prozeß« wurde Frigger wegen Untreue und Urkundenfälschung zu neun Jahren Gefängnis verurteilt. Er erhielt auch ein lebenslanges Verbot jedweder Tätigkeit im Banken- und Kreditgewerbe. Der ehemalige Geschäftsführer der Bank, *Josef Winter*, erhielt vier Jahre Freiheitsentzug.

»Planer vergessen Fenster« – Skandal beim Krankenhausbau

»Süddeutsche Zeitung«. München, 30. Mai 1980: »Mit einem Bauskandal mußte sich der sozialpolitische Ausschuß des Landtags beschäftigen: Beim Neubau eines Krankenhauses für die amerikanischen Truppen in Nürnberg wurden in sämtlichen Arbeitsräumen die Fenster vergessen.«

»Renn-Quintett« fürs »Renn-Quartett«

Monatelang hatten ein Versicherungskaufmann und eine Lehrerin auf der Galopprennbahn in München-Riem gejobt. Die beiden Totalisatorangestellten nahmen an ihren Schaltern aber nicht nur die Wetten der kleinen und großen Zocker entgegen, sie manipulierten monatelang gemeinsam mit einer weiteren Lehrerin und einem Maler die Wettscheine und kassierten so über 60.000 Mark.

Wegen Betrugs und Unterschlagung wurden sie zu Haftstrafen zwischen neun Monaten und eineinhalb Jahren auf Bewährung und hohen Geldstrafen verurteilt.

1980

»Himmelsstürmer« und »Gewinnexperten«

1977 wurde die Münchner Warenterminfirma *ECC* gegründet, und sofort lief das betrügerische Geschäft.

ECC prellte 747 Geldanleger in 1248 Einzelfällen um 11 Millionen Mark. Sie priesen über Telefon ihren Kunden »gewinnträchtige« Kaffee-, Silber- oder Kupferoptionen an den Börsen von New York und London an und kassierte kräftig ab.

50 Prozent der Gelder wurden von vornherein für »Geschäftskosten« einbehalten. Die Warentermin-Betrüger waren sogar so dreist, nach einer Polizeirazzia 1979 ihren Kunden mitzuteilen, jetzt seien sie ein »geprüftes« Handelsunternehmen.

Nach 128 Verhandlungstagen und der Anhörung von 438 Zeugen ging in München im August 1981 der Prozeß gegen 15 ECC-Mitarbeiter wegen Betrugs zu Ende. Sie erhielten Gefängnisstrafen zwischen viereinhalb Jahren und zwölf Monaten. Bei vier der Betrüger wurden die Haftstrafen zur Bewährung ausgesetzt.

Anfang 1980

»Ratio-Pleite« – Manipulation durch Schmiergelder

Die beiden früheren Geschäftsführer der »Ratio Baugesellschaften Stuttgart und München«, *Edgar Muth* und *Helmut Müller,* wurden vom Stuttgarter Landgericht Anfang 1980 zu je vier Jahren Gefängnis verurteilt. Untreue, Bankrott, Betrug, Steuerhinterziehung und falsche uneidliche Aussage – meinte das Gericht.

Die Manager der *»Ratio-Gruppe«* des Konstanzer Finanzmaklers *Franz Josef Schmidt* – der frühere Chef der Westdeutschen Landesbank *(WestLB), Ludwig Poullain,* hatte mit ihnen einen Beratervertrag von 1,1 Millionen Mark und kam darüber zu Fall – hatten verschiedene Bauträgergesellschaften um 12 Millionen Mark geschädigt. Sie zahlten ihren Geschäftspartnern viel zu hohe Provisionen und erhielten dafür Schmiergelder in beträchtlicher Höhe.

Von der Baulandaffäre zur Bauaffäre

Der Bürgermeister der schwäbischen Gemeinde Königsbrunn bei Augsburg, *Fritz Wohlfahrt,* machte es besonders »geschickt« und löste damit einen Skandal aus: Er verwickelte sich nämlich 1980 in mindestens zwei Fällen in »unsaubere Grundstücksgeschäfte«. Bei seinen »privaten Grundstücksspekulationen« hatte der Bürgermeister auf Kosten finanziell bedrängter Bürger und zu Lasten der Stadt »Riesengewinne« gemacht.

So hatte er beispielsweise einem in Geldschwierigkeiten geratenen Landwirt sein Ackerland »zum Zwecke landwirtschaftlicher Nutzung« für vier Mark pro Quadratmeter abgekauft, es dann über die CDU-Mehrheit im Rathaus als Bauland mit einem Quadratmeterpreis von 138 Mark ausweisen lassen.

1986 – zweiter Teil: Der Bayerische Oberste Rechnungshof (ORH) deckte gravierende Manipulationen beim Bau von zwei privaten Sonderschulen in Königsbrunn auf. So wurden Bauaufträge an bestimmte Firmen durch eine systematische »Verfälschung der Ausschreibungs- und Angebotsunterlagen« (ORH) erteilt und weitaus billigere und sogar leistungsfähigere Firmen ausgebootet.

Mit von der Partie: Fritz Wohlfahrt. Er hatte im Vergabeausschuß mitgewirkt und saß im Aufsichtsrat eines Augsburger Unternehmens, das im Rahmen einer Arbeitsgemeinschaft Aufträge für den Bau der Sonderschulen erhalten hatte.

Auch die Staatsanwaltschaft trat in der Bauaffäre auf den Plan: Sie ermittelte wegen Untreue, Bestechlichkeit und Vorteilsnahme.

Ende Juni 1985 wurde der Altbürgermeister von Königsbrunn wegen Betrugs zu einer Geldstrafe von 30.000 Mark verurteilt. Das Augsburger Schöffengericht hatte damit geahndet, daß die Stadt seinerzeit von bauwilligen Bürgern unrechtmäßig die Bezahlung von Folgekosten verlangte, die dann in allerlei dubiose Kanäle geflossen seien.

Die korrupten Zöllner von Kiefersfelden

Jahrelang sammelten mindestens 13 Zöllner am Grenzübergang Kiefersfelden-Kufstein von Lastwagenfahrern und Spediteuren Schmiergelder ein, bis Anfang 1980 die Affäre publik wurde. Mal war es mit 10 und 20 Mark getan, mal lag die Summe auch erheblich darüber. Dafür fertigten sie LKW bevorzugt ab, drückten bei Überladung oder falsch deklarierter Ware beide Augen zu, fälschten Treibstoffausweise oder füllten sie blanko aus und ließen Fahrzeuge die Grenze passieren, die keine Fahrgenehmigung für das Inland hatten.

Der Schaden ging in die Hunderttausende. Allein acht Zöllner aus »Schicht drei«

kassierten auf diese Weise mindestens 165.000 Mark an Schmiergeldern.

Einer der Zöllner – Zollhauptsekretär *Ernst Knäbler* – hatte über Jahre hinweg über die »Einnahmen« fein säuberlich Buch geführt. Das Gericht verurteilte die korrupten Zöllner zu Gefängnisstrafen zwischen 15 und 26 Monaten. In einem getrennten Verfahren wurden auch neun Speditionsangestellte wegen fortgesetzter Bestechung von Zollbeamten verurteilt.

Die Kiefersfeldener Schmiergeld-Affäre wurde von einem tragischen Zwischenfall überschattet: Weil Albert Wild aus »Schicht drei« die Schmach nicht ertragen konnte, erschlug er nach der Entlassung aus der Untersuchungshaft seine 19jährige Tochter mit einem Beil und schnitt sich anschließend gemeinsam mit seiner Frau die Pulsadern auf.

Aufgeflogen war die Affäre übrigens durch den Kiefersfeldener Zöllner *Gerhard Haag,* der bereits 1978 festgenommen und zu sechs Jahren Haft verurteilt worden war. Er hatte 36.000 Liter griechischen »Ouzo«-Schnaps zollfrei über die Grenze gelassen und dafür 20.000 Mark Schmiergeld kassiert.

Herbst 1979

»Affäre Lüder« – »Acht Millionen verpulvert«

Im Herbst 1979 ging die »größte private Baugesellschaft Norddeutschlands«, der *Lüder-Bauring*, aus Lübeck in Konkurs. Die Pleite kostete 1300 Arbeitsplätze – und den Steuerzahler mindestens acht Millionen Mark. Baulöwe *Friedrich Karl Lüder,* »CDU-Sympathisant und gut Freund mit Schleswig-Holsteins Ministerpräsident *Gerhard Stoltenberg*« (Vorwärts), war zuvor dank seiner guten Beziehungen zur Landesregierung von der *Schleswig-holsteinischen Landesbank* mit Millionen-Spritzen subventioniert worden, obwohl der marode Zustand des Unternehmens hinlänglich bekannt war.

Lüders erhielt mindestens 17 Millionen Mark an Krediten und steuerliche Hilfen in Millionenhöhe. Die »Affäre Lüder« entpuppte sich zu einer Art Schleswig-Holsteiner »Fall Garski«.

September 1979

»Bestechungs-Skandal beim Geologischen Landesamt«

»Münchner Merkur« vom 27. September 1979: »Balderschwang – Eine skandalöse Korruptionsaffäre, in der ein 32jähriger Diplomgeologe des Bayerischen Geologischen Landesamtes in München die Hauptrolle spielt, ist jetzt im Oberallgäu aufgeflogen.

151

Für eine positive Stellungnahme im Zusammenhang mit einem geplanten 3,5-Millionen-Bauvorhaben in Balderschwang wollte Gutachter Dr. Hans H. vom Besitzer des Hotels Ifenblick, Wilfried Nenning, die Summe von 210.000 Mark kassieren. Ohne dieses Schmiergeld, so gestand der Wissenschaftler im Verhör, hätte er eine bereits vorbereitete negative Stellungnahme aus der Tasche gezogen. Damit wäre das Projekt unweigerlich geplatzt.« Bei der vermeintlichen Geldübergabe war die Polizei zur Stelle.

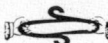

September 1979

Chemiefabrik Stoltzenberg – »Das Pulverfaß in Hamburg«

Der »Stern« beschrieb die Affäre so: »Ein Pulverfaß mitten in Hamburg. Auf dem Gelände der ehemaligen Chemiefabrik Stoltzenberg spielten Kinder zwischen Giftgasbehältern und Explosivstoffen – und die Behörden schliefen.«

Der »Stoltzenberg-Skandal« kam auf tragische Weise ans Licht: Am 6. September 1979 kam es im Keller der Wohnung des Hamburger Taxifahrers *Karl-Heinz Ludwig* zu einer schweren Explosion. Die Kinder hatten im Hobby-Keller mit explosiven Chemikalien gespielt. Der 11jährige *Oliver Ludwig* verblutete, sein Bruder *Thomas* wurde leicht verletzt, dem 12jährigen *Stephan Behrmann* wurde die rechte Hand abgerissen. Die Kinder hatten ihr todbringendes Gemisch vom Spielen mitgebracht – vom Spielen auf dem Gelände der Sprengstoffabrik *Stoltzenberg* in Hamburg-Eidelstadt. Hier lagerten mitten in der Stadt hinter einem Zaun aus morschen Holzlatten 80 Tonnen lebensgefährlicher Kampf- und Giftstoffe, Sprengstoff, Munition, Chemikalien aller Art – von Strychnin bis zum Nervengas Tabun. Kinder und Jugendliche der Umgebung hatten quasi freien Zugang – und wahrscheinlich ist es nur durch Zufall nicht viel früher zu einer Katastrophe gekommen.

Als das ganze Ausmaß des »Stoltzenberg-Skandals« sichtbar wurde, stellte sich heraus, daß seit 1945 rund 600 Hamburger Beamte und nach 1976 sogar 130 Mitarbeiter verschiedener Behörden den Betrieb besichtigt hatten. Ihnen hätte also das Gift-Chaos auf dem Gelände auffallen müssen (was auch der Fall war, wie sich später herausstellte). Hamburgs Bürgermeister *Hans-Ulrich Klose* kündigte aufgrund der »Sachzwänge« vollmundig eine rückhaltlose Aufklärung der verheerenden Zustände an.

Außer dem erzwungenen Rücktritt von Justizminister *Frank Dahrendorf,* der gleich danach in Berlin als Innensenator unterkam, passierte jedoch nichts. Der parlamentarische Untersuchungsausschuß förderte zwar unglaubliche Schlamperei, Kungelei und Ämterschieberei in Hamburgs Behörden zutage, aber gegen keinen der Herrschaften kam es zu disziplinarrechtlichen Schritten.

Als die Klage gegen den Besitzer des Spreng- und Giftstoffunternehmens, *Martin Leuschner* (dem der Ausschuß »kriminelles unternehmerisches Fehlverhalten« vorwarf), von der Staatsanwaltschaft wegen Verhandlungsunfähigkeit aus gesundheitlichen Gründen zurückgezogen wurde, schien das vielen Beamten und Politikern der Hansestadt gerade recht zu sein.

Der Skandal wurde elegant unter den Teppich gekehrt.

Die »Zeit«: »Beamte der zuständigen Behörden, vor allem der Arbeits- und Sozialbehörde, der Gesundheits- und Baubehörde, haben aus Schlamperei, Kumpanei, mangelnder Qualifikation für ihre Posten jahrzehntelang den Betrieb toleriert; wiederholte Bürgerbeschwerden wurden immer nur ›zur Akte verfügt‹.« Und um den Zynismus auf die Spitze zu treiben, klagte die Hamburger Staatsanwaltschaft das »gebeuteltste Glied der Kette« an: den Vater des getöteten Jungen. Er hätte es geduldet, daß sich die Jungen aus »zweifelhaften Quellen« Stoffe besorgten und damit hantieren konnten. So hätte er die tödlichen Folgen solcher Experimente voraussehen können.

Fazit des »Stoltzenberg-Skandals«: Die Großen ließ man laufen, die Kleinen versuchte man zu hängen.

August 1979

Ärzte-Chef verurteilt

Vor der 8. Großen Strafkammer des Kölner Landgerichts begann Ende August 1979 ein spektakulärer Ärzteprozeß. Dem Chefarzt des Krankenhauses Köln-Worringen und Vorsitzenden der Ärzteorganisation *Hartmannbund* sowie Präsidenten der Ärztekammer Nordrhein, *Dr. Horst Bourmer,* und dessen Oberarzt, dem türkischen Chirurgen *Dr. Balkar Yekebas,* sowie dem damals als Gastarzt nach 15jähriger Unterbrechung tätigen *Dr. Alfred Frisse* wurde vorgeworfen, im Mai 1970 den Tod eines Patienten verursacht zu haben durch unterlassene richtige Hilfe und falsche Behandlung. Der Patient war an einer inneren Verblutung gestorben, nachdem er zuvor elf Stunden lang nicht behandelt worden war.

Nachdem das Verfahren gegen Frisse, der bereits wegen Suchtkrankheit mehrere Entziehungskuren hinter sich hatte und sich wiederholt wegen Diebstahls und Fälschung von Rezepten zu verantworten hatte, getrennt behandelt wurde, erhielt Dr. Bourmer eine Geldstrafe von 54.000 Mark, Dr. Yekebas von 13.500 Mark. Bourmer wurde zwei Jahre später von einer höheren Instanz vom Vorwurf der fahrlässigen Tötung freigesprochen.

1979

»Untauglich« für Geld – Manipulation bei der Bundeswehr

Für jeweils 100 bis 1000 Mark schrieb ein Beamter des Kreiswehrersatzamtes in Essen Wehrpflichtige »untauglich«, die in Wahrheit topfit und kerngesund waren.

Auf diese Weise hatte der Regierungssekretär von rund 50 jungen Wehrpflichtigen etwa 20.000 Mark kassiert.

Es ging ganz einfach: Der Beamte änderte die Computerbögen des Kreiswehrersatzamtes und verbrannte die alten Musterungsakten in seinem Garten.

1979

Die »Duogynon-Affäre«

1979 hatten eine Reihe Eltern den Pharma-Konzern *Schering* angezeigt, weil sie der Meinung waren, die Mißbildungen ihrer Kinder wären auf das Hormonmittel »Duogynon« beim Schwangerschaftstest zurückzuführen. Obwohl bereits 1967 Ärzte von möglichen Zusammenhängen zwischen Duogynon und kindlichen Herzmißbildungen berichtet hatten, stellte die Staatsanwaltschaft Berlin die Ermittlungen gegen die Schering-Manager ein. Es sei ja schließlich nicht nachgewiesen, daß Duogynon die Mißbildungen verursacht habe, und im übrigen argumentierten sie – anders als in den Contergan-Prozessen – daß eine Körperverletzung am Fötus überhaupt nicht möglich sei: Der Embryo sei kein Mensch im Rechtssinn. Und: Schering habe 1978 reagiert, das Mittel umbenannt und würde es seither nicht mehr für Schwangerschaftstests empfehlen.

1979

Zur Steubenparade nach New York

Der Landrat des Landkreises Rottal-Inn, *Ludwig Mayer,* galt eigentlich immer als originell und jovial – sowohl in CSU-Parteikreisen wie auch im Freundeskreis. Bis die Staatsanwaltschaft Landshut gegen Mayer ermittelte. Und das hatte Gründe: Seit 1972 soll der Landrat unter Umgehung des Kreistages Spendengelder von zahlreichen Unternehmen gesammelt und diese nach Gutdünken und eigenem Ermessen verteilt haben.

So fuhren 33 Personen aus dem Landkreis z.B. zur Steubenparade nach New York, die Kosten trug zu einem großen Teil der Landrat. Der begeisterte Hobby-Fotograf schaffte im Landratsamt auch neun Kameras mit 38 Objektiven an und soll eine Reise nach Südfrankreich mit seiner Freundin als Dienstreise deklariert haben.

All das wurde aus dem Spendentopf finanziert, in den die Firmen einzahlen mußten, wenn sie mit dem Landkreis, z.B. beim Krankenhausbau, ins Geschäft kommen wollten. Völlig in Bedrängnis geriet der suspendierte Landrat schließlich, als 6,5 Millionen Mark für den Krankenhausbau aus den Büchern verschwunden waren.

1979

Arbeitserlaubnis gegen Schmiergeld

1979 kam in Regensburg ein Schmiergeld-Skandal ans Licht, bei dem die Not von Ausländern schamlos ausgenutzt worden war.

Wollte ein Ausländer eine Arbeitserlaubnis haben, so mußte er einem Caritas-Angestellten und CSU-Stadtratskandidaten Geld rüberschieben. Auf diese Weise hatte der Amtsinhaber in zwei Jahren über 20.000 Mark kassiert.

Die Sache flog auf, als ein Türke, der bereits 3000 Mark für eine Arbeitsgenehmigung gezahlt hatte, plötzlich ausgewiesen werden sollte.

Mai 1979

Der »Fall« der Rotbuche

Für erhebliche Unruhe im ostwestfälischen Hövelhof sorgte ein Fall von Kumpanei zwischen dem »Lokalmatador« und der katholischen Kirche: der »Fall« der Rotbuche.

Gegen den Willen von Bevölkerung und Naturschützern, aber mit Billigung und Unterstützung der korrumpierten örtlichen Revierförsterei und des katholischen Pfarrers wurde der prächtigste Baum des Ortes, eine auf Pfarrgebiet stehende, jahrzehntealte Rotbuche, schnöder Bauspekulation geopfert. *Franz Kesselmeier* ließ in einer Nacht-und-Nebelaktion den Baum fällen, nachdem er zuvor mit großem »Aufwand« dem Kirchenvorstand beigetreten war, um seinem Sohn Baugrund zu erkungeln.

Ein Bankier als Millionenbetrüger

In 244 Fällen wurden zwischen 1975 und 1979 für rund 19 Millionen Mark sogenannte Rohgewebe – Baumwollen und Gewebe aller Art – aus dem Fernen Osten über die DDR unter Umgehung der innerdeutschen Handelsbestimmungen in die Bundesrepublik geschmuggelt.

Die beteiligten Personen und Firmen unterschlugen auf diese Weise 7,5 Millionen Mark an Zoll und Einfuhrumsatzsteuer.

Mehrere Beteiligte wurden im März 1982 in Hamburg zu Freiheitsstrafen zwischen drei Jahren und neun Monaten verurteilt. Unter den Verurteilten war auch der persönlich haftende Gesellschafter der Hamburger *Donner Bank, Gilbert Krauel.*

April 1979

BuM – Die große Pleite

BuM – das stand für den im April 1979 in Konkurs gegangenen Düsseldorfer Baukonzern *Beton- und Monierbau AG.* Die BuM-Manager, allen voran der Vorstandschef *Heinz-Friedrich Hoppe,* hatten sich in Auslandsgeschäften gehörig verkalkuliert, immer wieder Bilanzen frisiert und Geldtransaktionen manipuliert. Die jährlichen Inlandsverluste von 30 Millionen Mark sollten besonders durch Großprojekte in Öl-Förderländern wettgemacht werden. Die *Westdeutsche Landesbank (WestLB)* schoß 100 Millionen Mark an Steuergeldern zu, die Bundesregierung übernahm eine Bundesbürgschaft von 50 Millionen Mark.

Dann kam das Aus, Tausende von Aktionären wurden geprellt, die Steuergelder waren weg. Der »Spiegel« schrieb im November 1985, als der Rechtsstreit um die BuM-Pleite immer noch lief: »Über Jahre hinweg ließ der ehemalige BuM-Vorstand kaum einen Buchungsvorgang aus, um den Zustand der Baufirma besser darzustellen, als er in Wirklichkeit war. Banker und Aktionäre, der Staat und die Lieferanten wurden um viele Millionen Mark betrogen.« Wegen Betrugs, Kreditbetrugs und wiederholter Verstöße gegen das Aktiengesetz wurden fünf ehemalige Vorstandsmitglieder zu Geldstrafen von insgesamt 730.000 Mark verurteilt, Heinz-Friedrich Hoppe mußte 315.000 Mark berappen. »Bestraft wurden auch Wirtschaftsprüfer der angesehenen *Deutschen Treuhand-Gesellschaft (DTG)* in Frankfurt«, schrieb der »Spiegel«. Sie mußten eine Geldbuße von 150.000 Mark zahlen.

April 1979

»Sonnenhügel« – Das Bad Kissinger Millionending

Im April 1979 ging vor der VI. Großen Strafkammer des Landgerichts Würzburg nach über einjähriger Verhandlungsdauer ein Prozeß zu Ende, der als »Sonnenhügel«-Prozeß Schlagzeilen machte und bis in die Jahre 1970/71 zurückdatierte.

Damals nämlich hatten sich der Kaufmann *Rudi May* und der Steuerberater *Hartmut Kimmich* beim Bau des Nobelhotels »Sonnenhügel«, eines Abschreibungsobjekts für schließlich 55 Millionen Mark, durch fingierte Rechnungen und Honorarmanipulationen um Millionen bereichert.

May soll – so das Gericht – das Geld der Anleger teilweise für private Zwecke benutzt haben. Er wurde wegen Untreue in 14 Fällen zu einer Freiheitsstrafe von drei Jahren und neun Monaten verurteilt, Kimmich bekam wegen Anstiftung zur Untreue in zwei Fällen drei Jahre und drei Monate.

März 1979

Die Herstatt-Pleite – Der Prozeß

Auch das Nachspiel zur *Herstatt*-Pleite vom 26. Juni 1974, als das Bundesaufsichtsamt für das Kreditwesen dem Kölner Privatbankhaus die »Erlaubnis zur Durchführung des Bankgeschäfts« entzog und die Staatsanwaltschaft das Bankhaus besetzte, war ein einziger Skandal. Nachdem die Hauptschuldigen der »größten Bankpleite der Nachkriegsgeschichte«, bei der 37.000 Gläubiger mit einem Verlust von 1,2 Milliarden Mark konfrontiert wurden, erst zwei Jahre später verhaftet worden waren, befanden sie sich Ende 1977 schon wieder auf freiem Fuß.

Am 23. März 1979 begann nach zähen Ermittlungen dann endlich der Prozeß gegen die »Herstatt-Clique«: Acht Beschuldigte saßen auf der Anklagebank der 16. Großen Strafkammer am Landgericht Köln: *Iwan D. Herstatt,* persönlich haftender Gesellschafter und Chef der Bank, *Bernhard Graf von der Goltz,* Generalbevollmächtigter der Bank, *Heinz Hedderich,* Leiter der Auslandsabteilung, *Dany Dattel,* Devisenhändler, *Kurt Wickel,* Leiter der Geldhandelsabteilung, der Devisenhändler *Bruno Heinen* und die freien Geldhändler *Norbert Arden* und *Bruno Blaeser*. Die Anklage: schwerer Bankrott in Tateinheit mit Untreue – Zehntausende Sparer hatten ihr Geld der Herstatt-Bank anvertraut – Devisenmanipulation, Betrug und Bilanzfälschung. Der Prozeß-Krimi konnte beginnen.

Die strafrechtliche Verfolgung der Herren mit weißem Kragen erwies sich als äußerst kompliziert. Da schoben sich die Angeklagten gegenseitig die Schuld an der Milliardenpleite zu, arbeiteten die Advokaten mit allen erdenklichen Tricks und Winkelzügen, wurden Richter abgelehnt, Prozesse abgetrennt, gesplittet, dann wieder zusammengelegt, verweigerten Zeugen die Aussage, um dann wieder überraschend zu gestehen. Das Gericht wurde immer wieder mit Befangenheits- und Protokollie-rungsanträgen bombardiert, die Richter wechselten, die Jahre verstrichen, das Ver-fahren geriet in Gefahr zu verjähren.

Dany Dattel, die Schlüsselfigur der Devisenschieberei, der Mann, der »ohne Ner-ven das große Rad im Devisenroulette« gedreht hatte, wurde für verhandlungsunfä-hig erklärt und strafrechtlich nicht mehr verfolgt.

Herstatt-Miteigentümer *Hans Gerling* verweigerte die Zeugenaussage, setzte sich, angeblich herzkrank, ins Ausland ab und mußte schließlich zwangsvorgeführt werden.

Der Hauptangeklagte Herstatt wurde ebenfalls krank, war streckenweise verhand-lungsunfähig und wartete mit unzähligen dubiosen ärztlichen Gutachten auf – der Prozeß geriet zur Farce, und die Zeit drängte.

Der Kölner Klüngel ließ grüßen: Iwan D. Herstatt fand als AOK-Patient Zuflucht beim Direktor des Krankenhauses Köln-Merheim, *Prof. Dr. Werner Kaufmann*. Der bescheinigte ihm hochgradige Herzbeschwerden und die Gefahr eines Herzinfarkts.

Als Herstatt in aller Öffentlichkeit gesundheitliche Kondition demonstrierte, wurde er im September 1983 wieder für verhandlungsfähig erklärt.

Kurz zuvor hatten Bernhard Graf von der Goltz und Heinz Hedderich gestanden, bei der Aufstellung der Bilanz 1973 Verluste von über 100 Millionen Mark kaschiert und frisiert zu haben.

Dann fielen endlich Urteile – kurz vor der Verjährung. In einem ersten Verfahren erhielten die freien Devisenhändler Norbert Arden und Bruno Blaeser (Veruntreuung von 50 Millionen Mark) sieben Jahre und sechs Monate bzw. drei Jahre und neun Monate Gefängnis. Der frühere Devisenhändler Bruno Heinen, einer der »Gold-jungs«, wie sie in der Bank genannt wurden, mußte für vier Jahre und sechs Monate hinter Gitter. Der geständige Kurt Wickel kam mit zwei Jahren Freiheitsstrafe zur Bewährung davon. Nach den Urteilen gegen von der Goltz und Hedderich war schließlich Herstatt selbst an der Reihe.

Am 16. Februar 1984 erging das Urteil. Vier Jahre und sechs Monate Gefängnis für den einstigen »Sonnenkönig des Kölner Bankwesens«.

1978

PCP-Dämpfe – Gefährliches Gift im Wohnzimmer

1978, als die Gefahr der chemischen Substanz Pentachlorphenol (PCP) publik wurde, war der Skandal perfekt.

PCP – ein chlorierter Kohlenwasserstoff – wurde von Profis wie von Heimwerkern jahrelang zur Holzbehandlung benutzt. Das »Antiblau« war in nahezu allen Holz-schutzmitteln enthalten. Es schützte vor Würmern, Pilzen und Insekten, steckte in Holzverkleidungen, auf Dachböden, in Balken und getäfelten Zimmerdecken.

Schon geringe Mengen PCP können hochgradig gesundheitsschädigend sein. Das schlug ein wie eine Bombe. Wissenschaftler hatten festgestellt, daß schon winzigste

Mengen bei Erwachsenen Müdigkeit, Kopfschmerzen und Erbrechen, bei Kindern Schlafstörungen, Nervosität und Übelkeit hervorrufen.

Bereits die Kleinstmenge von 17 Mikrogramm reicht aus, um eine 5000 Quadratmeter große Fläche zu verseuchen, Rückstände ließen sich noch nach Jahren in Kleidern, Möbeln und Teppichen nachweisen.

Aber das Schlimmste war: PCP enthält Dioxin. So warnte das Berliner Bundesgesundheitsamt vor möglichen Gesundheitsschäden wie Leberzirrhose, Knochenmarkschwund und Nervenschädigungen. Ein Zusammenhang zwischen dem Umgang mit PCP und Krebs wurde nicht ausgeschlossen. Erste Todesfälle wurden bekannt.

Die beiden Hauptersteller von PCP – die *Sadolin GmbH* und die *Desowag-Bayer* – hatten plötzlich zahlreiche Verfahren am Hals, denn die bundesweite Initiative Hunderter von Bürgern und Familien »*Interessengemeinschaft der Holzmittel-Geschädigten*« machte die PCP-Hersteller verantwortlich für zahlreiche Fälle von Körperverletzung, zum Teil mit Todesfolge.

Das Bundesgesundheitsamt forderte die PCP-Geschädigten darüber hinaus auf, die Wohnungen zu wechseln oder alle mit dem Mittel bearbeiteten Teile zu entfernen. Ein schwacher Trost. Der Beweis, daß PCP ursächlich zu Vergiftungen geführt hat, ist für die Betroffenen schwer zu führen.

Dennoch – so berichten *Hans-Dieter Degler* und *Dieter Uentzelmann* im »Spiegel«-Buch »Supergift Dioxin« – bekam ein Chemiker-Ehepaar im Verfahren gegen Sadolin recht: »Kollegen hatten im Haus der Kläger, die unter Haarausfall, Bindehautentzündungen und Ekzemen litten, überall PCP entdeckt: in der Luft, in Gardinen, Teppichen, Tonbändern und Ölbildern. Spuren von Dioxinen und Furanen waren auch dabei. Das Münchner Landgericht verurteilte die Sadolin GmbH zu 94.000 Mark Schadenersatz und 30.000 Mark Schmerzensgeld.« Und die Autoren fügten hinzu: »Die Chemiefirma ging in die Berufung. Sadolin-Rechtsvertreter war eine Münchner Anwaltskanzlei, auf deren Briefbögen der prominenteste westdeutsche Umweltschützer als Sozius firmierte: Bundesinnenminister *Friedrich Zimmermann (CSU)*.«

Ende 1978

Geld vom Baulöwen Kun

Allein die Grundstücksmachenschaften mit dem Baulöwen und Reitstallbesitzer *Josef Kun* brachten dem ehemaligen Stadtdirektor von Moers, *Dr. Wilhelm Jansen,* runde 600.000 Mark ein.

Wegen Bestechlichkeit schickte ihn 1978 dann das Krefelder Landgericht für dreieinhalb Jahre hinter Gitter. Doch für jemanden, der Geld und gute Beziehungen, sprich Gönner, hat, kein Problem: Der Ex-Stadtdirektor kaufte sich wenige Tage nach dem Gerichtsurteil die Freiheit für eine Kaution von 1,45 Millionen Mark.

HANS FILBINGER – Der Marinestabsrichter als Ministerpräsident

Gerade der Mann, der mit Vorliebe linke Lehrer aus dem Schuldienst ferngehalten und Berufsverbote verhängt hatte, der verhinderte, daß DKP-Mitglieder Postbeamte werden durften, der mit massivsten Polizeieinsätzen gegen Anti-AKW-Demonstranten in Whyl vorging, entpuppte sich 1978 als Nazi-Scherge.

Sechs Jahre durfte Hans *Filbinger* Innenminister und zwölf Jahre Ministerpräsident von Baden-Württemberg sein, bis ihn seine Vergangenheit einholte. In einer »Leseprobe« des Schriftstellers *Rolf Hochhuth* war in der »Zeit« vom 17. Februar 1978 zu lesen: »... ist doch der amtierende Ministerpräsident dieses Landes, Dr. Filbinger, selbst als Marinerichter, der sogar... noch nach Hitlers Tod einen deutschen Matrosen mit Nazigesetzen verfolgt hat, ein so ›furchtbarer Jurist‹ gewesen, daß man vermuten muß, ... er ist auf freiem Fuß nur dank des Schweigens derer, die ihn kannten«.

Dr. Hans Filbinger hatte als Marinerichter an verschiedenen Todesurteilen gegen Matrosen mitgewirkt, sogar noch zu einem Zeitpunkt, als der Krieg verloren war. Er verurteilte junge Menschen wegen Plünderns und »Wehrkraftzersetzung« – es sollen mindestens 183 Fälle gewesen sein, an denen Filbinger teilhatte.

Filbinger fühlte sich »strafrechtlich und moralisch« unschuldig, verstrickte sich aber in immer haarsträubendere Widersprüche. Am 7. August 1978 trat er auf Druck auch aus seiner eigenen Partei als Ministerpräsident Baden-Württembergs zurück.

Besonders peinliche Randerscheinungen dieses quasi erzwungenen Rücktritts des Ex-Marinestabsrichters: Filbinger wurde Präsident des von ihm gegründeten *Studienzentrums Weikersheim* mit dem Anspruch, sich aktiv für eine »geistige und moralische Erneuerung in der Politik« einzusetzen. Außerdem wurde Filbinger Ehrenvorsitzender der CDU Baden-Württembergs und bewohnte bis 1984 – unter Protesten der Öffentlichkeit – seine Dienstvilla an der Solitude in Stuttgart.

Das »Munzinger-Archiv« nennt u.a. folgende Auszeichnungen Filbingers: Großkreuz des Bundesverdienstordens, Großoffizier der Ehrenlegion, Grand Prix France-Allemagne und verschiedene Ehrendoktorwürden. Zum 70. Geburtstag verlieh ihm die Stuttgarter Landesregierung den Professorentitel.

November 1977

Die Bankenskandale von Ingolstadt

Der »Münchner Merkur« schrieb am 8. November 1977: »Der vierte Bankenskandal in der Region Ingolstadt in zwei Jahren führte jetzt zur Verhaftung des früheren Geschäftsführers der *Raiffeisenbank Beilngries,* seines Stellvertreters und eines Stadtrates.

Den beiden Ex-Direktoren wirft die Staatsanwaltschaft Ingolstadt neben anderen Manipulationen Veruntreuung von Geldern vor. Dem Stadtrat, über dessen Konto zahlreiche ›Geschäfte‹ gelaufen sein sollen, wird Beihilfe zur Untreue und Betrug angelastet... Großes Aufsehen erregte auch 1975 der ›Fall Weishaupt‹. Der ehemalige Leiter der *Hypobank Schrobenhausen* verschwand über Nacht mit 600.000 Mark. Er flüchtete ins Ausland, stellte sich aber nach drei Monaten der Kriminalpolizei und verbüßt zur Zeit eine dreijährige Freiheitsstrafe. Anfang 1976 wurde der Filialleiter der ›*Münchener Bank GmbH‹, Geisenfeld*, wegen Untreue angezeigt. Er soll rund 800.000 Mark unterschlagen haben. Im Frühjahr 1977 schließlich trennte sich die *Sparkasse Eichstätt* von zwei Direktoren. Ihnen wird unter anderem zur Last gelegt, Provisionen von einem Versicherungsvertreter angenommen zu haben.«

1977

Der »Millionenmacher« aus dem Taunus – Ein Finanzskandal

Christoph Schäfer lebte in einer Luxusvilla für 1,2 Millionen Mark in Königstein (Taunus), besaß ein komfortables Landhaus in Spanien, handelte offiziell mit Zündkerzen und Autozubehör und ergaunerte sich mit vorgetäuschten Exportgeschäften und Geschäften mit Scheinfirmen ein Vermögen.

Innerhalb von nur drei Jahren prellte er so das Finanzamt Bad Homburg um 8,3 Millionen Mark. Als Kripo und Staatsanwalt vor der Villa in Königstein vorfuhren, waren die Schäfers ausgeflogen. Sie hatten sich mit den Millionen nach Spanien abgesetzt.

1977

Veruntreuung von Millionen

1977 kam es an den Tag: Der damalige Geschäftsführer der *Raiffeisenbank Creußen* im Landkreis Bayreuth hatte einem Nürnberger Autohändler vier Jahre lang Kredite eingeräumt und ausgezahlt, ohne damit die Konten des Autohändlers zu belasten. Durch die Kreditverschleierung und Kontenmanipulation bzw. fortgesetzte Veruntreuung entstand der Bank ein Schaden von 5,5 Millionen Mark. Der Geschäftsführer der Bank wurde von der Dritten Wirtschaftsstrafkammer beim Landgericht Hof/Saale zu einer Freiheitsstrafe von zwei Jahren mit Bewährung verurteilt.

Schiebereien eines Bürgermeisters

Seit 1959 war *Adam Besand (SPD)* Bürgermeister im nordhessischen Sontra. Er wurde mit dem Ehrenbrief des Landes Hessen ausgezeichnet und erhielt 1976 auf Vorschlag des Stadtparlaments für seine Verdienste das Bundesverdienstkreuz.

Ein Jahr später flog alles auf: Der Bürgermeister hatte jahrelang gegen Bares Unternehmern Gemeindeaufträge zukommen lassen, sich mit gefälschten Baurechnungen Steuervorteile verschafft, seiner Frau günstig städtische Grundstücke vermacht, städtische Arbeiter für private Arbeiten eingespannt und mit öffentlichen Geldern in die eigene und andere Taschen manipuliert.

Nach den Ermittlungen der Kasseler Staatsanwaltschaft wurde der Verdienstkreuzträger zu einem Jahr Gefängnis auf Bewährung und einer Geldstrafe von 30.000 Mark verurteilt.

»Bremer Treuhand (BT)« – Hanseatischer Filz

»450 Millionen versickerten im Wüstensand«, schrieben der »Münchner Merkur« am 7. Juli 1977 und das »Handelsblatt« am 22. August 1977: »Die Last der Bremer Mißwirtschaft liegt auf dem Buckel der Anleger«.

Die *»Bremer Treuhand«*, 1950 als bürgerlicher Gegenpol zur *»Neuen Heimat«* gegründet, war in Jahrzehnten neben der NH zur zweitgrößten gemeinnützigen Wohnungsbaugesellschaft in der Bundesrepublik (30.000 Wohnungen bei einer Bilanzsumme von 1,5 Milliarden Mark) angewachsen.

Die BT, die inzwischen zu einem Großteil durch Querverbindungen der NH gehörte, hatte sich auf den Verkauf von Immobilienzertifikaten über 39 Bremer Treuhandfonds spezialisiert.

»Die BT-Zertifikate, verkauft an über 27.000 Anleger im Gesamtumfang von etwa 500 Millionen Mark, galten lange Zeit als ausgesprochene ›Markenartikel‹ im Angebotsfächer der Kapitalanlageberater«, schrieb die »Frankfurter Rundschau« am 9. Juli 1977 angesichts der »Riesenpleite« und »politischen Verfilzung und unfähiger Firmenchefs«.

Ebenfalls Gesellschafter bei der BT: die staatseigene *Bremer Landesbank* (Verwaltungsratsmitglied Bremens Bürgermeister *Hans Koschnick*). Die Landesbank hatte sich mit Millionen-Krediten auf die zweifelhaften Auslandsgeschäfte der BT eingelassen. Bei einem viel zu groß angelegten 400-Millionen-Bauprojekt in Algerien, eingefädelt vom Düsseldorfer Makler *Rolf Wegener* (zwei Millionen Mark Provision und hohe Beteiligungen über eine Baufirma in Liechtenstein) und vorangetrieben von Treuhand-Chef und Wegener-Spezi *Franz Hinte*, brach die Treuhand mit einem 200-Millionen-Verlust zusammen. Das Auslandsgeschäft gebilligt hatten Bremens Bausenator *Seifriz* und Finanzsenator *Jantzen*.

Schmiergeld Richtung Schleswig-Holstein

»Kurzer Draht zu Gerhard«, schrieb der »Vorwärts« noch im März 1986 über die blendenden Verbindungen zwischen dem damaligen schleswig-holsteinischen Ministerpräsidenten *Gerhard Stoltenberg* und seinem Parteifreund, dem CDU-Landtagsabgeordneten *Herbert Gerisch,* Chef der *Bauinvestitionsgesellschaft GmbH (BIG)* mit Sitz in Kiel, einem einstmals »schwarzen« Wohnungsbau-Pendant zur »Neuen Heimat«.

Auch die Beziehungen der BIG zur *Kieler Landesbank* waren bestens und halfen den Parteifreunden immer wieder aus der finanziellen Klemme. Der Verwaltungsratsvorsitzende der Landesbank: Gerhard Stoltenberg.

Der »Stern«: »Die Kieler Landesbank finanzierte unverkäufliche Ferienwohnungen an Nord- und Ostsee. Beim Zusammenbruch von Bauträgergesellschaften wie der *Rüster-Gruppe* mit dem *Ferienzentrum Sierksdorf* oder bei der Pleite mit dem *Appartement-Turm ›Port Wiking‹* in Schleswig mußte die Landesbank um Kredite von rund 50 Millionen Mark bangen.

Um das Geld zu retten, übernahm das Kieler Institut halbfertige Betonsilos, ließ sie in eigener Regie fertigbauen und verkaufte sie schließlich zu Billigpreisen. Verlust beim Immobilienhandel: rund drei Millionen Mark.« Öffentliche Gelder – versteht sich. Der BIG des CDU-Politikers und Baulöwen Gerisch griffen immer wieder Stoltenberg und sein damaliger Finanzminister *Gerd Lausen (CDU)* unter die Arme. Lausen soll sogar von den krummen Touren und zweifelhaften Finanzverträgen des Baukonzern-Chefs Gerisch gewußt haben.

Plötzlich ging es um personelle Verfilzung und Schmiergelder in Schleswig-Holstein.

Das »politische Schmiergeld« landete schließlich vor dem Untersuchungsausschuß in Kiel. Die »Süddeutsche Zeitung« schrieb am 23. Juli 1977: »Eine Million Mark haben der Geschäftsführer der Bauinvestitionsgesellschaft (BIG) Schleswig-Holstein, Herbert Gerisch, und der Geschäftsführer der BIG-Gewerbebau, *Klaus Groth,* im Sommer 1971 von dem Berliner Kaufmann *Rudolf Fitzke* erhalten. Mit diesem Geld, so sagte der Kieler Staatsanwalt, der den Fall Gerisch bearbeitet hatte, vor einem parlamentarischen Untersuchungsausschuß in Kiel, wurden offiziell ›Vermittlung und Beratung‹ beim Bau des *Kurzentrums Plön* vergütet. Dem ehemaligen CDU-Landtagsabgeordneten Gerisch war vorgeworfen worden, er habe von Fitzke eine Million Mark ›politisches Schmiergeld‹ erhalten, damit er sich für die Einführung eines neuen Müllverwertungsverfahrens einsetze.

Gerisch hatte damals diese ›Behauptungen und Unterstellungen‹ zurückgewiesen, Groth dagegen hatte ausgesagt, es habe sich bei der Millionenvergütung tatsächlich um Zahlungen im Zusammenhang mit der Einführung eines neuartigen Müllverwertungsverfahrens in Schleswig-Holstein gehandelt. Der Betrag sei als Entgelt ›für das Know-how‹ bei der Planung und für die dafür notwendigen landesgesetzlichen Maßnahmen gedacht gewesen.«

Juni 1977

HANS GLÖGGLER – Der Sturz des Textilkönigs

Er war binnen kurzer Zeit zu einem der größten »Textilzaren« aufgestiegen, Herr über 11.000 Beschäftigte und ein weitverzweigtes Firmennetz.

»Hans im Glück« oder »König Midas«, wie sich der Augsburger *Hans Glöggler* gerne rufen ließ, hatte Anfang der 70er Jahre mit dem Niedergang der heimischen Textilindustrie seine große Chance gewittert. In wenigen Jahren wurde er zum Herrn über Deutschlands größtes Textilimperium.

Die »Augsburger Allgemeine« resümierte im Januar 1986: »Hans Glöggler auf dem Höhepunkt seiner Macht: ein großzügig lebender und unumschränkt herrschender König im zusammengekauften Reich. Bestaunt und bewundert avancierte der dreimal Verheiratete und neunmalige Vater auch zum gesellschaftlichen Aufsteiger. Schon wurde er mit den einst in Augsburg ebenfalls recht erfolgreich agierenden Kaufmannsfamilien Fugger und Welser verglichen.« Und dann kam's: »Doch das Märchenreich des Hans Glöggler im Glück stand offenbar auf tönernen Füßen. Ein verstricktes Firmennetz mit Finanzierungsgesellschaften in Luxemburg, Panama und der Schweiz machte es auch Bank- und Bilanzexperten schwer, alles zu durchschauen. Als der Ermittlungsrichter beim Amtsgericht Augsburg im Juni 1977 gegen den ehemaligen Textilzaren einen Haftbefehl wegen des Verdachts des Betruges erließ, war Glöggler längst verschwunden.«

Glöggler hatte sich nach Kanada abgesetzt. Der völlig verschuldete Konzern brach zusammen und wurde von Bayerns Wirtschaftsminister *Anton Jaumann* liquidiert.

Der Fall Glöggler wurde zum Politikum. Ein Untersuchungsausschuß tagte, der damalige Staatssekretär im Wirtschaftsministerium, *Franz Sackmann,* geriet in die Schußlinie, *Glöggners Sohn Axel* verbrachte im Zuge des Konzernzusammenbruchs 15 Monate in Untersuchungshaft. Gegen ein Bußgeld von 30.000 Mark wurde 1981 das Strafverfahren gegen ihn eingestellt.

Anfang 1986 tauchte Glöggler wieder in der Bundesrepublik auf. Sein Haftbefehl war wegen Verjährung aufgehoben worden.

Nun drehte der »Fugger« von Augsburg den Spieß um. Er verklagte den Freistaat Bayern wegen Amtspflichtverletzung auf rund neun Millionen Mark: die Kumpane von einst im bitteren Streit. Glöggler warf dem damaligen Wirtschaftsminister Anton Jaumann vor, daß nicht eine Überschuldung seiner 21 Firmen der Grund für den Bankrott war (die Palette reichte am Schluß von Beton bis Bettwäsche, und deren

Schulden beliefen sich auf 70 Millionen Mark), sondern eine von Jaumann zugesagte Staatsbürgschaft für das marode Unternehmen, die dann versagt wurde.

Jaumann habe den Konzern nach Glögglers Flucht quasi enteignet – so der im Zorn zurückgekehrte »Hans im Glück« von einst –, ihn zu sanieren versucht und die »Konzernanteile unter Wert verhökert«.

Mai 1977

Heißes Pflaster Mainz

Aus der »Süddeutschen Zeitung« vom 4. Mai 1977: Mainz (dpa): »Der Landrat des Westerwaldkreises, *Norbert Heinen (CDU),* soll vom Kreis ein mit nur zwei Prozent zu verzinsendes Darlehen über 40.000 Mark für den Bau eines eigenen Hauses erhalten haben. Die rheinland-pfälzische SPD-Landtagsfraktion forderte Innenminister *Böckmann* auf, die Vorgänge zu prüfen. Die SPD bezeichnete es als ›skandalös‹, daß die Landesregierung einerseits den ›normalen‹ Landesbeamten die Darlehen von früher 14.000 Mark gestrichen habe, gegen das Darlehen über 40.000 Mark an Heinen jedoch offensichtlich nichts einzuwenden gehabt habe.«

1977

Ludwig Poullain und die Westdeutsche Landesbank (WestLB)

»Mit Milliarden jongliert, über eine Million gestolpert«, so überschrieb Anfang Januar 1981 der »Kölner Stadt-Anzeiger« den Prozeß gegen den »Sonnenkönig« unter den deutschen Bankiers, gegen *Ludwig Poullain.* Der elegante Herr im Nadelstreifen, der es in einer beispiellosen Karriere vom Sparkassenlehrling zum mächtigen Chef der *Westdeutschen Landesbank (WestLB)* mit einer Bilanzsumme von 75 Milliarden Mark (1976) gebracht hatte, mußte sich in Münster vor dem Landgericht wegen Betrugs, veruntreuter Gelder und Bestechlichkeit verantworten.

Aufgeflogen waren die Machenschaften des »publizistisch hochverehrten Herrn« *(Friedrich Halstenberg),* als der Konstanzer Finanz- und Grundstücksmakler *Franz Josef Schmidt* 1976 wegen Betrugs verhaftet wurde. Während der Ermittlungen durch die Staatsanwaltschaft kam heraus, daß der Bankier für einen Beratervertrag mit Schmidt 1,1 Millionen Mark in bar kassiert hatte.

Schmidt, der sich selbst gerne »Mann des Bargeldes« nannte, finanzierte den WestLB-Chef nicht uneigennützig. Die WestLB gewährte ihm Millionen-Kredite und fädelte Geschäftsbeziehungen zu ausländischen Firmen ein. Poullain beriet seinen Konstanzer Freund bei Bauprojekten, Beteiligungen und Finanzierungen aller Art. Poullain gewährte Schmidt, der in einem Schloß lebte und netto etwa 2,5 Millionen Mark jährlich verdiente, auch Millionenkredite für die angeschlagene »Ratio-Baugruppe«.

Als diese schließlich pleite ging und Schmidt wegen Betrugs verhaftet wurde, blätterten Poullain und »seine« öffentlich-rechtliche WestLB kurzerhand drei Millionen Mark Kaution auf den Tisch, um seinen Spezi aus dem Knast zu holen.

1977 wurde Poullain fristlos entlassen. Seine vom Bundesgerichtshof als Rechtens empfundene fristlose Entlassung sorgte für eine Regierungskrise in der Düsseldorfer Landesregierung. Sowohl Ministerpräsident *Heinz Kühn (SPD)* wie auch Finanzminister *Friedrich Halstenberg (SPD)* hatten von den Machenschaften ihres Lieblingsbankiers und von einem gerichtlichen Vorermittlungsverfahren gegen ihn gewußt. Sie stellten sich jedoch vor Poullain.

Halstenberg mußte schließlich zurücktreten, wurde aber umgehend für sein undurchsichtiges Verhalten in der Poullain-Affäre mit dem Posten des SPD-Schatzmeisters belohnt. Obwohl der Staatsanwalt im Betrugsprozeß gegen Ludwig Poullain 21 Monate Gefängnis ohne Bewährung und eine Geldstrafe von 434.000 Mark forderte, sprach ihn das Gericht frei. Der Bundesgerichtshof lehnte die Revision der Staatsanwaltschaft ab. Allerdings nur aus »subjektiven Gründen« und mit dem Zusatz, daß ein Freispruch in vergleichbaren künftigen Fällen mit der Begründung aus Münster nicht mehr in Betracht käme. Man wolle in diesem Falle noch einmal die Unabhängigkeit und Beweisführung des Landgerichts Münster respektieren.

Februar 1977

»Operation Müll« – Der Fall Traube

»Lauschangriff auf Bürger T.« – so war im Februar 1977 die »Spiegel«-Titelgeschichte überschrieben, die die zweifelhaften Methoden des damaligen Präsidenten des Verfassungsschutzes, *Richard Meier*, und des Bundesinnenministers, *Werner Maihofer*, aufzeigten. Beide hatten, um terroristische Gefahren abzuwehren, einen Rechtsbruch bewußt in Kauf genommen. Die Begründung: »Übergesetzlicher Notstand«.

Im Januar 1976 installierten Mitarbeiter des Verfassungsschutzes im Privathaus des renommierten Atomwissenschaftlers *Klaus Traube* eine »Wanze«. Traube, Geschäftsführer der Firma »Interatom«, einer Tochterfirma der Kraftwerk-Union (KWU), wurde verdächtigt, Kontakte zur Terrorismusszene zu unterhalten.

Traubes Kontakt zu einem am Überfall auf die Wiener Opec-Konferenz im Dezember 1975 Beteiligten machte ihn für den Bundesinnenminister zum »größten Sicherheitsrisiko der Bundesrepublik«. Angeblich, so die Verfassungsschützer und Politiker, könnten Terroristen über Traube an spaltbares Material und so in den Besitz einer Atombombe gelangen.

Als die Abhöraktion abgebrochen wurde und aufflog, war die Karriere des anerkannten Wissenschaftlers zerstört. Nicht zuletzt wegen dieser Affäre mußte auch der Innenminister seinen Hut nehmen.

Dezember 1976

Betrügerischer Professor

Aus der »Süddeutschen Zeitung« vom 13. Dezember 1976: Karlsruhe (dpa). »Drei Jahre nach seiner Verurteilung in einem Betrugsprozeß ist der frühere Direktor des Instituts für Hochenergiephysik an der Universität Heidelberg, Professor *Heinz Filthuth,* vom Verwaltungsgericht Karlsruhe zu einer Schadenersatzzahlung in Höhe von 1,25 Millionen Mark an die baden-württembergische Staatskasse verpflichtet worden. Das Land hatte auf insgesamt 2,68 Millionen Mark Schadenersatz geklagt. Filthuth war im November 1973 in Heidelberg wegen Untreue, Betrugs und Urkundenfälschung zu dreieinhalb Jahren Freiheitsstrafe verurteilt worden. Er befindet sich inzwischen wieder auf freiem Fuß.«

November 1976

Rudi Arndt – »Gebündelte Scheine«

Erst hatte der damalige Frankfurter Oberbürgermeister *Rudi Arndt (SPD)* eine 200.000-Mark-Spende des Libanesen *Albert Abela* für den SPD-Unterbezirk Hessen-Süd angenommen und damit den Verdacht genährt, das Geld stünde in Zusammenhang mit der Vergabe der Flughafen-Tiefgarage.

Dann erhielt Arndt in mehreren Raten eine Großspende von 1,2 Millionen Mark vom Berliner Bauunternehmer *Carsten Klingbeil,* dem Erbauer des Sheraton-Hotels am Frankfurter Flughafen. »Im Koffer, gebündelte Scheine«, meinte der »Spiegel«.

Diese Kombination von Geld und Baugenehmigungen lösten die Frankfurter »Flughafen-Affäre« aus. Im November 1976 geriet der »rote Rudi« in den Verdacht der »passiven Bestechung« wegen des Zuschlags für den Bau des Sheraton. Ein Untersuchungsausschuß war bereits wegen der ersten Affäre installiert worden, die Frankfurter Staatsanwaltschaft ermittelte erneut gegen Arndt.

Obwohl die Ermittlungsverfahren gegen Arndt schließlich eingestellt wurden, geriet »Dynamit-Rudi« politisch immer mehr ins Abseits. Bei den Kommunalwahlen im März 1977 verlor die SPD den Frankfurter Rathaussessel. Arndt dankte »mit sanfter Gewalt« ab und sitzt seit 1979 im Europaparlament in Straßburg.

Der »Fall Mäder« – Ein General liebt das Geld

Von 1960 bis 1968 war der hochdekorierte Drei-Sterne-General a.D. *Hellmuth Mäder* Chef des Truppenamtes der Bundeswehr in Köln und hatte somit einen der höchsten Bundeswehrposten inne.

Im Oktober 1976 wurde der General wegen Betrugs und »fortgesetzter Bestechlichkeit« von der 8. Großen Strafkammer des Landgerichts Köln zu zwei Jahren Gefängnis verurteilt. Das Gericht sah es als erwiesen an, daß der einstmals dienstälteste General der Bundeswehr von einer Kölner Kfz-Werkstatt bestochen worden war: mal mit goldenen Manschettenknöpfen, dann mit einer goldenen Uhr, mit Waschautomaten, Fernsehern, Haushaltsgeräten und sogar Naturalien. Dafür fielen die Rechnungen, die die Auto-Reparaturfirma für instand gesetzte Bundeswehrfahrzeuge ausstellte, erheblich höher aus – und wurden bezahlt. Darüber hinaus hatte der General widerrechtlich rund 20.000 Mark an Trennungsgeldern bezogen, obwohl er bei seiner Familie in Koblenz lebte und täglich von Köln heim fuhr. Für alle Fälle hatte er sich für 30 Mark im Monat in Köln ein möbliertes Zimmer gemietet.

Skandal um Patientenschutzbund

Im Herbst 1974 wurde der »*Deutsche Patientenschutzbund (DPS)*« gegründet. Der Verband hatte sich auf die Fahnen geschrieben, die Rechte der Patienten gegen Ärzte, Krankenhäuser und Gesundheitsbehörden durchzusetzen und möglichen Leidtragenden medizinischen Fachbeistand zu gewähren.

Der DPS geriet im Juni 1976 in die Schlagzeilen, als die Mitgliederversammlung den Präsidenten des Schutzbundes, den Gießener Zahnmediziner Professor *Dr. Albert Keil*, kurzerhand absetzte. Die Mitglieder warfen ihm »schwere Schädigung des Vereins und Verdacht der Untreue und des Betruges« vor. 44.000 Mark Vereinsgelder fehlten in der Kasse. Professor Keil wurde außerdem vorgeworfen, »Geld aus dem Fenster geschmissen zu haben«, »persönliche Krankenakten« von Mitgliedern an sich genommen, eigenmächtig den Konkurs des DPS angemeldet und einen Konkurrenzverband – »*Allgemeiner Patienten-Schutzbund*« (APS) – gegründet zu haben.

Schließlich wurde im Januar 1977 vom Landgericht Köln gegen den Ex-DPS-Chef und obersten Patientenschützer ein Zwangsgeld von 10.000 Mark mit der Auflage verhängt, unverzüglich alle Krankenakten herauszurücken. Darüber hinaus wurde Keil aus dem Vereinsregister gestrichen.

1976

Unter Aufsicht des Dr. Kohl

»Eine Buße von 2 Millionen Mark mußte jetzt die *Rheinland-Pfälzische Landesbank* bezahlen, weil sie 1974 ihrer Aufsichtspflicht nicht genügte, so daß Wertpapiere – zwar an Bewohner der Bundesrepublik verkauft – an Ausländer weitergegeben wurden«, schrieben die »Nürnberger Nachrichten« am 24. Mai 1976.

Oberster Kontrolleur und Vorsitzender des Verwaltungsrates der Landesbank war der rheinland-pfälzische Ministerpräsident *Helmut Kohl.* Opfer der krummen Touren der Landesbanker mit Steuergeldern wurde das Vorstandsmitglied *Rolf Kohlhaas.* Der »Stern«: »Mit Pensionsanspruch wurde der 49jährige ›aus gesundheitlichen Gründen‹ in den Ruhestand geschickt.«

1976

Saubermann im Puff

Der Leiter des Wiesbadener Ordnungsamtes (1971–1974) und stellvertretende Polizeipräsident der Stadt (bis 1973), Magistratsdirektor *Horst Seuffert,* ließ es sich gut gehen: Er ging in den Bordellen und zwielichtigen Etablissements seines Amtsbezirks ein und aus, führte mit Prostituierten »unentgeltlich Geschlechtsverkehr« aus und ließ sich dort freihalten, wo er für die Bewilligung von Nachtkonzessionen zuständig war.

Das Gericht verurteilte den Saubermann wegen passiver Bestechung, Rechtsbeugung und Nötigung 1976 zu einem Jahr und neun Monaten Freiheitsstrafe mit Bewährung und 7000 Mark Geldstrafe.

Ein mitangeklagter Geschäftsführer eines Bordells erhielt wegen aktiver Bestechung 7200 Mark aufgebrummt. Er hatte dem Ordnungsamtsleiter die Mädchen zugeführt und sich die Verlängerung der Nachtkonzession im Kompensationsgeschäft sozusagen quittieren lassen.

Frühjahr 1976

Der Gauner und die Banker

Rund 400 Millionen Mark hatte im Laufe weniger Jahre der *Württembergische Kreditverein (WKV),* eine Tochter der *Württembergischen Kommunalen Landesbank,* in den Sand gesetzt. »Zusammenbrüche von zwei Bauträgergesellschaften, Geschäfte mit faulen

Kreditkunden und zweifelhafte Grundstücksspekulationen hatten das Riesenloch in die Kasse gerissen«, meinte der »Stern«. Die beiden Bankiers *Erwin Ruff* und *Ulrich Stockmayer* erlebten vor allem mit dem »Großbetrüger *Carl Ludwig Pohler*« (»Die Zeit«) Schiffbruch, als sie ihm aufgrund gefälschter Gutachten weit überhöhte Kredite zufließen ließen.

Pohler wurde bereits im Oktober 1974 vom Landgericht Bonn wegen betrügerischer Machenschaften verurteilt. Die Bankiers wußten davon, der Vorstand der Landesbank freilich nicht.

»Die Zeit«: »Doch die Gentlemen-Banker Ruff und Stockmayer schwiegen über ein Jahr lang – im Geschäftsbericht 1974 ebenso wie auf der Hauptversammlung im Juli 1975 – über die inzwischen ›mehr oder weniger realisierten Verluste der Affäre Pohler‹ (Landesbank-Chef *Werner Schmidt*) in Höhe von rund elf Millionen Mark.« Und »Die Zeit« charakterisierte die Geschäftemacher und Geschäftspartner so: »Im Stil – aber auch nur hier – erwiesen sich die beiden Schwaben ihrem ›teuersten‹ Kunden, *Carl Ludwig Pohler,* damit ebenbürtig. Der Großbetrüger, der Banken (unter anderem auch die *Adca* um etwas mehr als fünf Millionen Mark) und Baufirmen um dreißig – manche sagen auch fünfzig – Millionen Mark geprellt hat, hielt stets auf Stil. Bei seiner Verhaftung im Februar in Paris – jetzt sitzt er im Untersuchungsgefängnis Koblenz – nannte Pohler nicht nur eine Hochsee-Yacht im Wert von einer dreiviertel Million Mark, sondern auch gleich vier Automobile der englischen Nobelmarke Jaguar sein eigen.«

April 1976

Jürgen Bartsch – Der plötzliche Tod des Kindermörders

Ende April 1976 sorgte der plötzliche Tod des Kindermörders *Jürgen Bartsch* für Schlagzeilen.

Der damals 28jährige war am 6. April 1971 nach einem aufsehenerregenden Prozeß vom Landgericht Düsseldorf »wegen vierfachen Mordes, tateinheitlich begangen mit Kindesraub und Unzucht mit Kindern, in drei Fällen auch in Tateinheit mit Gewaltunzucht zwischen Männern, sowie des versuchten Mordes, tateinheitlich begangen mit Kindesraub und Gewaltunzucht zwischen Männern« zu lebenslanger Haft verurteilt worden.

Bartsch, der seit Ende 1972 im westfälischen Landeskrankenhaus Eickelborn zur Behandlung untergebracht war, entschloß sich in Übereinstimmung mit der Landesärztekammer Westfalen-Lippe zur Kastration. Die »psychologisch katastrophale, aber chirurgisch ganz einfache Operation« (»Die Zeit«) nahm Oberarzt *Dr. Josef Hollenbeck* vor.

Jürgen Bartsch starb an dieser Operation. Hollenbeck wurde im April wegen fahrlässiger Tötung bzw. tödlicher Narkosefehler im Fall Bartsch sowie im Fall einer jungen Frau, die wenige Wochen vor Bartsch bei einer Operation gestorben war, zu neun

Monaten Gefängnis auf Bewährung verurteilt. Hollenbeck bekam nach dem Tod von Jürgen Bartsch Operationsverbot für Eickelborn.

In der interessierten Öffentlichkeit wurde lange Zeit spekuliert, ob der plötzliche Tod von Jürgen Bartsch vielleicht nicht ganz »zufällig« eingetreten sei, da dieser komplizierte Fall den zuständigen medizinischen und juristischen Stellen große Probleme bereitet hatte.

Januar 1976

»Viele Prüfer sind des Haasen Tod«

Im Januar 1976 ordnete das *Bundesaufsichtsamt für das Kreditwesen* die Schließung der *Pfalz-Kredit-Bank* in Kaiserslautern an. Der forsche Bankier *Fritz H. Haase* hatte sein Bankhaus mit über 200 Millionen Mark Miesen in die Pleite gesteuert. Die Leidtragenden waren Tausende von Bankkunden.

Die »Deutsche Zeitung« schrieb am 10. September 1976: »Um die mit einer aggressiven Werbung hereingeholten, immer kräftiger fließenden Kundeneinlagen unterbringen zu können, wandte sich Haase dem gewerblichen Kreditgeschäft zu, als sich die Ratenkreditkunden in der Rezession nicht noch weiter verschulden wollten.« Hinzu kam ein dubioses Engagement mit dem Münchner Bankhaus *Dierks & Co*, das wenig später seine Pforten schloß.

Als sich Haase immer mehr in Widersprüche verstrickte und sich die Staatsanwaltschaft zu interessieren begann, machte sich der Bankier aus dem Staube: Er setzte sich ins »rettende« Ausland ab.

Der »Haase-Skandal« war so kompliziert, daß die Staatsanwaltschaft erst Ende 1981 Anklage gegen den Ex-Chef der Pfalz-Kredit-Bank erheben konnte. Dazu schrieb das »Handelsblatt« am 4. November 1981 unter der Überschrift »Ex-Bankier in Israel?«: »Der ehemalige Geschäftsführer der Pfalz-Kredit-Bank, Fritz H. Haase, hat nach Erkenntnissen der Staatsanwaltschaft Kaiserslautern rund 120.000 Kunden in den fünf Filialen des Geldinstituts im Bundesgebiet um rund 86 Millionen DM geschädigt. Nach fünfjährigen Ermittlungen hat die Zentrale für Wirtschaftsstrafsachen der Staatsanwaltschaft nach Angaben eines Sprechers jetzt mit einer Schrift von rund 1000 Seiten gegen Haase Anklage wegen fortgesetzter Untreue sowie fortgesetzten Betrugs erhoben.« Das »Handelsblatt« wies noch einmal darauf hin, daß die Pfalz-Kredit-Bank im Januar 1976 ihre Filialen in Kaiserslautern, Düsseldorf, Köln, Stuttgart und München auf Anweisung des Berliner Bundesaufsichtsamtes schließen mußte. Die Kunden waren nach der Pleite aus dem Feuerwehr-Fonds aller deutscher Banken (der nach der Herstatt-Pleite ins Leben gerufen worden war), entschädigt worden. »Da der mit Haftbefehl gesuchte Haase sich nach Informationen der Staatsanwaltschaft seit Jahren in Israel befindet, gibt es keinen Termin für die Hauptverhandlung. Zwischen der Bundesrepublik und Israel existiert kein Auslieferungsabkommen. Haase soll inzwischen unter einem neuen Namen die israelische Staatsbürgerschaft angenommen haben. Auf die dem Ex-Bankier vorgeworfenen Delikte steht eine Höchststrafe von bis zu zehn Jahren Gefängnis.«

Februar 1976

Tod in der Überdruckkammer

Anfang 1976 sorgte ein Mediziner-Skandal für Schlagzeilen, der nur dank einiger aufmerksamer Krankenhausärzte und der Staatsanwaltschaft ans Licht kam.

Die sogenannte »Gesellschaft für regenerative Überdruck-Therapie« warb für kostspielige »Tauchfahrten« in einer Überdruckkammer, die alle möglichen Leiden – von offenen Beinen bis zu Angina pectoris und Herzrhythmusstörungen – heilen sollte.

Das Drama begann am 9. Februar 1976, als zwanzig ältere Menschen in der Druckkammeranlage in Hannover wegen der unterschiedlichsten Leiden in eine Überdrucksituation wie in 30 Meter Tauchtiefe versetzt wurden.

Ein 62jähriger Landwirt, der trotz eines Lungen-Emphysems in die Druckkammer geschickt worden war, bekam wegen des Überdrucks einen Lungenriß mit einer Luftembolie im Gehirn. Ein zu schneller Druckabfall löste bei den übrigen Patienten die Symptome der »Taucherkrankheit« aus.

Der Landwirt und vier weitere Patienten zwischen 60 und 77 Jahren starben. Sechs weitere trugen gesundheitliche Schäden davon.

Der Heilpraktiker *Martin Hinterthür,* der die Druckkammern mitkonstruiert hatte und der Gesellschaft vorstand, wurde im November 1977 von der Dritten Strafkammer des Landgerichts Hannover wegen fahrlässiger Körperverletzung in sechs Fällen zu drei Jahren Gefängnis verurteilt.

Die Überdruckkammern in Hannover, Osnabrück, Hamburg, Bremen und Minden waren sofort nach Bekanntwerden des Skandals geschlossen worden. Der einstige medizinische Leiter des Instituts in Hannover, *Dr. Rudolf Lammert,* erhielt zwei Jahre und drei Monate Freiheitsentzug, der ehemalige kaufmännische Leiter der Institute in Hannover und Hamburg, *Richard Halpap,* sieben Monate auf Bewährung.

November 1975

400 Münchner um 2 Millionen Mark geprellt

Aus der »Süddeutschen Zeitung« vom 11. November 1975: »Rund 400 meist kleine Leute aus dem Raum München, vielfach Rentner, die ihr Erspartes zinsbringend investieren wollten, sind durch Anlagen bei Firmen der inzwischen pleitegegangenen

172

›*Incapital*‹-Gruppe (Sitz Liechtenstein, Luxemburg und in der Bundesrepublik) um ihr Geld gekommen. Ein Schaden von über zwei Millionen wird einem staatsanwaltschaftlichen Betrugsverfahren gegen den Münchner Generalbevollmächtigten der Gruppe, den 40jährigen Hans Werner G., zugrunde gelegt. Der Incapital-Manager ist in diesen Tagen verhaftet worden.«

Oktober 1975

Skandal im Arbeitsamt Rosenheim

Seit Mai 1974 fütterte ein Angestellter des Arbeitsamtes Rosenheim den neu eingeführten Computer mit gefälschten Lochkarten und richtete sich mit getürkten Pässen 20 Konten bei Banken in der Umgebung von Rosenheim ein. Die gefälschten Lochkarten von fiktiven Arbeitslosen schickte er zur zentralen Computer-Anlage der Bundesanstalt für Arbeit nach Nürnberg. Die überwies anstandslos das Stempelgeld für den Angestellten: 146.000 Mark. Im Oktober 1975 flog der Schwindel auf.

Oktober 1975

Schwindel und Betrug mit Ausweisen

In Rheinland-Pfalz, Hessen und Nordrhein-Westfalen flog im Oktober 1975 ein Riesenschwindel mit Vertriebenenausweisen auf. In zahlreichen Städten hatten Kommunalbeamte Vertriebenenausweise an nicht berechtigte Personen ausgegeben, die dadurch illegale Zahlungen aus dem Lastenausgleich erhielten. Der Schaden ging in die Millionen.

August 1975

Arzt pfuschte bei Operation: Penis amputiert

Die »tz« München schrieb am 13. August 1975: »Ein zehnjähriger Bub wird in seinem Leben nie eine Frau lieben können! Bei einer harmlosen Operation pfuschte ein Chirurg so sehr, daß dem Schüler fast das gesamte Glied amputiert werden mußte.

Das Oberlandesgericht Saarbrücken verurteilte den Arzt jetzt ›wegen besonders schwerer Verletzung der Sorgfaltspflicht‹ zu 150.000 Mark Schmerzensgeld.«

Vom Gauner im Banker

1975 war endgültig Schluß: Der Vorstand der Frankfurter *Selmi-Bank* entpuppte sich als »kriminelle Vereinigung«. Die Herrschaften im Nadelstreifen hatten jahrelang durch Wertpapiere, die eigentlich nur von Bundesbürgern erworben werden durften, Millionen gescheffelt. Sie ließen sie über Strohmänner ins Ausland schmuggeln und dort verkaufen.

Die Papiere hatten einen Wert von 4,1 Milliarden Mark, der Gewinn der Bank wurde auf 52 Millionen Mark geschätzt, Geld, das ausschließlich auf die Privatkonten der Banker floß.

So war es auch zu erklären, daß sich die verhafteten »Persönlichkeiten« mit sechsstelligen Summen locker aus der Untersuchungshaft freikaufen konnten.

Der einstige Direktor der in die Schiebereien verwickelten Luxemburger *Banque Continental, Harold Gans,* zahlte gar eine Kaution von 1,8 Millionen Mark. Der »Stern« beschrieb die Praxis der Banker, die 1980 vor Gericht standen, so: »Die Selmi-Manager teilten sich, so Staatsanwalt *Tillmann Huber,* die Arbeit folgendermaßen auf: Die Direktorinnen *Birgit Leineweber,* 39, und *Renate Kümpel,* 42, verschleierten die Transaktionen in der Selmi-Buchhaltung. Rechtsanwalt *Hans Jürgen Ellger,* 40, verwaltete treuhänderisch die Schwindelgelder seiner Komplicen. Und für den ›Verkauf‹ der deutschen Wertpapiere waren nach dem ›perfekten Organisationsplan‹ (so der Staatsanwalt) das Vorstandsmitglied *Maximilian Mohrbeck,* 53, und der Vorstandsvorsitzende *Heinrich Antonius Maria Wißkirchen,* 45, zuständig.«

Der »Stern« bezeichnete die Übergabe der Wertpapiere der Gruppe um Selmi-Chef Wißkirchen als »schlechten Krimi«: »So fuhr ein Strohmann mit seinem roten VW-Käfer über die Grenze nach Luxemburg. Im Kofferraum lagen Wertpapiere für 30 Millionen Mark. Auf dem Beifahrersitz saß zur Überwachung mal die Direktorin Kümpel, mal die Direktorin Leineweber.

Bevor die ausländischen Käufer ihre Wertpapiere in Luxemburg empfangen konnten, mußten sie in Deutschland zahlen – die Millionen wechselten in bar ihren Besitzer, mal in einer dunklen Tiefgarage, mal auf dem Frankfurter Bahnhof. Es kam sogar vor, daß ein Kunde eine Million Mark im Pappkarton in die Chef-Etage der Selmi-Bank brachte.

Sogar ein Kölner Wirtschaftsjournalist verdingte sich als Geld-Schlepper. 496 Einzelgeschäfte dieser Art will der Staatsanwalt beweisen.«

Im Dezember 1981 wurde Max Mohrbeck zu viereinhalb Jahren Gefängnis verurteilt, die Strafen für die übrigen Angeklagten fielen geringer aus. Der Vorwurf der »Kriminellen Vereinigung« wurde fallengelassen, weil sich der Hauptakteur und Drahtzieher der Gaunerbande, Heinrich Wißkirchen, ins Ausland abgesetzt hatte.

Als »König Stumm« verstummte

Die *Stumm AG* in Neukirchen/Saar hatte 1974 einen Jahresumsatz von 2,5 Milliarden Mark, war an insgesamt 66 Firmen in der Grundstoffindustrie, im Maschinenbau und in der Energiewirtschaft beteiligt, zählte rund 24.000 Beschäftigte und hatte einen guten Ruf, der bis in die Kaiserzeit zurückdatierte. Kanzler Bismarck soll den mächtigen Firmenchef *Karl-Ferdinand von Stumm-Halberg* mit »König Stumm« angeredet haben.

1975 kam das »aus«. Das Industrie-Imperium brach zusammen, einer der größten Wirtschafts-Skandale in der deutschen Geschichte war nicht mehr aufzuhalten.

Der Grund: Die *Stumm-Handel GmbH,* eine Tochter des renommierten Mutterhauses, hatte durch Milliarden-Spekulationen in Sachen Öl nach der Öl-Preis-Krise von 1973 den gesamten Konzern ruiniert. Konkursverbrechen, Untreue, Betrug und Urkundenvernichtung waren die Hauptanklagepunkte in dem spektakulären Prozeß, der Ende 1976 in Essen stattfand.

Nach dem Konkurs von Stumm wanderten in Untersuchungshaft: die drei ehemaligen Gesellschafter der Stumm-Handel GmbH *Theodor Nölkenbockhoff,* *Walter Maier* und *Herbert Hartmann* sowie die Finanzexperten *Hans-Werner Brämig* und *Ullrich Ohmacht.* Der prominenteste Angeklagte im Stumm-Prozeß, der ehemalige Staatssekretär im hessischen Wirtschaftsministerium und Aufsichtsratsvorsitzende der Stumm-Handel, *Dr. Leonhard Lutz,* hatte sich nach seiner Verhaftung im Münchner Gefängnis Stadelheim im Dezember 1975 erhängt.

Den Managern wurde vorgeworfen, sich durch gefälschte Bilanzen, Versicherungsbetrug, Erdölspekulationen und Scheingeschäfte mit Briefkastenfirmen in Liechtenstein und Mittelamerika persönlich um mehr als 30 Millionen Mark bereichert und dem Unternehmen über 500 Millionen Mark Schaden zugefügt zu haben.

Außerdem sollen die »Bilanzkosmetiker« durch manipulierte Geschäftsabschlüsse Kredite in Höhe von mehreren hundert Millionen Mark ergaunert haben, die in irgendwelchen dunklen und dubiosen Kanälen verschwunden und versickert waren.

Mercedes-Manager verurteilt

Zwei leitende Mercedes-Manager versuchten im Juni 1975 als damalige Leiter der Verkaufsförderrung für Nutzfahrzeuge und Personenwagen mehrere Mercedes-Niederlassungen zu animieren, illegale Rückdatierungen von Kaufverträgen zuzulassen, um bei den Finanzämtern eine 7,5prozentige Investitionszulage fordern zu können. Deshalb wurden sie im April 1981 wegen Beihilfe zum Betrug in mehreren Fällen zu zehn bzw. sechs Monaten Freiheitsstrafe verurteilt.

Die beiden Manager hatten den Niederlassungen Fernschreiben geschickt mit den Vermerken »streng vertraulich« und »nach Kenntnisnahme bitte vernichten«. Die 13. Große Strafkammer des Landgerichts Stuttgart, die die Strafen für drei Jahre zur Bewährung aussetzte, machte deutlich, daß die Investitionszulagen nur für Kaufverträge galten, die zwischen dem 1. Dezember 1974 und dem 30. Juni 1975 abgeschlossen worden waren.

1975

Die verschwundenen Millionen von Hannover

Zentrale Person in der 1975 bekanntgewordenen größten Kreditskandal- und Bestechungsaffäre Niedersachsens war der Generaldirektor der Stadtsparkasse Hannover, *Willy Fascher* (»Der schnelle Willy«).

Er wurde beschuldigt, mit Wissen seiner Vorstandskollegen zwischen 1971 und 1975 über Berater- und Beiratsverträge der dubiosen Bauträgergesellschaft *IMAC-AG* (deren Aufsichtsratsvorsitzender Fascher sogar zeitweilig war) über 200 Millionen Mark an Krediten locker gemacht und dafür mehrere hunderttausend Mark Bestechungsgelder kassiert zu haben. Die Gelder flossen meist in bar, dann wieder auf ein Schweizer Konto in Form von fingierten Darlehen, und dann gab es immer wieder »Brillantmanschettenknöpfe« für das SPD-Mitglied Fascher, das es vom Banklehrling zum Generaldirektor gebracht hatte.

Erst im Februar 1983 wurde Fascher wegen Bestechlichkeit, Steuerhinterziehung und Konkursvergehens verurteilt. Das ehemalige Aufsichtsratsmitglied der 1977 in Konkurs gegangenen IMAC-AG (die offensichtlich nie mehr als eine Holding zur Sanierung anderer verschuldeter Gesellschaften der IMAC-Mitglieder war), *Bruno Kohlhas,* erhielt wegen Bestechung eine Geldstrafe von 37.500 Mark.

Februar 1975

»Coop-Schwaben-AG« und Weihnachtsgeld

Das Stuttgarter Arbeitsgericht verurteilte im Februar 1975 die »Coop-Schwaben-AG«, eine gewerkschaftseigene Lebensmittelkette, zur Zahlung von Weihnachtsgeld an alle Angestellten des Unternehmens.

Der Gewerkschaftsbetrieb hatte zuvor intern festgelegt, Weihnachtsgeld nur an gewerkschaftlich organisierte Arbeitnehmer zu zahlen, während alle anderen leer ausgehen sollten.

Die »Coop«-Affäre schadete dem Ruf der Gewerkschaften sehr.

Das Skandal-Ehepaar von Nürnberg

Mehrfacher Versicherungsbetrug, Steuerhinterziehung, Meineid und Hehlerei – das alles stand im Dezember 1974 vor dem Landgericht Nürnberg-Fürth zur Anklage.

Der Nürnberger Kfz-Händler *Reinhold Hofmann* und seine Frau *Resi* hatten von 1967 bis 1971 rund 40 Verkehrsunfälle organisiert und die Versicherungen um große Geldsummen geschädigt.

Der »Fall Hofmann« sorgte auch deshalb in Nürnberg für Furore, weil bei den Ermittlungen nicht nur Reinhold Hofmann 1971 in Untersuchungshaft genommen worden war, sondern auch mehrere Nürnberger Rechtsanwälte verhaftet wurden, die in die Betrügereien verwickelt gewesen sein sollten.

Dezember 1974

Die »Alpha Jet«-Affäre des Abgeordneten Gewandt (CDU)

Gegen den stellvertretenden Vorsitzenden der Mittelstandsvereinigung der Unionsfraktionen des Bundestages, *Heinrich Gewandt (CDU),* leitete die Staatsanwaltschaft in Koblenz im Dezember 1974 ein Ermittlungsverfahren wegen des Verdachts der Beihilfe zur aktiven Bestechung ein.

Die Staatsanwaltschaft durchsuchte in einer spektakulären Aktion das Büro und die Wohnungen Gewandts.

Worum ging es in der Affäre? Der Bundestag stand kurz vor der Beschlußfassung zur Anschaffung von 200 leichten Jagdbombern vom Typ »Alpha Jet«. Stückpreis über fünf Millionen Mark. Um das deutsch-französische Kampfflugzeug mit den 1974 noch in der Erprobung befindlichen Triebwerken der französischen Firma »Snecma« auszurüsten und nicht mit den bereits bewährten Triebwerken des US-Konzerns »General Electric«, soll der Snecma-Repräsentant und Freund Gewandts, *Friedrich Marxen,* Beamte des Bundeswehrbeschaffungsamtes mit rund 150.000 Mark bestochen haben – mit Hilfe und auf Drängen des prominenten CDU-Politikers.

Die Entscheidung fiel schließlich auch im Sinne des französischen Rüstungsunternehmens aus. In die Schußlinie geriet der damalige Fraktionsvorsitzende der CDU/CSU, *Karl Carstens,* der angeblich Gewandt belastende Unterlagen zurückgehalten haben soll, ja, es hieß sogar, Carstens sei selbst in die »Alpha Jet«-Affäre verstrickt.

Der CDU-Abgeordnete *Lothar Haase,* Berichterstatter für den Verteidigungsetat im Haushaltsausschuß des Bundestages, geriet ebenfalls in die Schlagzeilen.

Gewandt verzichtete schließlich auf alle Funktionen und öffentlichen Ämter.

Das Ermittlungsverfahren wegen Beihilfe zur Beamtenbestechung wurde im November 1975 eingestellt.

Die Staatsanwaltschaft folgte der Darstellung von Gewandt und dem Rüstungslobbyisten und Bundesverdienstkreuzträger Marxen. Beide behaupteten, bei den angeblichen Bestechungsgeldern des Rüstungskonzerns habe es sich um Wahlkampfspenden für die CDU gehandelt.

Der Verbleib der Gelder konnte nie vollends aufgeklärt werden.

September 1974

Neues aus Neuburg an der Kammel

Dpa meldete im September 1974 aus Neuburg an der Kammel: »Für den Angeklagten waren sein Bürgermeistertitel und sein Dienstausweis bares Geld. Mit diesen Worten charakterisierte der Staatsanwalt am Freitag vor dem Landgericht Memmingen das Verhalten des 34jährigen Verwaltungsangestellten, der auf Grund eines gefälschten Zeugnisses länger als ein Jahr erster Bürgermeister der Marktgemeinde Neuburg an der Kammel (Kreis Günzburg) gewesen war. In dieser Zeit soll er laut Anklageschrift durch Kreditbetrug und Veruntreuung von Gemeindegeldern 524.000 Mark an sich gebracht haben. Der Staatsanwalt beantragte in seinem Plädoyer wegen zahlreicher Fälle von Betrug, Urkundenfälschung, Untreue, Falschbeurkundung im Amt und Kreditbetrug eine Gesamtfreiheitsstrafe von vier Jahren.«

September 1974

Der Großbetrüger mit dem »Nazi-Gold«

Peter Baldau wurde international gesucht. Im September 1974 ging der Millionen-Betrüger in Paris der Polizei in die Falle. Jahrelang hatte Baldau mit angeblichem »Nazi-Gold« Millionen Mark ergaunert – über 30 Millionen. Immer in Luxuswohnungen residierend, mal in München, mal in Rom –, in maßgeschneiderten Anzügen und mit elegantem Auftreten, versprach er seinen Klienten Goldbarren weit unter dem Weltmarktpreis, manchmal rund um die Hälfte billiger. Seine »Opfer« ließ er sich durch sogenannte »Zutreiber« vermitteln.

Durch reguläres »Vorzeigegold«, das Baldau bei Banken kaufte, schaffte er die Vertrauensbasis bei den Leuten, die viel Geld schwarz und gewinnbringend anlegen wollten. Ein Schweizer Millionär verlor auf diese Weise an Baldau 13 Millionen Mark. Der Trick klappte vortrefflich.

Als der Gauner festgenommen wurde, packte er aus. Er hatte eine Menge Helfershelfer, die ihm gegen satte Provisionen seine Opfer vermittelten. Darunter waren bekannte Gauner und populäre Juristen. Baldau vor Gericht: »Natürlich hatte ich meine Helfer, auch Rechtsanwälte. Als die gesehen haben, wie leicht das geht, haben sie ihre Robe weggeschmissen und sind mir nachgelaufen.«

Herbst 1974

Commerzbank abgezockt

Der »Tagesspiegel« (Berlin) über einen Nicht-Berliner-Skandal am 24. Oktober 1974 in Frankfurt: »Die Veruntreuungen bei der *Commerzbank* in Frankfurt, die dem ehemaligen Prokuristen des Unternehmens, *Karl Wilhelm Eder,* angelastet werden, betragen nach den Feststellungen der Frankfurter Staatsanwaltschaft mehr als 41 Millionen DM. 20,6 Millionen DM von dieser Summe sind jedoch inzwischen wieder auf die Commerzbank-Konten zurückgeflossen. Der restliche Betrag ist spurlos verschwunden. Zunächst hatte man lediglich an eine Unterschlagung von 2,1 Millionen DM geglaubt. Der Coup gilt bei Bankexperten als das ›raffinierteste Stück‹, das bisher im Bankgeschäft aufgedeckt wurde. Als Hintermänner vermutet die Polizei eine internationale Bande von Wirtschafts-Kriminellen.«

1974

Die »Helaba-Affäre«

Mißmanagement, Kungelei und hochgradiger Filz bestimmten die »Helaba-Affäre«, an deren Ende 1974 durch unverantwortliche Risikogeschäfte rund drei Millionen Mark in den Sand gesetzt wurden. Hätten nicht die öffentlichen Sparkassen und das Land, also die Steuerzahler, die *Hessische Landesbank (Helaba)* vor dem endgültigen Kollaps gerettet (weil eine öffentlich-rechtliche Landesbank nach dem Gesetz nicht pleite gehen darf), – der Total-Bankrott wäre unausweichlich gewesen.

Zentrale Figuren der »Helaba-Affäre« waren der damalige hessische Ministerpräsident und Vorsitzende des Verwaltungsrates der Helaba, *Albert Osswald (SPD),* und der von ihm 1972 als Helaba-Chef in den Sattel gehievte Ministerialdirektor aus dem Bonner Wirtschaftsministerium, Professor *Wilhelm Hankel (SPD).* Wo immer es Pleiten zu vermelden gab, die Helaba hatte ihre Kredite im Spiel. Ob es sich um die Bauvorhaben am Frankfurter Sonnenring, das Münchner *Schwabylon* oder die bereits durch ein Mafioso-Konto ins Gerede gekommene Genfer *»Banque de Crédit International« (BCI)* des Bankiers *Tibor Rosenbaum* handelte, die Helaba war dabei.

Besonders peinlich: Albert Osswald wurde bei der Helaba-Beteiligung BCI auch noch Vorsitzender des Beirats und kassierte zweimal sogenannte »Spendendarlehen« über 50.000 Mark – angeblich in der Funktion des hessischen Landesvorsitzenden der SPD.

Als die BCI pleite ging und mit ihr die Helaba endgültig ins Schleudern geriet, kam allerhand ans Tageslicht. Akten fehlten, eine 220.000 Mark-Provision blieb verschwunden, und es wurde bekannt, daß sich Osswald von der Helaba, die er ja als Verwaltungsrat eigentlich zu kontrollieren hatte, mehrere persönliche Kredite über Hunderttausende von Mark zu Vorzugszinsen hatte auszahlen lassen. So auch ein Bauspardarlehen zu einem äußerst geringen Zinssatz durch die Bausparkasse der Landesbank – für Otto Normalverbraucher unerreichbar.

Der Verdacht von Schmiergeldern und Bestechung wurde unabweisbar.

Auch Hankels Rolle bei den »Parteispenden-Bankgeschäften« war äußerst dubios. Dem Hessischen Rechnungshof fielen besonders die Großmannssucht Hankels und seine »Liebe zur Prachtentfaltung« auf. So erwarb der Professor für seine Vorstands-Suite und Renommier-Fluchten in der Frankfurter Siesmayerstraße (deren Umbauten allein schon über drei Millionen Mark verschlungen hatten) Gemälde von Ernst Nolde und anderen Meistern für einige hunderttausend Mark. Die Ausgaben des SPD-Professors lesen sich wie ein Krimi.

Schließlich wurde Hankel geschaßt und wieder Universitäts-Professor. Osswalds Immunität wurde aufgehoben, seine Privatwohnungen und Diensträume von der Staatsanwaltschaft durchsucht, seine politische Karriere war endgültig vorbei. Bereits am 3. Oktober 1976 war Osswald als Ministerpräsident zurückgetreten.

Sommer 1974

Keine Reise und kein Geld

200 reiselustige Bürger aus dem Landkreis Offenbach hatten sich monatelang auf die geplante Amerikareise gefreut. 400.000 Mark hatten sie schon für die vom Volksbildungsheim der Stadt Heusenstamm ausgeschriebene Reise an das *Reisebüro Heusenstamm* gezahlt, das die Reise organisieren sollte.

Dann passierte es: Die Inhaberin des Reisebüros Heusenstamm und gleichzeitige Chefin der Frankfurter *Golan-Tours, Ines Miriam Gläser,* setzte sich im Sommer 1974 mit den 400.000 Mark nach Israel ab und erfreut sich seitdem eines sorglosen Lebens.

Für die reiselustigen Hessen hieß das: Amerika ade!

5000 Tonnen Kohle »verschoben«

Bielefeld, 28. Juli 1974 (AP): »In den letzten fünf Jahren ist die Bundeswehr durch Manipulationen bei Kohlekäufen um rund eine halbe Million Mark geschädigt worden. Wie die Bielefelder Staatsanwaltschaft mitteilte, hatte ein Transportunternehmer aus Rheine den Auftrag übernommen, einen Bundeswehrstandort im Emsland mit Kohle zu versorgen, die aus Ibbenbüren geliefert wurde.

Tatsächlich wurde die Kohle – insgesamt rund 5000 Tonnen – in Ibbenbüren auch abgeholt. Ein Angestellter der Bundeswehr quittierte den Empfang, ohne daß jedoch die Kohle jemals in die Keller der Bundeswehr gelangte. Sie wurde statt dessen über Händler im Ruhrgebiet ›verschoben‹.«

April 1974

Die »Guillaume-Affäre«

Seit 1956 lebte *Günter Guillaume* in der Bundesrepublik. Er machte eine steile Karriere und avancierte als Mitarbeiter des Bundeskanzleramtes zu einem der engsten Vertrauten des damaligen Bundeskanzlers *Willy Brandt.*

Guillaume begleitete den Bundeskanzler auf vielen Auslandsreisen und war auch meist in dessen Urlaubsorten dabei.

Im April 1974 wurde Guillaume verhaftet. Es stellte sich heraus, daß Guillaume ein Top-Agent der DDR und Mitarbeiter des Ministeriums für Staatssicherheit der DDR war. Guillaume und seine Frau *Christel* wurden zu langen Haftstrafen verurteilt und später in einem Gegengeschäft mit der DDR ausgetauscht.

Im Zusammenhang mit der »Guillaume-Affäre« trat Willy Brandt als Bundeskanzler am 6. Mai 1974 zurück.

Juni 1974

Herstatt-Bank – größte Pleite in der Geschichte der BRD

Am 27. Februar 1974 – Aschermittwoch – flog die Kölner Bank mit einer 1,2-Milliarden-Pleite auf. Mehrere tausend Kleinsparer wurden um ihr Erspartes geprellt. Der

Grund: Verschleierung von Millionen-Verlusten in verschiedenen Bilanzen, unseriöse Dollar- und Devisengeschäfte, Devisenspekulation, Untreue zum Nachteil der Bank, Beiseiteschaffen von Vermögensteilen, Konkursvergehen, das Jonglieren mit Milliardensummen am internationalen Devisenmarkt.

Iwan David Herstatt war persönlich haftender Gesellschafter der Herstatt-Bank; Eigentümer der Bank war der Kölner Versicherungspapst *Hans Gerling.* Verhaftet wurden: *Iwan D. Herstatt,* Chef-Devisenhändler *Dany Dattel,* der Generalbevollmächtigte *Bernhard Graf von der Goltz,* der Chef der Auslandsabteilung, *Heinz Hedderich,* der für die Geldgeschäfte zuständige *Kurt Wickel* und verschiedene Geldmakler und Devisenhändler. Iwan David Herstatt galt als einer der erfolgreichsten und angesehensten Bankiers der Bundesrepublik. Der »fröhliche Iwan« von Köln – Kölner Karnevalsmäzen und -präsident – hatte kurz vor der Milliardenpleite noch seinen 60. Geburtstag mit 850 Gästen im Kölner Opernhaus gefeiert. Dort floß sein Privat-Cuvée, dessen Flaschenhals sein Konterfei zierte. Kostenpunkt der Feier: 50.000 DM.

Die »Quick« wußte zu berichten: »Kölns Oberbürgermeister *Theo Burauen* hatte seine abgelaufene Amtszeit eigens um 16 Tage verlängert, um seinem Freund Herstatt noch als Erster Bürger seiner Stadt gratulieren zu können.«

Mai 1974

Der »Fall Weissenberger«

Der im Rheinischen allseits bekannte Baulöwe *Franz Weissenberger* hatte bis zum Konkursantrag am 22. Oktober 1973 mit buchhalterischen Tricks die Ertragslage seiner 11 Firmen systematisch verschlechtert und rechtzeitig allerhand privates Vermögen vor den Gläubigern »in Sicherheit gebracht«.

Der ehemalige Bergisch-Gladbacher Bauunternehmer, der zeitweilig 1200 Arbeiter beschäftigte und seit Mai 1974 in Untersuchungshaft saß, mußte sich Anfang April 1976 wegen Unterschlagung und betrügerischen Bankrotts zum Nachteil der Konkursgläubiger vor der IV. Großen Strafkammer des Landgerichts Köln verantworten. Die Urteile: vier Jahre und neun Monate Freiheitsentzug für den Inhaber der Weissenberger-Baugruppe, zwei Jahre für Mitinhaber Bruder *Peter,* zwei Jahre und sechs Monate für Ehefrau *Gerda* und zwei Jahre und zehn Monate für Mitarbeiter *Dieter Andre.*

»Steglitzer Kreisel« – Berliner Filz von Politik und Geld

Bis zur Zwangsversteigerung im September 1977 war der *»Steglitzer Kreisel«* die größte, teuerste und berühmteste Bauruine auf deutschem Boden – und sie wurde zum Inbegriff der Verfilzung von Berliner Politik und privatem Geld.

Als die *Avalon GmbH & Co. KG* im April 1974 in Konkurs ging und die Bauruine beschlagnahmt wurde, waren bereits 210 Millionen Mark verbaut und verplant worden (insgesamt 330 Mio. Mark).

Fünf Jahre zuvor waren die gesamten Baukosten auf 181 Millionen Mark veranschlagt worden. Die Pleite hatte den Berliner Senat Bürgschaften von 40 Millionen Mark gekostet. Die 900 Kreisel-Kommanditisten, die von der Kreisel-Architektin *Sigrid Kressmann-Zschach* für rund 80 Millionen Mark an Land gezogen werden konnten, mußten ihre Gelder größtenteils abschreiben bzw. erhebliche Steuern nachzahlen.

Die Deutsche Bau- und Bodenbank und die Bayerische Hypotheken- und Wechselbank blieben ebenfalls auf dem Kreisel sitzen.

Berlins Finanzsenator *Heinz Striek* mußte im Sog der »Steglitzer Kreisel«-Affäre wegen leichtfertigen Umgangs mit öffentlichen Geldern gehen, der Berliner Oberfinanzpräsident *Klaus Arlt* seinen Hut nehmen, nachdem er vor dem parlamentarischen Untersuchungsausschuß ein gemeinsames Wochenende mit Sigrid Kressmann-Zschach, also eine persönliche Verstrickung, verschwiegen hatte. Die Staatsanwaltschaft ermittelte gegen den mit knapp 100.000 Mark Pension ausgestatteten »teuersten Rentner Berlins« wegen des Verdachts auf Falschaussage, Betrugs und Bestechung. Wegen »uneidlicher und vorsätzlich unrichtiger Aussagen« wurde er zu 8000 Mark Geldbuße verurteilt.

Arsen auf den Müll – Millionen kassiert

Im Herbst 1973 flog ein Giftmüllskandal riesigen Ausmaßes auf. Zwei Jahre lang, von 1971 bis 1973, fuhr eine LKW-Flotte der Hanauer Müllbeseitigungsfirma *»Hanau-Tank-Kanal-KG«* regelmäßig heimlich nachts über Land und kippte rund 60.000 Tonnen Industriemüll und 10.000 Tonnen chemisch verseuchter Abwässer (u.a. versetzt mit Arsen, Cyanid, Harz, Ölschlamm, Säuren, Benzol und Brom) auf Mülldeponien und Kiesgruben in Hessen, Rheinland-Pfalz, Baden-Württemberg und dem Saarland bzw. ließ die Giftstoffe vergraben.

Der Besitzer der »Hanau-Tank-Kanal KG«, *Siegfried Plaumann,* der nur ein Prozent des Giftmülls ordnungsgemäß vernichten und 99 Prozent überwiegend auf Hausmüllkippen abladen ließ, verdiente an dieser hochbrisanten Umweltverseuchung mehrere Millionen Mark.

Im August 1973 wurde Plaumann verhaftet, sein Laden geschlossen.

Hessens Umweltminister *Werner Best* (SPD) mußte zurücktreten, weil er versucht hatte, den Skandal herunterzuspielen.

Plaumann erhielt zwei Jahre Gefängnis, allerdings nur wegen Betrugs, da er Verträge mit der Industrie nicht eingehalten hatte und den Giftmüll einfach wegkippen bzw. verbuddeln ließ.

Sommer 1973

»Typ Playboy mit Feudalvilla und Luxuswagen«

Die Polizei sprach vom »größten Finanzskandal in der Bundesrepublik seit IOS«. Als der Hamburger Steuerinspektor *Jörn Grimmsmann* Anfang August 1973 verhaftet wurde, hatte er überwiegend prominente Hanseaten um 60 Millionen Mark gebracht. Er hatte es verstanden, den Herrschaften mit dem vielen Geld bündelweise DM für amerikanische Anlagen mit hohen Renditen zu entlocken.

Tatsächlich soll Grimmsmann über beste Beziehungen zu amerikanischen Finanzexperten verfügt haben, was seine »Kunden« willig werden ließ. Der »Münchner Merkur« schrieb: »Da Grimmsmann zunächst tatsächlich hohe Renditen an seine ›Kunden‹ überwies – die er mit dem Geld der später Betrogenen aufbrachte –, galt er bei Hamburgs reicher Schickeria bald als ›heißer Tip zum Geldmachen‹.« Später gab es dann lange Gesichter.

1973

Die vergoldeten Bleiplatten des Hochstaplers Blum

Der »Spiegel« (19/1973) beschrieb ihn so: »Zwanzig Monate lang ließ er sich in einer Leih-Limousine – Mercedes 600 Pullman – durch die Bundesrepublik chauffieren. In seiner Mietvilla in Aschaffenburg spielte ihm eine festengagierte Hauskapelle auf. Bankiers wie Juweliere im In- und Ausland schätzten *Joachim Blum* (28) als Kunden; für Freunde und Verwandte hatte er Gold an den Fingern.« Blum hatte nach der Wirtschaftsrezession von 1966 den Wunsch bundesdeutscher Sparer nach sicherem Gold »genutzt«.

Hausfrauen, Arbeiter, Kaufleute, Handwerker und Akademiker engagierten den agilen Herrn mit dem Gold als Anlagenberater. Joachim Blum wartete denn auch mit Goldbarren – dank seiner guten Beziehungen zu Südafrika und zur Degussa – bis zu 35 % unter Marktwert auf – und kassierte mehrere hunderttausend Mark ab.

Der Haken für die Käufer, die die Barren schnell in irgendwelchen Tresoren verschwinden ließen: Die Goldbarren waren raffiniert gefälscht – aus Blei mit einer dünnen Goldumhüllung.

Als sich der Falschgoldhändler vor Gericht verantworten mußte, waren die Ansprüche der von ihm Geschädigten bereits verjährt.

1973

Die »Hubmann-Affäre« – Tausende Rentner reingelegt

Mehr als 10.000 ältere Münchner Bürger, die in Sorge um ihren Lebensabend ihr Erspartes in einen Platz im geplanten Altenheim »Wetterstein« angelegt hatten, wurden Opfer eines gigantischen Betruges. Die Rentner und Senioren hatten zur Sicherung eines Altenheimplatzes in einen Immobilienfonds des Bau- und Immobilienunternehmers *Georg Hubmann* Beträge zwischen 10.000 und 50.000 Mark eingezahlt.

Bevor das Altenheim »Wetterstein« im Münchner Süden fertiggestellt wurde, ging Hubmann pleite. Die Anteilseigner und Darlehensgeber schauten in die Röhre. 31 Millionen Mark Forderungen standen 300.000 Mark Vermögen gegenüber.

Es stellte sich heraus, daß die Millionen von anderen Projekten verschlungen worden waren und die gesamte Hubmann-Gruppe ein höchst unseriöses Geschäft war. Für eine »Interessengemeinschaft der Hubmann-Geschädigten« mit mehreren tausend Mitgliedern begann ein aufwendiger, hoffnungs- und erfolgloser Klage- und Instanzenweg.

April 1973

Geld im Kamin

Zwei Jahre lang – von April 1971 bis April 1973 – hatten 50 gutgläubige Personen ihr Geld beim »Ullstein-Anlagen-Service« angelegt.

Matthias Ullstein gab vor, Aktien-Depots für seine Kunden einzurichten, dachte aber gar nicht daran.

Als sein Geschäft in Konkurs ging, waren seine Kunden um 2,4 Millionen Mark ärmer.

Ullstein wurde im Oktober 1978 von der 20. Strafkammer des Landgerichts München zu fünfeinhalb Jahren Gefängnis verurteilt.

1973

»Umzugs-Skandal« und »Möbel-Mafia«

Mehr als 100 Staatsanwälte, Kriminalbeamte und Polizisten durchsuchten in einer Nacht- und Nebel-Aktion die Geschäfts- und Privaträume zahlreicher Möbelspeditionen im ganzen Bundesgebiet. Ein »Umzugs-Skandal« flog auf, in den mehrere hundert Soldaten, hohe Offiziere, Bundesbedienstete des diplomatischen und konsularischen Dienstes und Diplomaten höchstpersönlich verwickelt waren.

Der Staat war durch fingierte Umzugsrechnungen und manipulierte Auslandstransportangebote um mehrere Millionen Mark geprellt worden. Im August 1976 kam es zu einer ersten Anklage im Bonner »Umzugs-Skandal«. Die »Süddeutsche Zeitung« berichtete: »Im ›Bonner Umzugsskandal‹, bei dem sich Angehörige von Speditionsfirmen durch überhöhte Rechnungen für Auslandsumzüge von Bundesbediensteten ungerechtfertigt bereichert haben sollen, hat die Bonner Staatsanwaltschaft im ersten Teilkomplex Anklage gegen drei Randfiguren erhoben. Der kaufmännische Angestellte *Rolf-Günther Lauschke* (55) aus Kelsterbach bei Frankfurt, der Kaufmann *Jürgen Lantzsch* (36) und der Angeklagte *Alex Steffen* (55) von der Standortverwaltung der Bundeswehr in Büchel werden des fortgesetzten Betrugs, der Urkundenfälschung und Bestechung beschuldigt. Lauschke soll für 64 Umzüge in die USA und nach Kanada durch unrichtige Angaben von Speditionsleistungen 240.000 Mark kassiert haben. Lantzsch soll ihm dabei geholfen und 42.000 Mark Provision erhalten haben. Steffen habe ›auf Provisionsbasis‹ Namen und Adressen von Soldaten vermittelt, deren Kommandierung ins Ausland bevorstand.«

1972

Die »Bochumer Zyanid-Affäre«

Der Kaufmann *Orm Berghold* hatte die Idee, ins Zyanid-Geschäft einzusteigen. Schließlich hatte die *Degussa* in Wesseling bei Köln ihre Entgiftungsanlage stillegen müssen und suchte krampfhaft einen neuen Zyanid-Entsorger.

Josef Maluga und *Hermann Schellhorn* setzten die Idee des Kaufmanns schnell in die Tat um. Sie warteten mit einer in der Schweiz entwickelten Zyan-Cat-Anlage auf, die den Giftmüll zu einem trockenen Pulver reduzieren könne. Der TÜV in Essen segnete das Giftvernichtungsvorhaben mit einem positiven Gutachten ab, das Gewerbeaufsichtsamt Dortmund gab grünes Licht, und die Stadt Bochum erteilte am 9. September 1969 die Genehmigung zum Bau der Anlage.

Die Geschäfte der »*Orm Fairtec Chemiegesellschaft m.b.H.*« in Bochum florierten. Inhaber Josef Maluga hatte Verträge mit Hunderten von Firmen abgeschlossen, die heilfroh waren, ihre hochgiftigen Abfälle bei »Orm Fairtec« abliefern zu können.

Insgesamt sollen Maluga und sein Chemotechniker Schellhorn für die Abnahme

von 1105 Tonnen an zyanidhaltigen Härtesalzen und von 1829 Kubikmetern an zyanidhaltigen Lösungen mindestens 327.000 Mark kassiert haben. Was die Lieferer, der
TÜV und die Behörden nicht wußten, was sie anscheinend auch nicht sonderlich inter-
essierte: Die vielgepriesene Schweizer Anlage funktionierte nicht und war so gut wie
nie in Betrieb.

Maluga und Schellhorn machten mit der Zyanidvernichtung das große Geschäft,
indem sie mehrere tausend Zyanid-Fässer einfach auf ihrem Werksgelände verbuddel-
ten oder abstellten. Die Fässer stapelten sich auf dem Firmengelände, wurden undicht und verseuchten das Grundwasser.

Aufgeflogen ist die Affäre nicht durch die Behörden oder das Gewerbeaufsichtsamt, sondern durch Mitglieder der DKP. Einige tausend Zyanid-Fässer lagen auch
auf der Müllkippe in Bochum-Gerthe. Giftige Abwässer flossen direkt in die Ruhr.

Das Zyanid hätte ausgereicht – so die Staatsanwaltschaft im Verfahren gegen Maluga und Schellhorn wegen des Verstoßes gegen das Wasserhaushaltsgesetz und fortgesetzten Betruges vor der VI. Großen Strafkammer des Bochumer Landgerichts –, um
Millionen Menschen zu töten.

November 1972

Bestechung bei der Bundeswehr

Aus der »Süddeutschen Zeitung« vom 11. November 1972. Bonn (AP): »Ein Prozeß
wegen schwerer, passiver Bestechung in sieben Fällen und Dienstgeheimnisbruchs
wurde vor der Zweiten Großen Strafkammer des Bonner Landgerichts gegen Oberregierungsrat *Wilhelm Möller* vom Bundesverteidigungsministerium eröffnet. Der 60jäh-
rige Möller war von 1964 bis 1969 als Leiter der Fachgruppe ›Bedarfsdeckung‹ beim
Kommando ›Depot-Organisation‹ in Bad Neuenahr tätig. Ihm wird unter anderem
vorgeworfen, deutschen und amerikanischen Firmen pflichtwidrig Preis- und Bedarf-
sinformationen zugespielt und ohne Ausschreibung Aufträge erteilt zu haben. Dafür
soll er Bestechungsgelder in einer Gesamthöhe von 20.000 bis 25.000 Mark kassiert
haben.«

1972

KLEINVERDIENER von »Golden Products« betrogen

Die Firma *»Golden Products«* lockte Anfang der siebziger Jahre Hunderte von Klein-
verdienern mit einem raffinierten »neuartigen, erfolgversprechenden Vertriebssy-

stem« zur Mitarbeit. Der Verkaufsdirektor und Geschäftsführer der Münchner Vertriebsgesellschaft »Golden Products«, *Hermann Frietsch,* lieferte seinen »Beratern« nach einer finanziellen Einlage »goldene Produkte« aus München, und zwar 25 Prozent unter dem Endverbraucherpreis. Den Gewinn konnten die Berater dann einstecken. Die nächst höhere »Karriere«-Stufe: der »Aera-Berater« mußte 400 bis 500 Mark einsetzen, der Bezirksberater schon 2200 Mark, um Waren und Verkaufshilfen in verschiedenen Rabattstufen zu erhalten. Er konnte dann wieder mit den unteren Chargen abrechnen.

Der Bezirksleiter »kostete« 11.310 Mark. Bei »Golden Products« konnte er es schnell zum Generalvertreter bringen. Das kostete dann aber 12.210 Mark extra, von denen »Golden Products« für sogenannte »Akademieschulungen« 3500 Mark einstrich, während 7500 derjenige bekam, der den neuen Generalvertreter ins Amt gehoben hatte.

Das Ganze hatte nur einen Haken: Hunderte von Beteiligten blieben auf ihren »goldenen Produkten« sitzen. Sie hatten zwar irgendwelche dubiosen Titel, aber das Geld war weg.

So kam es, daß beispielsweise ein siebzigjähriger Rentner zwar zum Generalvertreter aufgestiegen war, aber letztendlich mit 11.000 Mark Schulden dastand. Ein Teil der Geschädigten schloß sich in einer Interessengemeinschaft zusammen und ging gegen Hermann Frietsch vor.

Dezember 1972

Falsche Doktorgrade und Professorentitel

Geltungsdrang, das Streben nach Erfolg, krankhafter Ehrgeiz und ein hohes Maß an Eitelkeit ließ das Geschäft mit falschen Doktor- und Professorentiteln blühen. Zu den Kunden der vier Titelhändler, die sich 1972 unter dem Decknamen »*Anglican Free Church*« zusammentaten und sich nach einem Fernkurs via Kalifornien selbst für 20 Dollar den »Doctor of Divinity« verleihen ließen, gehörten Ärzte, Zahnmediziner, Heilpraktiker, Apotheker, Ingenieure, Juristen und Kaufleute.

Diese Herrschaften zahlten den Titelhändlern für ihre akademischen Grade – gefälschte Urkunden englischer Hochschulen und manipulierte Genehmigungen zum Führen solcher Titel – bis zu vierzigtausend Mark.

Im Dezember wurden die Titelhändler nach einem mehrmonatigen Prozeß in Frankfurt verurteilt: Acht Jahre für den Werkzeugmacher *Karl-Friedrich Schwalm,* den Verwaltungsdirektor der Titelhändlerfirma; sieben Jahre und neun Monate Gefängnis für den Pelzkaufmann *Werner Nestmann,* der bereits 1970 während einer Gefängnisstrafe in Butzbach mit dem Verkauf von falschen Doktortiteln sein Geld gemacht hatte. Als Mitarbeiter der »Firma« bekamen *Christian Pfaff* und *Karl-Heinz Mihm* Freiheitsstrafen von dreieinhalb bzw. eineinhalb Jahren. Den Titelhändlern konnten knapp 30 solcher »Deals« nachgewiesen werden.

Anfang 1972

Karl Schillers Vetternwirtschaft

Da war die Öffentlichkeit empört: Durch Tricksereien und geschickte Vertuschungen wurde die Präsidenten-Stelle der international anerkannten Bundesanstalt für Bodenforschung in Hannover nicht mit einem der zur Verfügung stehenden Top-Geologen der Bundesrepublik besetzt, sondern mit dem Schwager des damaligen Wirtschaftsministers *Karl Schiller, Eberhard Machens,* der als ziemlich unqualifiziert für dieses Amt galt. Schillersche Vetternwirtschaft, oder »Sozialdemokrat hilft Sozialdemokrat«.

August 1972

Journaille, Geld und Politik

Der »Spiegel« brachte es im August 1972 ans Licht: Die beiden parlamentarischen Staatssekretäre der Regierung Brandt/Scheel, *Wolfram Dorn* (FDP) und *Joachim Raffert* (SPD), hatten Beraterverträge, von denen weder das Kabinett noch die jeweiligen Minister etwas wußten. Für 3000 Mark monatlich hatten sie ausgerechnet mit der Anti-Regierungs-Illustrierten »Quick« einen Beratervertrag geschlossen. Einen Tag nach der Enthüllung traten die beiden Staatssekretäre von ihren Ämtern zurück.

1972

Die Korruptionsaffäre Steiner/Wienand

27. April 1972. Mit Hilfe des konstruktiven Mißtrauensvotums wollte *Rainer Barzel* Bundeskanzler *Willy Brandt* stürzen und selbst Kanzler werden. Mindestens zwei Abgeordnete aus den Reihen der Union Barzel verweigerten jedoch ihr Votum, obwohl dieser eine sichere Mehrheit von 249 Stimmen hinter sich wähnte.

Fassungslosigkeit bei der CDU/CSU, Begeisterungsstürme bei SPD und FDP.

Willy Brandt hatte gesiegt, die noch nicht ratifizierten Ostverträge waren gerettet. Das alles dank zweier CDU-Vertreter.

Sofort war die Rede von Korruption und Bestechlichkeit, vom Bonner »Watergate«.

Wurden bislang im Zusammenhang mit den dubiosen Abwerbungspraktiken sozialliberaler Abgeordneter durch CDU und CSU die Unionsparteien der Korruption verdächtigt, so steckte jetzt die Regierung selbst im Dreck.

Der CDU-Abgeordnete und zweifelhafte Doppelagent *Julius Steiner* behauptete, vom SPD-Fraktionsgeschäftsführer *Karl Wienand* für die Wahl Willy Brandts 50.000 Mark erhalten zu haben. Neben Wienand geriet auch *Horst Ehmke* in Bestechungsverdacht. Er hatte sich noch kurz vor dem Mißtrauensvotum aus dem Reptilienfonds der Bundesregierung 50.000 Mark in bar auszahlen lassen.

Ein Bundestagsuntersuchungsausschuß konnte die Bonner Korruptionsaffäre um *Steiner/Wienand* und die Zahlung von Bestechungsgeldern an verschiedene Bundestagsabgeordnete nicht klären. Vieles ist heute noch unklar.

Nachdem sich *Herbert Wehner* anfänglich vor Wienand gestellt hatte und beinahe mit in den Korruptionsstrudel geraten wäre, zog sich Wienand auf Druck der Partei im August 1974 endgültig aus seinen Ämtern zurück.

Ein staatsanwaltschaftliches Ermittlungsverfahren gegen ihn wurde 1977 eingestellt.

Gegen Steiner wurde im März 1974 ein strafrechtliches Ermittlungsverfahren wegen des Verdachts der nachrichtendienstlichen Tätigkeit, der falschen Titelführung, der Steuerhinterziehung, der Veruntreuung und des Mißbrauchs von Geldern des Bundestages in die Wege geleitet.

Wegen »vorsätzlicher uneidlicher Falschaussage« wurde der Volksvertreter der CDU im Zusammenhang mit der angeblichen 50.000-Mark-Zahlung von Wienand zu 1500 Mark Strafe verurteilt.

Januar 1972

Berufsverbote und »Radikalenerlaß«

Radikalenerlaß und Gesinnungsüberprüfung zählen zu den skandalösesten Kapiteln staatlichen und parteilichen Machtmißbrauchs gegenüber Andersdenkenden und weniger einflußreichen Menschen in der Bundesrepublik.

Nach den sogenannten »Grundsätzen für die Beschäftigung von Extremisten im öffentlichen Dienst« – vom damaligen SPD-Bundeskanzler *Willy Brandt* und den Ministerpräsidenten der Länder im Januar 1972 verabschiedet – durfte »ein Bewerber, der verfassungsfeindliche Aktivitäten entwickelt..., nicht in den öffentlichen Dienst eingestellt« werden.

Darunter fielen Studenten, die während ihrer Studienjahre »linke« Aufrufe und Resolutionen unterzeichnet hatten ebenso wie Sympathisanten und Mitglieder der DKP.

Staatlicher Willkür waren Tür und Tor geöffnet.

Wenn auch die sogenannte »Regelanfrage« – eine Sicherheitsüberprüfung beim Verfassungsschutz grundsätzlich für alle Bewerber des öffentlichen Dienstes – im Bund und in den meisten Ländern wieder abgeschafft wurde, ist die Gesinnungsüberwachung nach wie vor aktuell und wird in den verschiedensten Spielarten praktiziert.

1972

Korruption im »Hohen Haus« – Gekaufte Stimmen im Bundestag

Nach den Bundestagswahlen 1969 stand die Mehrheit der Regierung *Brandt/Scheel* von Anbeginn auf wackeligem Boden. Im Zusammenhang mit der bröckelnden Mehrheit der sozial-liberalen Koalition war seit Monaten die Rede von Bestechung und Korruption. Zu dubios waren die Charaktere und Motive der wechselnden Volksvertreter.

Willy Brandt schloß bei den zwielichtigen Abwerbungspraktiken der CDU/CSU nicht aus, daß »Korruption im Spiel« gewesen sein könnte. Im Rahmen des Scheinübertritts des FDP-Abgeordneten *Karl Geldner* zur CDU war die Rede von 280.000 bis 300.000 Mark, die ihm angeboten worden sein sollen – der finanzielle Wert eines Mandats für die Legislaturperiode.

Auch der FDP-Abgeordnete *Walter Peters* geriet in Bestechungsverdacht. Er soll versucht haben, seinen Fraktionskollegen *Wilhelm Herms* von einem Übertritt in die CDU/CSU-Fraktion durch einen größeren Geldbetrag abzuhalten.

Eine Schlüsselrolle in der Bonner Korruptionsaffäre spielte der SPD-Fraktionsgeschäftsführer *Karl Wienand,* der den CDU-Abgeordneten *Julius Steiner* mit 50.000 Mark dahingehend bestochen haben soll, im Zusammenhang mit dem konstruktiven Mißtrauensvotum gegen Bundeskanzler Brandt gegen *Rainer Barzel* zu stimmen.

Der Korruptionsverdacht konnte bis heute nicht gänzlich ausgeräumt werden.

1971

Mit Bettelbriefen ans große Geld

Der Kaufmann *Bernd Neubacher* und Ehefrau *Edith* machten das große Geld mit ihrem Verein »*Hoffnung – Gesellschaft zur Lebenserhaltung für das geistig behinderte Kind e.V.*« Sie schickten an fast zwei Millionen Adressen Bettelbriefe, versehen mit kleinen Billigpräsenten wie Weihnachtskarten oder Scherenschnitten. »Ihre Gabe hilft einem Sorgenkind«, war da in Anspielung an die »Aktion Sorgenkind« des ZDF zu lesen. »Wir dürfen nicht untätig bleiben, wenn geistig und körperlich behinderte Kinder von hartherzigen Mitmenschen verstoßen werden.« Und so kassierte der Verein von 350.000 Bundesbürgern innerhalb von vier Jahren eine runde Million Mark. Der »Spiegel« berichtete, daß Amtsrichter Verkehrssünder verurteilten, die Geldbuße einem guten Zweck zukommen zu lassen, eben dem Verein »Hoffnung«. Andere verzichteten auf Feiern und Urlaubsreisen – einem guten Zwecke dienend.

Aber alle Spenden dienten nur dem Wohlergehen der Neubachers. Zu Weihnachten oder Ostern kam bisweilen bis zu einer Viertelmillion Mark aufs Spendenkonto der Familie Neubacher.

Schließlich flog der Schwindel mit den Sorgenkindern auf: Die Dritte Große Strafkammer des Landgerichts Koblenz schickte die Neuwieder Gauner hinter Gitter. Bernd Neubacher, der Erste Vorsitzende des »Wohltätigkeitsvereins« erhielt Ende 1971 sieben Jahre Freiheitsstrafe, Ehefrau Edith zwei Jahre und sechs Monate.

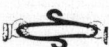

1971

Die DOMA-Pleite

Die Hauskäufer zahlten und zahlten, die Gegenleistungen ließen auf sich warten.

Die im Nürnberger Raum anfänglich angesehene *DOMA*-Unternehmensgruppe brach 1971 zusammen. Der Geschäftsführer *Horst Lösel* und der Manager *Dietrich P. Fersch* führten ein ausschweifendes Leben, brachten Gelder in »Sicherheit« auf private Schweizer Konten und veruntreuten schließlich Kundengelder in Höhe von 5,2 Millionen Mark.

Bereits Ende August 1970 sei die Buchhaltung bei DOMA im Zustand des Chaos gewesen, meinte der Richter im Prozeß gegen den Millionenbetrüger. »Lösel zahlte hohe Gehälter für Direktoren. Aber er hatte kein Geld für Buchhaltungskräfte.«

Anfang Mai 1974 verurteilte die Wirtschaftskammer des Landgerichts Nürnberg-Fürth Lösel zu fünf Jahren Freiheitsentzug, den mitangeklagten Frankfurter Notar *Dr. Adolf Hofmann* zu drei Jahren. Architekt Dietrich P. Fersch hatte sich, für die bundesdeutschen Behörden unerreichbar, nach Persien abgesetzt.

September 1971

Karl Wienand – Absturz mit »Paninternational«

Begonnen hatte die »Paninter-Affäre« mit dem Absturz eines Jets der Fluggesellschaft »*Paninternational*« vom Typ »Bac 1-11« am 6. September 1971. Bei der mißglückten Notlandung der Maschine bei Hamburg kamen 22 Menschen ums Leben.

Der damalige parlamentarische Geschäftsführer und engste Vertraute *Herbert Wehners, Karl Wienand,* geriet in Verdacht, im Rahmen eines hochdotierten Beratervertrages seine Bonner Position dadurch mißbraucht zu haben, daß er für die später bankrotte Fluggesellschaft tätig war.

So soll Wienand für einen Betrag von mindestens 162.500 Mark der Gesellschaft beim Bundesverkehrsministerium und beim Luftfahrtbundesamt in puncto Flugsicherheit gute Karten verschafft haben. Wienand hatte außerdem für Landerechte des dubiosen Paninter-Unternehmens in Rio de Janeiro plädiert.

Die »Paninter-Affäre« fand im November 1975 ihr Ende.

Wienand, inzwischen auch über die »Steiner«-Affäre gestolpert, wurde wegen Steuerhinterziehung und falscher Verdächtigung gegenüber einigen »Stern«-Redakteuren, die in der Sache »Paninter« recherchiert hatten, zu 102.000 Mark Geldstrafe verurteilt.

Der Bonner Staatsanwaltschaft zufolge hatte der prominente SPD-Politiker und Hausbesitzer am italienischen Gardasee zwischen 1967 und 1971 364.000 Mark Steuern hinterzogen.

Insgesamt mußte Brandt-Zögling und Wehner-Intimus Wienand 466.000 Mark an den Fiskus zahlen. Der Strafbefehl des Amtsgerichts Bonn an Karl Wienand lautete auf »340 Tagessätze zu je 300 Mark«, ersatzweise 340 Tage Freiheitsstrafe. Wienand zahlte anstandslos. Die Steuerhinterziehung war aufgeflogen, als die Staatsanwaltschaft im Dezember 1973 seine Räume im Bundeshaus und sein Haus in Schladern/Sieg untersuchen ließ – auf der Suche nach »Paninter«-Unterlagen.

Sommer 1971

Der »ehrenwerte« Freund des Altkanzlers

Glücklos schied der »Vater des Wirtschaftswunders« aus dem Amt des Bundeskanzlers, glücklos waren seine anschließenden Geschäftsverbindungen mit seinem Freund aus frühen Zeiten, dem Deutsch-Amerikaner *John P. Bauer,* auch »Hähnchen-Bauer« genannt.

1967 wurde der »väterliche Freund« *Ludwig Erhard* für ein Jahressalär von 200.000 Mark Aufsichtsrat der *Bauer International (Europa) GmbH,* eines Unternehmens, »das US-Geflügel nach Europa und europäische Käse- und Butterüberschüsse nach Übersee verhökerte« (Der »Spiegel«).

Aber Bauer machte noch andere Geschäfte: Er besorgte sich unter gefälschten Namen Geld, zahlte mit manipulierten Schecks und versuchte mit Betrügereien Millionengeschäfte abzuwickeln.

Im Sommer 1971 wurde Bauer in Basel verhaftet, nachdem ihm Interpol auf die Spur gekommen war. Der »Spiegel«: »Damit endete das Millionen-Spiel des Deutsch-Amerikaners, der es als Agrarhändler (›Hähnchen-Bauer‹) zu Geld und als zeitweiliger Arbeitgeber des Alt-Kanzlers Ludwig Erhard zu Ansehen und Aufsehen brachte.«

Der Bundesliga-Skandal – Tore für Bargeld

»Schiebung, Schiebung« – so schallte es am 5. Juni 1971 durchs Berliner Olympiastadion, als Abstiegskandidat *»Arminia Bielefeld«* sensationell mit 1:0 gegen den haushohen Favoriten *»Hertha BSC«* gewann. Wie recht die Fans hatten, enthüllte wenige Stunden später der damalige Präsident der abgestiegenen *»Offenbacher Kickers«, Horst Gregorio Canellas.*

Er präsentierte der entsetzten Öffentlichkeit Tonbandprotokolle, die bewiesen, daß die Bundesliga ein Sumpf aus Manipulation, Korruption, Schiebung und Betrug war.

Eine Lawine von Affären wurde ausgelöst, die DFB-Gerichtsbarkeit und ordentliche Gerichte traten auf den Plan. Nach dem *»Hertha BSC-Skandal«* von 1965, bei dem 35 Kicker aus nahezu allen Bundesligaclubs finanziell manipuliert haben sollen und der mit dem Ausschluß der Herthaner aus der Bundesliga von den DFB-Funktionären geschickt unter den Teppich gekehrt worden war, lagen Korruption und Bestechung jetzt offen auf dem Tisch.

Punkte und Tore wurden im Abstiegskampf der Bundesliga gekauft und verschoben. Schmiergelder wurden in sechsstelliger Höhe gezahlt, um Niederlagen für die ebenfalls abstiegsbedrohte Konkurrenz zu arrangieren: u.a. von Arminia Bielefeld, Kickers Offenbach und *Rot-Weiß Oberhausen.*

Zwei Drittel aller Bundesliga-Clubs waren in die Schmiergeldaffäre verstrickt – rund 20 Trainer, Klubfunktionäre und Vereinspräsidenten sowie mehr als 60 Bundesligaspieler.

Staatsanwälte ermittelten in Köln, Offenbach, Stuttgart und Bielefeld wegen Betrugs, Erpressung, Nötigung und Steuerhinterziehung.

32 Spieler wurden zum Teil lebenslänglich gesperrt – darunter Nationalspieler wie *»Stan« Libuda* (Schalke 04) und *Manfred Manglitz* (1. FC Köln) –, Präsidenten geschaßt und *»Arminia Bielefeld«* aus der Bundesliga geworfen.

Eine Fußnote am Rande: Mehrere Skandalsünder verdienten später ihr Geld in südafrikanischen Fußballvereinen.

Millionen in die eigene Tasche

Im Frühjahr 1971 machte in Bayreuth eine Affäre Schlagzeilen, über die die »Süddeutsche Zeitung« am 18. Mai folgendes schrieb: »Als ein Spezialist für Wertpapiergeschäfte ganz besonderer Art hat sich der 43jährige Bankkaufmann *Arnold Raithel* entpuppt, der sich seit gestern wegen Untreue und Urkundenfälschung vor der Großen Strafkammer des Bayreuther Landgerichts verantworten muß.

Der aus kleinen Verhältnissen stammende Angeklagte, der sich bei der Bayreuther

Filiale der *Bayerischen Hypotheken- und Wechsel-Bank* vom Lehrling mit Volksschulbildung bis zum verantwortlichen Leiter der Effektenabteilung hochgearbeitet hat, verstand es, 14 Jahre lang ihm anvertraute Aktien von Bankkunden im Werte von insgesamt 8,3 Millionen Mark für sich zu verwenden. Er gibt an, die veruntreuten Gelder im Toto und Lotto verspielt zu haben und keinen Pfennig mehr davon zu besitzen.«

1970

Das Geschäft mit behinderten Kindern

Abends zog der 33jährige mit verplombten Sammelbüchsen, Postkarten und frommen Sprüchen durch die Kneipen von Frankfurt und Umgebung und sammelte für behinderte Kinder. Mit von der »Mitleids-Partie« waren die Ehefrau und eine Freundin.

So brachte es das Dreigespann 1970 auf monatlich einige tausend Mark, freilich nicht für caritative Organisationen, sondern fürs eigene Konto.

Wegen Betrugs in 23 Fällen verurteilte das Landgericht den Mann zu drei Jahren Gefängnis, die Frauen kamen mit Geldstrafen davon.

September 1970

Dr. Hans Mausbach – Mißstände in deutschen Krankenhäusern

Am 20. September 1970 trat in der Fernsehsendung »Halbgott in Weiß« der Assistenzarzt des Frankfurter Nordwestkrankenhauses, *Dr. Hans Mausbach,* auf.

Mausbach erklärte folgendes: »Der Kampf um Laufbahn, Macht, Prestige und Geld wird auch auf dem Rücken der Patienten ausgetragen. Einige Beispiele von vielen: 1. Experimente am Menschen dürften nach dem Sinngehalt unserer Verfassung nur nach Aufklärung und Einwilligung der Betroffenen durchgeführt werden. 2. Kommerzielle Interessen fließen gelegentlich sogar unmittelbar in die Operationsentscheidungen ein, ohne daß die Betroffenen etwas davon ahnen. 3. Mit der Gefälligkeitspublizistik für die pharmazeutische Industrie, für die die Kranken als Versuchsobjekte dienen, könnte man eine ganze pseudowissenschaftliche Bibliothek füllen. – Dieses System produziert Unselbständigkeit, Karrieristentum um jeden Preis, gebrochenes Rückgrat am Fließband. Der Assistenzarzt, der unter solchen Bedingungen sich zum Oberarzt hochgekrochen hat, wird als Chefarzt im Kreiskrankenhaus die Last der erlebten Demütigung auf seine neuen, ihm wiederum hilflos ausgelieferten

Untergebenen abwälzen. Ein Teufelskreis, den wir endlich durchbrechen müssen.«

Mausbach hatte damit das Chefarztsystem an deutschen Krankenhäusern hart attackiert. Das führte zu seiner Entlassung. Mausbach wurde auch aus der »Deutschen Gesellschaft für Chirurgie« ausgeschlossen, weil er das »Ansehen der Gesellschaft geschädigt« haben soll.

Ein Arbeitsgericht wies den Einspruch Mausbachs gegen seine Entlassung zurück. Der Fall sorgte in der Öffentlichkeit und auf der politischen Ebene für viel Wirbel.

1970

Die IOS-Pleite – BERNIE CORNFELDS Investment-Coup

Als 1970 das größte private Finanz- und Spekulationsimperium der Welt, die *IOS (Investors Overseas Services)* des Investment-Managers *Bernie Cornfeld,* zusammenbrach, wurden rund 250.000 bundesdeutsche Sparer mit in den Strudel gerissen und verloren größtenteils ihr Geld.

Immerhin hatten rund 6000 Cornfeld-Mitarbeiter unter der Schirmherrschaft des IOS-Repräsentanten *Erich Mende* 2,5 Milliarden Mark bei deutschen Sparern locker gemacht, die diese gewinnbringend in IOS-Papieren anzulegen meinten.

Weltweit vertrauten gar 750.000 Sparer der Cornfeld-Dynastie mit 88 Tochter- und Beteiligungsgesellschaften in 20 Ländern über acht Milliarden Mark an.

Cornfeld hatte es verstanden, über gekaufte Persönlichkeiten des öffentlichen Lebens seine Ideen vom schnellen Geld für deutsche Sparer an den Mann zu bringen. Die Presse berichtete Ende der 60er Jahre geradezu fasziniert von den Methoden des Bernie Cornfeld. Seine »genialen« Finanzmanipulationen und sein hochherrschaftlicher Lebensstil in Villen und Schlössern in der Schweiz war Tagesgespräch.

Geld spielte keine Rolle: Cornfeld bezifferte allein seine jährlichen Repräsentationsausgaben auf über eine Million Schweizer Franken.

Als Cornfeld 1970 das sinkende Schiff IOS verließ, konnte er seinem Nachfolger und angeblichen »Sanierer«, dem Amerikaner *Robert L. Vesco,* immerhin sein eigenes Aktienpaket für 5,5 Millionen Dollar verkaufen. (Laut Steuererklärung soll Cornfeld als IOS-Chef 26 Millionen Dollar verdient haben.) Als Vesco sich mit angeblich 225 Millionen Dollar aus der ohnehin maroden IOS-Kasse nach Costa Rica absetzte, führte das zum endgültigen Kollaps von IOS.

1973 wurde Bernie Cornfeld festgenommen, ein Jahr später gegen eine Kaution von fünf Millionen Schweizer Franken wieder freigelassen. Als ihm schließlich wegen Betrugs der Prozeß gemacht wurde, verließ Cornfeld das Gericht in Genf nach einem Freispruch als freier Mann.

Zehntausende von kleinen IOS-Aktionären hatten ihr Geld verloren, dank Bernie Cornfeld und Erich Mende, der bis 1980 als »Volksvertreter« im Bundestag saß. Unbehelligt.

August von Finck – Die »Bodenreform-Affäre«

»München: Bauland an Milliardär verschleudert«, so schrieb die Münchener »Abendzeitung« am 10. Februar 1970. »Großgrundbesitzer machte 30 Millionen Mark Spekulationsgewinn.«

Die Rede war vom reichsten Bankier Europas, vom reichsten Mann Deutschlands und größten Großgrundbesitzer der Republik (4000 Hektar Land, überwiegend um München und im bayerischen Oberland), dem Multi-Milliardär *August von Finck,* in dessen Biographien fast immer steht: »Vermehrte seinen Grundbesitz ständig, wehrte sich gegen Bodenreformmaßnahmen.«

August von Finck, der seit 1933 NSDAP-Mitglied war und im Dritten Reich seinen Reichtum vermehrte, war 1948 als Mitläufer eingestuft worden und hatte nach 1945 im Zuge des alliierten Bodenreformgesetzes 425,8 Hektar Land zugunsten von Flüchtlingssiedlern abgeben müssen.

Durch allerlei Tricks, wie die Ausklammerung seiner Mustergüter, hatte Finck erheblich weniger Land herausgerückt und sogar noch einen Teil billig zurückkaufen können.

So auch 1965, als er vom Freistaat Bayern ohne Zahlung von Grunderwerbssteuern 45 Hektar Bodenreformland für nur 380.000 Mark zurückerwarb. Für das besiedelte Land aber verlangte er als Entschädigung nicht mehr den ihm zustehenden relativ niedrigen Einheitswert, sondern den Verkaufswert von 50 Mark pro Quadratmeter Bauland. Er bekam vom Freistaat Bayern eine als Vergleich deklarierte Summe von 52 Millionen Mark. Ein Untersuchungsausschuß sollte klären, ob – wie die SPD behauptete – der Staat zugunsten von Finck einen finanziellen Verlust von nahezu 50 Millionen Mark gemacht hatte.

Die CSU entdeckte so gut wie keine Fehler, die SPD eine Serie von Rechtswidrigkeiten und Ungereimtheiten. Die Öffentlichkeit brachte die »Bodenreform-Affäre« auf den bayerischen Nenner: »Von den Kleinen reden, für die Großen sorgen.«

Jahrelang stritt sich August von Finck auch mit Bürgern und Naturschutzbehörden um den Zugang zum Ufer des Kochelsees, wo er 1971 ein 25.000 Quadratmeter großes Seeufergrundstück erwarb.

Obwohl das bayerische Naturschutzgesetz den freien Zugang zu allen Seen garantiert, sind immer noch Teile des Finckschen Besitzes für die Bevölkerung unpassierbar.

DAS FINCK-IMPERIUM

Bankhaus Merck, Finck & Co., München–Düsseldorf–Frankfurt

Bilanzsumme 1,36 Mrd. DM

100prozentige Töchter:

DSK-Bank, Deutsche Spar- und Kreditbank AG, München

Bilanzsumme 139 Mio. DM

Allkredit Teilzahlungsbank GmbH, Düsseldorf

Bilanzsumme 22 Mio DM

Die großen Unternehmensbeteiligungen, die zum Teil vom Bankhaus Merck, Finck & Co. und von der Agricola Verwaltungsgesellschaft KG verwaltet werden:

Stahlwerke Südwestfalen AG	37 % Anteil
Edelstahlwerke Witten AG	34 % Anteil
Isar-Amper-Werke AG	28 % Anteil
Hoch-Tief AG	28 % Anteil
Linde AG	unter 25 % Anteil
Gesellschaft für Markt- und Kühlhallen	über 25 % Anteil
Löwenbräu AG	unter 25 % Anteil
Würzburger Hofbräu AG	über 50 % Anteil
Sektkellerei J. Oppmann AG	über 50 % Anteil
Vereinigte Werkstätten	75 % Anteil
Deutscher Lloyd Lebensversicherungs AG	unter 25 % Anteil
Deutscher Lloyd Versicherungs AG	unter 25 % Anteil
Allianz Versicherungs AG	etwa 6 % Anteil
Münchener Rückversicherung	etwa 6 % Anteil

Aus: Weltwoche, Zürich, Januar 1973

Ende 1969

Ostwestfalen groß im Nehmen

Die »Welt« sprach von einem der »größten Kreditbetrugs- und Grundstücks-Spekulationsskandale der Nachkriegszeit«, der Ende 1969 in Bielefeld herauskam.

Wohnungs-Spekulant *Roman Niehaus* – 1958 lief vor dem Bundesgerichtshof noch ein Verfahren gegen ihn wegen Verdachts »der Fortführung der Kommunistischen Partei«, wie der »Spiegel« zu berichten wußte – und seine Kollegen Spekulanten handelten immer nach dem gleichen Strickmuster: »Die Kredit-Ritter erwarben billige Altbauten, ließen sich von Architekten überhöhte Wertgutachten ausstellen und nahmen unter Vorlage solcher Papiere Hypotheken auf, die weit über dem wahren Wert der Objekte lagen«, schrieb der »Spiegel« (53/1969). »Zu einigen Bankdirektoren und Filialleitern ergaben sich dabei so enge Kontakte, daß die leitenden Herren selber in das Geschäft einstiegen und, gegen Bestechungssummen zwischen 40.000 und 400.000 Mark, immer neue Kredite losgeeist haben sollen. Etwa ein Dutzend Kreditmanager steht unter Bestechungsverdacht...«.

In Düsseldorf war zur gleichen Zeit ein vergleichbarer Skandal aufgeflogen. Der Opladener Kaufmann *Hans-Eberhard Bomberg* hatte ähnlich krumme Geschäfte in Millionenhöhe getätigt, bis die Staatsanwaltschaft dahinter kam, daß es sich jeweils um die gleichen Architektengruppe handelte, die jahrelang falsche Wertgutachten geliefert haben sollen. So zum Beispiel auch für den berüchtigten Kölner Miet-Hai *Günter Kaußen*.

1969

Die Affäre um den Tanzweltmeister

Dr. Jürgen Bernhold war Amateur-Tanzweltmeister in den lateinamerikanischen Tänzen und ein beliebter Mann. Aber er war auch Reeder in Hamburg, und da machte er sich weniger beliebt. Über mehrere Jahre hinweg befahl er seinen Kapitänen, stark verunreinigtes Wasser der *Caltex-Raffinerie* bei Frankfurt in den Rhein zu pumpen, obwohl seine Schiffe die »Giftbrühe« zur Vernichtung auf hoher See transportieren sollten.

Erst als der Tänzer und Schiffseigner durch ein Gericht zu acht Monaten Gefängnis auf Bewährung, 5000 Mark Geldstrafe und 80.000 Mark Geldbuße verurteilt wurde, stellte er seine schmutzigen Wasser-Geschäfte ein.

Herbst 1969

Kleinverdiener geprellt

Sie lockten mit Berlin-Investitionen und fanden mehrere hundert Bundesbürger, die ihr sauer verdientes Geld in diesen unseriösen Berlin-Beteiligungen anlegten. Versprochen wurden den Kommanditisten von den Betreibern der »Wa-La Vermittlungs-GmbH & Co Immobilien KG, Berlin«, *Walter Landsrath* und *Werner Potthoff,* im Herbst 1969 große Gewinne und immense Steuerersparnisse, wenn sie ihr Geld über die Gesellschaft in lukrative Ladengeschäfte und Gaststätten in Westberlin einbringen würden.

So hatten es die beiden »Berlin-Experten« auf rund fünf Millionen Mark gebracht. Als der »Millionen-Deal« aufflog, stellte sich heraus, daß das Geld nicht investiert, sondern in dunklen Kanälen verschwunden war.

1969

Skandal um Bauernfänger

Zehn Vertreter haben in 80 Dörfern der Bundesrepublik knapp 400 Bauern hereingelegt. Den Bauern wurden »gratis und nur zur Probe« neueste Technik in die Ställe geliefert: Melkmaschinen, Tiefkühltruhen und Milchkannenkühlanlagen. Wenn die

Bauern weitere Käufer finden würden, bekämen sie eine 10prozentige Provision.

Sie unterzeichneten entsprechende Kauf- und Kreditverträge. Wegen Betrugs, Urkundenfälschung und Erpressung verurteilte das Landgericht Münster die zehn Angeklagten schließlich zu insgesamt 23 Jahren Gefängnis; der Haupttäter erhielt fünf Jahre.

Juni 1969

Dr. Theo Mauser wg. Prof. Dr. Alfred Witt

Am 6. Juni 1969 ließ sich der junge Arzt *Dr. Theo Mauser* wegen einer tuberkulösen Erkrankung seine Wirbelsäule operieren – vom Direktor der Orthopädischen Universitätsklinik in München, Ordinarius Professor *Dr. Alfred Witt.*

Der damals 28jährige Mauser verließ die Klinik im Rollstuhl: Querschnittslähmung. Für Dr. Theo Mauser, dessen Eltern kurz nach dem Kunstfehler des berühmten Professors starben, begann ein jahrelanger Kampf um eine finanzielle Wiedergutmachung.

Erst 1975 kam der Klinikchef wegen »fahrlässiger Körperverletzung« vor den Kadi. Der »Spiegel« schrieb im Januar 1975 unter der Überschrift »Lähmendes Schweigen«: »Zum erstenmal ist ein deutscher Klinikchef und Ordinarius wegen eines Kunstfehlers angeklagt worden – angesichts der üblichen Mediziner-Kumpanei fast eine Sensation.«

Vorausgegangen war für Theo Mauser eine Serie von Enttäuschungen und Erkenntnissen über den Zustand der bundesdeutschen Medizin.

Zusammen mit seinem Anwalt bat der junge Mediziner 17 deutsche Ärzte und Ordinarien um ein Gutachten, von allen erhielt er Ablehnungen. Niemand wagte es, gegen den prominenten Professor Witt aus München auszusagen. Schließlich gelang es dem Rechtsanwalt Mausers, den international anerkannten Züricher Chirurgen Professor *Werner Brunner* als Gutachter zu gewinnen. Dieser kam zu dem Ergebnis, Witt habe einen Kunstfehler begangen, da das Risiko einer Querschnittslähmung »unzumutbar hoch gewesen« sei.

Die Staatsanwaltschaft reagierte jedoch erst, als plötzlich ein zweites, nun den Münchner »Klinik-Papst« entlastendes Gutachten erstellt worden war – just von dem Mainzer Professor *Josef Kastert,* der zuvor Mausers Bitte um ein Gutachten abgelehnt hatte.

Der Prozeß gegen den Münchner Klinikchef fand nicht statt, das bereits eröffnete Verfahren wurde plötzlich eingestellt.

Wieder – wie schon im Fall »Bischoff/Witt« – trat der Freistaat Bayern auf den Plan und legte in einem »Pauschalvergleich« auf die von Witt und seiner Versicherung gezahlten 200.000 Mark noch einmal 300.000 Mark drauf. Bedingung: Mauser mußte seinen sechs Jahre lang schwelenden Strafantrag gegen den Münchner Star-Professor zurückziehen.

Dazu schrieb der »Spiegel« im Juni 1975: »Zum zweitenmal steht der Freistaat Bayern dem Münchner Chirurgen Witt in einem spektakulären Kunstfehlerverfahren bei – an dem die Staatsanwaltschaft plötzlich kein ›besonderes öffentliches Interesse‹ findet«, und vermutete eine politische Entscheidung im Fall des lebenslang querschnittgelähmten Arztes Dr. Theo Mauser.

Juni 1969

Hohe Offiziere bestochen

Aus der »Süddeutschen Zeitung« vom 18. Juni 1969: Köln (dpa). »Durch Bestechungen hoher Offiziere sollen 22 Kölner Autoreparaturwerkstätten die Bundeswehr um eine Summe von einer bis eineinhalb Millionen Mark geschädigt haben.

Die Kölner Staatsanwaltschaft teilte mit, sie ermittle seit etwa einem halben Jahr ›wegen Verdachts des Betrugs zum Nachteil der Bundeswehr und wegen aktiver Bestechung von Bundeswehrangehörigen‹.

Die 22 Firmen waren beauftragt, Bundeswehrfahrzeuge aus dem Kölner Raum instand zu setzen. Sie sollen überhöhte Rechnungen ausgeschrieben haben.

Mehreren Bundeswehrangehörigen, die über die Vergabe von Aufträgen zu entscheiden hatten, sollen Zuwendungen in Form von Geld und Sachleistungen gemacht worden sein. Ein Oberstleutnant habe etwa 16.000 Mark in bar und andere Zuwendungen im Wert von etwa 10.000 Mark erhalten, erklärte die Staatsanwaltschaft.«

1969

»Die sehr ehrenwerten Herren«

»Wer die Filiale einer Kreissparkasse überfällt, hat die Zeichen der Zeit nicht verstanden«, schrieb die Wirtschaftszeitschrift »DM« im November 1969. »Der Gangster von Format trägt kein Schießeisen mehr im Hosenbund, sondern einen modischen Schlips am weißen Kragen.«

Die Zeitschrift nahm die Affäre des »Steuerkünstlers« *Ermisch* zum Anlaß, einige Skandale im Zeitraffer Revue passieren zu lassen:

– »*Rolf Dumpe,* Liebhaber wertvoller Rennpferde und rauschender Feste, vergiftete sich Anfang 1969 in seinem Haus in Wartenberg, Kreis Erding, mit Schlaftabletten, nachdem seine Betrügereien aufgeflogen waren. Er hinterließ 30 Millionen Mark Schulden.«

– »*Josef Schäfer,* ehemaliger Generaldirektor des Grundig-Konzerns, veruntreute zwei Millionen Mark. Er wurde zu drei Jahren Gefängnis und einer Million Mark Geldstrafe verurteilt.«

– »*Ernst Queitsch,* Kuratoriumsmitglied der rechtskonservativen Deutschlandstiftung, Herausgeber der politischen Zeitschrift ›Profil‹ und zeitweise Verlobter des blonden Filmsternchens Gisela Hahn, wartet noch auf ein Urteil. Er soll die Arzneimittelfirma Hormon-Chemie um mehr als drei Millionen Mark geprellt haben.«

– »*Walter Jordan,* millionenschwerer Fabrikant aus Braunschweig, beging 1963 Selbstmord. Er stand im Verdacht, die Bundeswehr bei Rüstungsaufträgen um etliche Millionen betrogen zu haben.«

– »*Werner Freitag,* Bad Homburger Bauunternehmer, machte 1967 pleite. Bei der Konkurseröffnung wurden ganze 12,73 Mark Bargeld sichergestellt. Sollstand: 25 Millionen Mark Schulden und zahlreiche ruinierte kleine Hausbesitzer.«

– »*Vernon Helmut Kronenberg,* Deutschamerikaner, richtete zusammen mit seiner attraktiven Frau *Helga* und dem Stuttgarter Rechtsanwalt *Ruisinger* von 1956 bis 1962 bei umfangreichen Finanz- und Wechselschiebereien 14 Millionen Mark Schaden an. Die Rechnung für ihn: acht Jahre Zuchthaus.«

– »Die vier ›*Rebbert-Sisters*‹ *Lieselotte* und *Hildegard, Elisabeth* und *Wilhelmine,* inzwischen in Haft, wurden vor einem halben Jahr sogar zu Hauptfiguren eines amüsanten Fernsehspiels: Die Damen kauften im Moselstädtchen Bernkastel eine Villa, ohne einen Pfennig Geld zu besitzen, luden die Ortshonoratioren zum Sekt ein, ließen sich von der Geschäftswelt des Städtchens wie fürstliche Hoheiten bedienen und legten zum Schluß alle herein.«

– »1966 standen in Frankfurt die Gesellschafter der Automatenfirma *Euram, Franz-Josef Clahsen* und *Bernd Eichmann,* vor Gericht. Euram war nur eine von vielen Firmen, die mit dem Köder eines lohnenden Nebenverdienstes vor allem kleine Leute um ihre Ersparnisse brachten und heute noch bringen.

Im Prozeß kam zutage: Euram hatte bis dahin 600 Zivilprozesse und 300 außergerichtliche Auseinandersetzungen gegen Kunden geführt und meist gewonnen. Kein Richter hatte die dunklen Geschäfte der Firma erkannt. Verurteilt wurden im Gegenteil die Betrogenen, denen elf Anwälte außerdem noch rund eine halbe Million Mark Prozeßhonorare abknöpften.«

März 1969

Die »Orb-Brothers« – Betrug in größtem Stil

Gerhard, Hans und *Siegfried Orb* hatten jahrelang mit einem schwindelhaften Fernseh- und Möbelunternehmen im Rheinland Tausende kleiner Leute und zahlreiche Banken um acht Millionen Mark betrogen.

Ende März 1969 ging der Skandal mit der Verurteilung der »Orb-Brothers« zu Ende. Damals schrieb dpa: »Den Schlußstrich unter eine der größten Betrugsaffären der deutschen Nachkriegsgeschichte zog die Zweite Strafkammer am Landgericht in

Wuppertal. Das Gericht verurteilte die vier Geschwister Orb sowie Angestellte und Vertreter ihrer Firma zu Zuchthaus- und Gefängnisstrafen, weil sie jahrelang Geldinstitute und Tausende von Kunden und Lieferanten mit fingierten und frisierten Kauf- und Finanzierungsverträgen um Millionen geschädigt haben.

Bei der Eröffnung des Konkurses über die Firma ›Gebr. Orb, Elektro-, Fernseh- und Möbelhaus OHG‹ standen den Forderungen von 8,25 Millionen Mark keine Aktiva gegenüber. Das Gericht verurteilte den 35jährigen Siegfrid Orb wegen besonders schweren Betruges und Untreue zu sechs Jahren Zuchthaus sowie fünf Jahren Berufsverbot. Sein Bruder Hans Orb erhielt viereinhalb Jahre Gefängnis und ebenfalls fünf Jahre Berufsverbot wegen Untreue, Betruges und Urkundenfälschung. Der dritte Bruder, Gerhard, wurde zu einem Jahr und neun Monaten Gefängnis wegen Beihilfe zum Betrug verurteilt. Die 47jährige Schwester erhielt sechs Monate Gefängnis.

Außerdem wurden gegen 13 mitangeklagte Angestellte und Vertreter des Unternehmens wegen Beihilfe zum Betrug oder Urkundenfälschung Gefängnisstrafen zwischen drei und 15 Monaten – teils mit Bewährung – verhängt.«

»Baulöwen« und »Seniorenhotels«

Aufsehen erregte Anfang 1969 die Verhaftung der Bauunternehmer *Hans-Joachim Maier* und *Alfons Hofbauer* in Wuppertal. Die beiden Geschäftsführer der von Wuppertal aus agierenden, 1963 gegründeten *Hofbauer & Maier OHG* hatten insgesamt 170 Altbauwohnungen aufgekauft, um sie nach der Instandsetzung wieder zu verkaufen. Dabei hatten beide zahlreiche Gläubiger um 43 Millionen Mark geprellt.

Die beiden »Baulöwen« ließen sich gekaufte Grundstücke und Häuser von einem geschmierten Gutachter überbewerten und von der Mainzer Landesbank mit hohen Hypotheken beleihen.

Als die Firma 1968 pleite ging, waren die Käufer der Eigentumswohnungen die Betrogenen, da ihre Wohnungen nicht einmal im Grundbuch eingetragen waren.

Besonders hart erwischte es mehrere Hundert alte Leute, denen die Baulöwen vorgegaukelt hatte, für Einlagen von mehreren tausend Mark und hohen Kautionen aus den Altbauten luxuriöse »Seniorenhotels« zu machen. Die Gelder für die privaten Altersheime waren futsch. Die auf großem Fuß lebenden Baulöwen hatten das Geld offensichtlich zu einem großen Teil verjuxt.

EUGEN GERSTEMAIER –
Die Wiedergutmachungsaffäre

Der »Fall Gerstenmaier« schockierte die bundesdeutsche Öffentlichkeit Anfang 1969. *Eugen Gerstenmaier,* der im Dritten Reich dem »Kreisauer Kreis« und damit dem Widerstand des 20. Juli 1944 angehört hatte, nach dem Krieg dann das Hilfswerk der Evangelischen Kirche Deutschlands aufbaute und schließlich bis zu seinem Sturz 1969 knapp 14 Jahre Bundestagspräsident, und damit zweiter Mann im Staate war, hatte tief in die Wiedergutmachungskasse gegriffen.

Gerstenmaier, der hochdotierte und prachtvoll residierende Bundestagspräsident hatte 281.000 Mark Entschädigung und eine Jahrespension von 30.000 Mark dafür kassiert, daß ihm, dem »Widerstandskämpfer«, 1938 eine angestrebte Professur vorenthalten worden war und damit ein entsprechend entgangenes Gehalt.

Bei der Novellierung des Wiedergutmachungsgesetzes soll Gerstenmaier in seinem Sinne Einfluß genommen haben. Nach dem Bekanntwerden dieser skandalösen Zahlungen äußerte sich Gerstenmaier in einer Pressekonferenz, die das Faß zum Überlaufen brachte, so: »Nazi hätte man sein müssen« und »Staat des Berechtigungswesens«.

Die Wiedergutmachungs-Affäre beendete die Karriere des bis dahin als moralisch integer gegoltenen Bundestagspräsidenten. Kleinere Affären waren allerdings vorausgegangen.

So soll Gerstenmaier einen dubiosen Grundstückskauf in Stuttgart getätigt haben, und seine Amtsführung als Leiter des Evangelischen Hilfswerkes und als Vorsitzender des Aufsichtsrates der Gemeinnützigen Siedlungsgesellschaft dazu benutzt haben, mit Spendengeldern das Waldgut Vierherrenwald im Hunsrück zu kaufen. Dort hatte er mietgünstig gewohnt und auf den entsprechenden Ländereien jagen können.

Die Vorwürfe wurden nie aus der Welt geräumt, obwohl die Evangelische Kirche Deutschlands ihrem geschäftstüchtigen Repräsentanten einen Persilschein ausstellte.

Anfang 1969

Jürgen Bischof wg. Prof. Dr. Alfred Witt

Anfang 1969 hatte sich der 17fache bundesdeutsche Turnmeister *Jürgen Bischof* bei einem Vereinswettbewerb einen Riß der Achillessehne zugezogen. Der Kunstturner kam zu einer Routineoperation in die Orthopädische Universitätsklinik in München zu Professor *Dr. Alfred Witt. Professor Witt* wurde beim Flicken der Sehne von seinem Anästhesisten *Dr. Wessely* unterstützt.

Jürgen Bischof wachte erst nach zweieinhalb Monaten aus der Narkose auf – schwer hirngeschädigt, als menschliches Wrack, ein Leben lang erwerbsunfähig. Ein Herzstillstand während der Operation, der zu spät bemerkt worden war, führte zu dem irreparablen Hirnschaden des Sportlers. Nachdem sogar sein Vater vertröstet worden war, es sei »alles hervorragend gelaufen«, brachte schließlich ein Sportsfreund Bischofs einen Schadensersatzprozeß gegen Witt und seine Versicherung in Gang.

Aber die Ärzte bildeten mit ihren Kollegen eine Mauer des Schweigens. Nachdem Bischofs Frau und die beiden Söhne zwischenzeitlich von der Fürsorge leben mußten, erhielt der Kunstturner Jahre später eine »Staatsrente auf Lebenszeit«, das »Ruhegehalt eines bayerischen Oberamtsrats von 2450 Mark«.

Die Pension für den prominenten Turner wurde vom bayerischen Finanzminister in die Wege geleitet – und der »angesehene« Professor Witt war aus dem Schneider.

Ende 1968

Der Millionen-Coup des Steuerbeamten Franz Hubertus Niering

Der ehemalige Sachbearbeiter und Steuerinspektor im Finanzamt Düsseldorf-Altstadt, *Franz Hubertus Niering,* sorgte Ende 1968 in Düsseldorf für einen Skandal.

Er hatte in den Jahren 1963 bis 1968 mit 45 gefälschten und fingierten Anträgen auf Kapitalertragssteuer-Rückvergütungen seine Behörde und damit den Fiskus um 1,2 Millionen Mark gebracht. Der einst »kleine« Steuerinspektor investierte seinen neuen Reichtum in Grundstücke, Häuser, Erdbaufirmen und rasante Autos.

Nur durch Zufall stießen Steuer-Spezialisten im Zuge der Ermittlungen zum »Fall Ermisch« auf Franz Hubertus Niering.

Wegen fortgesetzten Betrugs und Urkundenfälschung wurde Niering im Juni 1969 von der Zweiten Großen Strafkammer des Landgerichts Düsseldorf zu viereinhalb Jahren Gefängnis verurteilt.

Sommer 1968

Die frisierten Bilanzen des »Bonner Wirtschaftsdienstes«

»Bonner Wirtschaftsdienst« – das klang seriös. Und da dieses Unternehmen auch noch von den scheinbar seriösen Herrschaften *Max Kawitzke,* seiner Ehefrau *Gisela, Siegfried Piotrowski* und *Dieter Paprotny* – alles Herrschaften von Bonner Eleganz – geführt wurde und 20 Prozent Rendite für alle Einlagen garantierte, zahlten 500 Mittelständler aus dem In- und Ausland Beträge zwischen 10.000 und 160.000 Mark als Kommanditbeteiligung an Kawitzkes Immobiliengesellschaft. Ärzte, Juristen und Rentner hatten 11 Millionen Mark beim »Bonner Wirtschaftsdienst« angelegt, als der Laden im

Sommer 1968 pleite machte. Finanzmakler Piotrowski und Diplomkaufmann Kawitzke wurden verhaftet.

Das Geld war weg, die 500 Anleger schauten in die Röhre. Alles war Bluff, die Bilanzen waren frisiert. Ende 1971 begann gegen die Herrschaften im weißen Kragen mit den schmutzigen Westen ein Mammutprozeß vor dem Landgericht Bonn mit über 500 – überwiegend geprellten – Zeugen.

Anfang 1968

Finanzskandal im bayerischen Landwirtschaftsministerium

Fast ein Jahrzehnt lang machte ein Angestellter des bayerischen Landwirtschaftsministeriums mit verschiedenen Molkereien gemeinsame Sache – und brachte es so auf 1,2 Millionen Mark. Der Verwaltungsangestellte vom Amt für landwirtschaftliche Marktordnung kassierte Subventionszulagen aus Bundes- und Landesmitteln, indem er 30 Molkereien zu hohe Subventionen zahlte, die später an ihn persönlich zurücküberwiesen wurden.

Auf diese Weise unterschlug der »Milchexperte« bis Anfang 1968 120 Millionen Milchpfennige – eine stattliche Summe.

1967

Die »Porst-Affäre«

Aufgefallen war der Chef von »Photo-Porst« der Öffentlichkeit bereits im Mai 1964, als er auf dem Flughafen Nürnberg in einer Blitzaktion wegen des Verdachts der Steuerhinterziehung verhaftet worden war.

Er hatte Gelder auf einem Schweizer Konto verbucht und den Fiskus um Millionen betrogen. Im Juni 1964 wurde *Hannsheinz Porst* gegen eine Kaution von 8 Millionen Mark wieder frei gelassen, 1967 mußte er 2 Millionen Mark Strafe für Steuerhinterziehung zahlen sowie eine Steuernachzahlung von 9,5 Millionen Mark.

Die eigentliche »Porst-Affäre« begann im Oktober 1967. Hannsheinz Porst wurde unter dem Verdacht verhaftet, Spionage für die DDR betrieben zu haben und Agent bzw. Mitarbeiter des Ministeriums für Staatssicherheit der DDR zu sein. Ende Dezember 1967 kam Porst gegen eine Kaution von 1 Million Mark frei, aber die Ermittlungen ergaben, daß der »Photo-König« sowohl jahrelang Mitglied der bundesdeutschen FDP wie der SED der DDR war, eine Art Doppelagent also. Porst hatte den Wahlkampf der FDP von 1961 angeblich auch mit Geldern aus der DDR unterstützt und war jahrelang ein guter Bekannter des Chefs der DDR-Auslandsspionage, Markus Wolf gewesen mit dem er häufig zusammengetroffen war.

Porst war stellvertretender Vorsitzender der FDP in Mittelfranken, bis er Ende 1968 sowohl aus der FDP wie auch aus der SED austrat.

Im Juli 1969 wurde der Nürnberger Photo-Händler vom 3. Strafsenat des Bundesgerichtshofes wegen landesverräterischer Beziehungen zum DDR-Ministerium für Staatssicherheit zu zwei Jahren und neun Monaten Gefängnis verurteilt, die beiden Mitangeklagten und früheren Angestellten Porsts, *Alfred Pilny* und *Peter Neumann,* zu zwei Jahren und drei Monaten bzw. neun Monaten auf Bewährung.

Ende Oktober 1970 wurde Hannsheinz Porst vorzeitig aus der Haft entlassen, eine Reststrafe in eine dreijährige Bewährungsfrist umgemünzt.

Ein Jahr später geriet der »Sozialromantiker« und »Sympathisant des Marxismus« erneut in die Schlagzeilen, als er sein Unternehmen sozialisierte und durch eine »totale Mitbestimmung« alle Mitarbeiter von »Photo-Porst« zu Gesellschaftern und Teilhabern machte.

1967

Onkel Lou und die Moral des Intendanten

1967 feierte der TV-Entertainer und Showmaster *Lou van Burg* mit seiner Sendung »Der Goldene Schuß« Triumphe beim Publikum und avancierte zum absoluten Bildschirmliebling. »Onkel Lou«, wie er liebevoll genannt wurde, war auf dem Höhepunkt seiner Popularität. Dann wurde das Opfer der verschrobenen Moralvorstellungen dieser Zeit, aber insbesondere Opfer des ZDF und seines Intendanten *Professor Karl Holzamer.*

»Onkel Lou« wurde nach der vierten Sendung seines »Goldenen Schusses« fristlos entlassen. Der Grund: »zu häufiger Wechsel der Freundinnen« – so die Lesart des ZDF. Lou van Burg hatte nämlich eine Liaison mit seiner Assistentin *Marianne Krems* und verließ ihretwegen seine langjährige Partnerin, die Sängerin *Angelé Durand.* Aber was die Moralhüter aus Mainz überhaupt nicht mehr geregelt bekamen, war die Tatsache, daß »Onkel Lou« seit 25 Jahren verheiratet war, aber seit Jahren getrennt von seiner Angetrauten lebte, die sich einer Scheidung immer hartnäckig verweigert hatte.

Die Saubermänner vom ZDF feuerten den Liebling der Nation unter dem Protest von Tausenden von Zuschauern.

1969 heiratete Lou van Burg schließlich Marianne Krems, hatte mit ihr zwei Kinder und war – seinem Bekunden nach – bis zu seinem Tode 1986 glücklich. Von dem jähen Ende seiner glorreichen Karriere hatte sich »Onkel Lou« nie mehr richtig erholt.

Erich Mende – »Wer Aktien kauft, der kann Pech haben«

Erich Mende – Weltkrieg-II-Major und Ritterkreuzträger, bis 1966 Vizekanzler und Minister für gesamtdeutsche Fragen im Kabinett Ludwig Erhards – wechselte 1967, noch als Parteivorsitzender der FDP, ins Investmentgeschäft. Sicherlich erleichterte der sich während der Großen Koalition (1966–1969) abzeichnende sozialliberale Reformkurs der FDP dem nationalliberalen Politiker den Entschluß, sich als Deutschland-Repräsentant und Manager der amerikanischen Investmentgesellschaft *(Investors Overseas Services)* IOS zu verdingen. IOS-Chef und Gründer *Bernie Cornfeld* hatte sich den prominenten »Volksvertreter« für ein Jahresgehalt von 200.000 DM gekauft.

Mende wurde zwar im Parteivorsitz vom sozialliberalen Walter Scheel abgelöst, behielt aber sein Abgeordneten-Mandat inne und wickelte als bundesdeutsches Aushängeschild die amerikanischen IOS-Geschäfte ab.

Im Sommer 1970 kam es zum IOS-Bankrott. Hunderttausende kleine Geldanleger, in IOS-Papiere, die Mende vertraut hatten, wurden um ihr Erspartes geprellt. »Wer Aktien kauft, der kann Pech haben«, meinte Mende und erhielt sofort einen neuen, hochdotierten Beratervertrag aus der Wirtschaft.

1970 trat Mende zur CDU über und kehrte – trotz seiner unseriösen IOS-Geschäfte und der für viele Menschen verheerenden IOS-Pleite – über die hessische Landesliste der CDU als deren Abgeordneter in den Bundestag zurück.

Friedrich Wilhelm Ermisch – Der »König der Steuerbetrüger«

An Eleganz und charmanten Umgangsformen war *Friedrich Wilhelm Ermisch* kaum zu überbieten.

Das haben wohl auch einige Beamte und Mitarbeiter der *Finanzämter Essen-Ost* und *Düsseldorf-Nord* so empfunden. Notfalls wurde eben mit Blumen-Bouquets für die Damen und Barem für die Herren nachgeholfen.

Der Herr mit den liebevollen, aber direkten Umgangsformen war ursprünglich Kohlenhändler in Essen, hatte es aber im Laufe der Jahre zu einer stattlichen Zahl florierender Firmen und einem gutgehenden Exportgeschäft gebracht. Freilich: nahezu alles auf dem Papier. Ermisch hatte es zwischen 1962 und 1967 raffiniert verstanden, gemeinsam mit einigen Helfern, den Staat um 12,7 Millionen Mark zu prellen und so zu Deutschlands größtem und berühmtestem »Steuerkünstler« aufzusteigen.

Seine fingierten Stahl- und Kohleexporte florierten natürlich in erster Linie durch

Bestechung. Die Firmen hatten klangvolle Namen, großkotzige Briefköpfe und mitunter auch mondäne Büroräume. Nur exportiert wurde nichts. Aber die Steuerrückvergütungen flossen üppig.

Durch Zufall kam die Polizei Ermisch auf die Spur. Als sie ihn im Dezember 1967 mit einem Haftbefehl in der Tasche schnappen wollte, war der Steuerkünstler längst in Mexiko, gewarnt von einem »seiner« Beamten.

Der Skandal war perfekt. Mit 12,7 Millionen Mark Steuergeldern machte Ermisch mit seiner Komplizin und Freundin *Brigitte Szypa* in Highlife. Ein gefälschter Paß-Stempel schließlich setzte dem Treiben ein Ende. Ermisch geriet mit der mexikanischen Polizei in Konflikt und mußte einer Formalität wegen zurück in die Bundesrepublik. Dort griff die Staatsanwaltschaft zu.

Im Mai 1969 kam es vor der Ersten Strafkammer des Landgerichts Düsseldorf zum Prozeß. Auf der Anklagebank: Der »Steuerkönig«, seine Freundin Brigitte Szypa und deren Vater *Werner,* der Kaufmann *Jakob Napoleon Wirzt,* der eine Ermisch-Scheinfirma geleitet haben soll, die frühere Steuerinspektorin beim Finanzamt Düsseldorf-Nord, *Ingeborg Herchenroeder* (der Ermisch nicht nur teure Schmuckstücke und Pelze, sondern auch 50.000 Mark in bar geschenkt hatte), sowie die Steueramtmänner *Paul Vose* und *Ernst August Bieler,* die der Beihilfe zur Steuerhinterziehung angeklagt waren.

Während das Gericht den Ermisch-Millionen auf der Spur war, erhängte sich der »Steuerkünstler« Mitte November mit einem Handtuch in seiner Zelle im Düsseldorfer Untersuchungsgefängnis. Doch der Prozeß ging weiter. Die Ermisch-Helfer wurden zu insgesamt 17 Jahren und drei Monaten Gefängnis verurteilt.

1966

Vergleich nach elf Jahren

Am 30. August 1966 bekam der Schweizer *René Hungerbühler* in der Kölner Universitätsklinik eine Paraxin-Spritze in den Arm verpaßt. Die Spritze traf jedoch nicht die Vene, sondern das danebenliegende Gewebe. Der Kunstfehler des behandelnden Arztes führte zu einer Teilamputation und der Verkrüppelung des rechten Unterarms und der Hand des Patienten. Makaber: Im Mai 1967 erhielt René Hungerbühler sogar noch eine Rechnung über 107 Mark von der Kölner Uni-Klinik. Der Vater des Schweizers hatte längst Anzeige erstattet wegen fahrlässiger schwerer Körperverletzung und unterlassener Hilfeleistung.

Der behandelnde Arzt wurde im September 1968 zu einer Geldstrafe von 400 Mark verurteilt, was der Mediziner auch so akzeptierte. Danach begann ein jahrelanger Zivilprozeß gegen den Arzt, die Uniklinik und das Land Nordrhein-Westfalen, der immer wieder in die Schlagzeilen geriet. Gutachter, Gegengutachter, der Instanzenweg.

Nach elf Jahren, im Dezember 1977, erhielt Hungerbühler in einem Vergleich vom Land Nordrhein-Westfalen 70.000 Mark für einen ärztlichen Kunstfehler, der sein Leben entschied.

1966

Wohnungssuchende hereingelegt

Zwischen August 1965 und Ende 1966 nahm der Immobilienmakler *Karl Janisch* aus München Wohnungssuchenden – Studenten, Arbeiter und Rentner – rund 50.000 Mark an unberechtigten Kautionen, Provisionen und Mietvorauszahlungen ab, teilweise für Wohnungen, die es gar nicht gab. Gelegentlich hatte er den Suchenden auch fremde Wohnungen vorgeführt, über die er gar keine Verfügungsgewalt hatte. Das Gericht verurteilte Janisch zu eineinhalb Jahren Gefängnis.

Juni 1966

Der Coup endet in Bolivien

Dieser Skandal machte bundesweit Schlagzeilen. Die »Süddeutsche Zeitung« schrieb im Juni 1966: »Frankfurt (UPI). Die beiden Frankfurter Bankangestellten *Dieter During* und *Wolf-Ekkehard Kozubek,* die die Frankfurter *Metropole-Bank* um 1,2 Millionen Mark betrogen hatten, wurden am Pfingstsonntag in Bolivien festgenommen, wie die Frankfurter Staatsanwaltschaft mitteilte. Damit erwiesen sich alle Meldungen über die Ermordung der beiden durch korrupte Polizeibeamte in Südamerika als falsch... Ungewißheit herrscht allerdings weiter über den Verbleib der 1,2 Millionen Mark. Wie bisher bekannt ist, sollen die beiden Frankfurter nur noch 500 Dollar (2.000 Markt) bei sich führen.

Nach nicht amtlich bestätigten Berichten soll ein großer Teil des Geldes in Paraguay beschlagnahmt worden sein. Mehrere hohe Polizeibeamte Paraguays wurden inzwischen abgesetzt...

Nach Ermittlungen der Polizei soll Kozubek die Millionensumme, die rund ein Fünftel des Stammkapitals der Metropole-Bank ausmachte, auf verschiedene Konten bei 14 anderen Bankinstituten in Frankfurt übertragen und dabei einen nichtsahnenden Mann aus Köln als Kontoinhaber vorgeschoben haben. During habe wenig später die Gelder wieder abgehoben. Am 18. März flogen beide dann nach Rio de Janeiro... Aus Rio schickten Kozubek und During ein Telegramm nach Frankfurt, in dem sie sich für die »freundliche Kreditgewährung« bedankten. Ihr Fluchtweg führte sie von Brasilien nach Paraguay... Südamerikanische Presseberichte hatten behauptet, die beiden seien von korrupten Polizeibeamten in Paraguay aus einem Flugzeug in einen Fluß gestoßen worden und den Piranhas zum Opfer gefallen. Das Geld hätten diese Polizeibeamte für ihre ›private Schatulle‹ kassiert.«

Bei der Rückkehr in die Bundesrepublik wurden von der Presse für Fotos aus den privaten Familienalben der beiden Gauner über 2.000 Mark pro Bild gezahlt.

1966

»Bonner Korruptionsskandal«

Acht Millionen Mark Konventionalstrafe mußte die Rüstungs-Zulieferfirma *VDO Tachometer Werke Adolf Schindling GmbH* aus Frankfurt an die Bonner Bundeskasse zahlen, um wieder mit dem Bonner Verteidigungsministerium ins reine, sprich, ins Geschäft zu kommen. Zuvor hatte die Luftfahrtgerätefirma, die schon für rund 40 Millionen Mark Rüstungsgüter an den Bund geliefert hatte, ihre Manager *Helmut Spies, Adolf Kant* und *Hermann Fiedler* wegen Verstrickungen in die »Bonner Korruptionsaffäre« gefeuert.

Zentralfigur der Affäre, die 1966 aufflog und ein Jahr später vor Gericht kam, war Regierungsdirektor *Karl Evers,* ein Freund von Spies aus Kriegszeiten.

Evers hatte dafür abkassiert (mehrere 10.000 Mark und viele Wertgegenstände), daß das VDO-Werk für den »Starfighter« und die »Transall« Kreiselinstrumente liefern durfte.

In einem anderen Fall soll Evers seine VDO-Komplizen ausgebootet und Geld von einem amerikanischen Lieferanten erhalten haben, der dann den Zuschlag erhielt. Der korrupte Referent für Bordausrüstung der Abteilung Technik des Verteidigungsministeriums erhielt von der Ersten Großen Strafkammer des Landgerichts Bonn wegen schwerer passiver Bestechung, also wegen Schmiergeldannahme durch Angehörige der Firma VDO in Frankfurt, zweieinhalb Jahre Gefängnis.

Evers soll zusätzlich noch 70.000 Mark an Schmiergeldern der US-Firma »Columbia Commerce« erhalten haben.

1966

Heinrich Lübke – KZ-Baumeister und »Blackout«

Im Jahr 1966 wurden von Ost-Berlin Dokumente vorgelegt, nach denen der damalige Bundespräsident *Heinrich Lübke* während der Nazi-Zeit als KZ-Baumeister tätig gewesen sein soll. Die Dokumente – Bau- und Lagerpläne – trugen die Unterschrift Heinrich Lübkes.

Danach soll der Bundespräsident während des ganzen zweiten Weltkrieges in leitender Stellung innerhalb der »*Baugruppe Schlempp*« mit Rüstungsbauten höchster Geheimhaltungsstufe betraut gewesen sein (V-Waffen-Zentrale Peenemünde und das Programm »Jägerstab«, die Verlegung der Flugzeugproduktion in unterirdische Stollen mit KZ-Häftlingen als Arbeitskräften).

Heinrich Lübke habe vor allem die geheimen Pläne für die Errichtung der Konzentrationslager Leau und Neu-Straßfurt sowie des Zwangsarbeitslagers Wolmirsleben für sogenannte jüdische Mischlinge entworfen und unterzeichnet sowie zwölf weitere KZ-Baracken-Skizzen mit seinen Signaturen versehen. Die Affäre erreichte ihren Höhepunkt, als Heinrich Lübke einen »Blackout« vorgab und in aller Offentlichkeit behauptete, er könne sich an nichts erinnern, es sei alles schon so lange her.

In einer mehr als zweifelhaften Dokumentation des damaligen Innenministers *Paul Lücke* wurden die angeblichen Aktivitäten Lübkes im Dritten Reich mit fadenscheinigen Argumenten als Propaganda der DDR abgetan.

Im »Handbuch des Deutschen Bundestages« hatte sich Lübke 1953 und 1957 sogar mit dem Hinweis eingetragen: »Nach 1933 aus politischen Gründen verfolgt.« Tatsächlich hatte der gelernte Vermessungsingenieur Heinrich Lübke von Februar 1934 für 20 Monate im Gefängnis gesessen. Aber nicht aus politischen Gründen, sondern als Direktor der Berliner »Siedlungsgesellschaft Bauernland AG«. In dieser Funktion soll er Gelder veruntreut und unterschlagen haben.

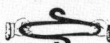

1965

»Unterschlagungen bei St. Martini«

Hans Helmerich Wilts, verwaltender Bauherr der evangelischen Kirchengemeinde St. Martini in Bremen, hatte seit 1960 durch eine raffinierte doppelte Buchführung, mit Sonderkonten, Stiftungen und Häusergeschäften wissentlich betrügerisch manipuliert und die Gemeinde auf diese Weise um 140.000 Mark gebracht. Im Oktober 1965 flog Wilts auf. Die Gemeindemitglieder waren entsetzt.

1964

Robert Köster – Der »ehrenwerte« Architekt

Er galt als einer der schillerndsten Karrieristen im Nachkriegsdeutschland, beschäftigte 300 Architekten in seinen in- und ausländischen Büros und plante zahlreiche Bürohochhäuser in der aufstrebenden Bundesrepublik.

1964 brach das »millionenträchtige« Unternehmen zusammen, und *Robert Köster* erwies sich als »Millionenschwindler«. Seine Hochhäuser waren mit fingierten Krediten gebaut, er hatte Millionenschulden. Im Juli 1969 wanderte der »ehrenwerte« Architekt in Untersuchungshaft, just in das vom Krieg zerstörte Untersuchungsgefängnis, das er selbst wieder aufgebaut hatte.

Vor der 14. Strafkammer in Frankfurt mußte sich Köster nicht nur wegen Konkursverbrechens verantworten, sondern auch wegen Betrugs. Er hatte Kleinanlegern eine sichere Existenz versprochen mit Auslieferungslagern von Autozubehör und einem monatlichen Mindestverdienst von 6000 Mark.

Die ihm ausgestellten Sicherheitswechsel in Höhe von schließlich 400.000 Mark löste Köster bei den Banken ein. Der »Münchner Merkur« beschrieb den Freund zahlreicher hessischer und Bonner Regierungsbeamter so: »Minister der hessischen Landesregierung kamen zur Cocktail-Party in sein Traumhaus am Frankfurter Palmengarten. Der Scheich von Kuweit stellte ihm einen Palast ›komplett mit lebendem und totem Inventar‹ zur Verfügung. Regierungschefs in Westafrika überhäuften ihn mit Ehren.«

Sommer 1963

Die »Nagold-Affäre«

Unglaubliches kam im Sommer 1963 in der Fallschirmjägerkompanie 6/9 im Schwarzwaldort Nagold ans Licht der Öffentlichkeit. Junge Ausbilder dieser »Schleifereinheit« tyrannisierten, traktierten und quälten junge Rekruten.

Als am 25. Juli 1963 bei großer Hitze für die Rekruten mal wieder ein »Gewöhnungsmarsch« von 15 Kilometern auf dem Programm stand und der 19jährige Fallschirmjäger *Gerd Trimborn* zusammenbrach und später starb, kam die »Nagold-Affäre« ins Rollen. Immer neue Horrormeldungen drangen nach außen. Staatsanwaltschaft und Kripo nahmen die »*Eisberg-Kaserne*« unter die Lupe.

Ausbilder trieben zusammengebrochene Rekruten mit Schlägen durch Gewehrkolben vor sich her, schlugen ihnen in die Rippen- und Nierengegend, warfen ihnen faustgroße Steinbrocken in die Fersen mit der Begründung, sie müßten lernen, die Hacken flach auf den Boden zu legen. Bei Nachtmärschen brachen Rekruten zusammen, verloren das Bewußtsein, andere wurden in den Straßengraben geworfen, mußten durch Schlamm robben, sich durch Müllhaufen wühlen oder bei strömendem Regen robbend die Abfälle vom Kasernenhof aufsammeln.

Besonders beliebt waren die Kopfstände während des Unterrichts, »damit dem Soldaten das Blut in den Kopf schießt und er somit besser denken kann«. Ein Rekrut mußte zur »Augendisziplin« so lange auf einen Stuhl steigen und auf einen Punkt starren, bis er umfiel. Ein unmusikalischer Rekrut mußte so lange singen, bis ihm die Stimme brach, ein anderer jeden Abend in Höchstgeschwindigkeit fünfmal um den Kasernenhof rennen.

Der Gipfel war: Der »Schleifer« machte die Liegestützübungen dadurch »attraktiv«, daß er den Soldaten ein offenes Messer mit der Klingenspitze nach oben unter den Bauch stellte.

Nachdem die Kompanie aufgelöst worden war, begannen in der alten Stadthalle des Schwarzwaldstädtchens Calw acht Prozesse gegen elf Ausbilder aus Nagold. Die Anklage: Mißhandlung, entwürdigende Behandlung Untergebener und Mißbrauch der Befehlsbefugnis.

So wurden u.a. der Ex-Gefreite *Hans-Dieter Raub* (»Schleifer von Nagold«) zu acht Monaten ohne Bewährung verurteilt, Unteroffizier *Ingo Fischer* erhielt wegen fortgesetzter gemeinschaftlicher Mißhandlung Untergebener und fahrlässiger Körperverletzung in vier Fällen neun Monate Gefängnis. Der Chef der aufgelösten Ausbildungskompanie 6/9, *Jürgen Schallwig,* erhielt wegen vorsätzlicher uneidlicher Falschaussagen in einem der Nagolder Fallschirmjägerprozesse sechs Monate Gefängnis ohne Bewährung, der mitangeklagte Leutnant *Claus-Dieter Rölle* drei Monate.

1963

Skandal um die »Henschelei«

Mittelpunkt eines Skandals, der 1963 aufflog, waren der Vorstandsvorsitzende und Mehrheitsaktionär der *Henschel-Werke* in Kassel, *Fritz-Aurel Goergen* und der Generalbevollmächtigte bei Henschel, *Herbert Gundlach.* Während der Abwicklung eines »Panzerbetreuungsvertrages« zwischen den Henschel-Werken und dem Bundesverteidigungsministerium soll es zwischen 1960 und 1963 zu »Betrug und Untreue« gekommen sein. Es ging um eine Summe von über 600.000 Mark.

Oktober 1962

»Spiegel-Affäre«

Die »Spiegel-Affäre« gehört zu den politisch wichtigsten Affären in der Geschichte der Bundesrepublik.

Im »Spiegel« Nr. 40 vom 3. Oktober 1962 hatte *Rudolf Augstein* unter seinem Pseudonym *»Moritz Pfeil«* unter der Überschrift »Balkan in Bonn?« zahlreiche Fragen nach den Verwicklungen von *Franz Josef Strauß* in die verschiedensten Affären und Skandale gestellt. Der Artikel folgte auf die Enthüllungen um »Onkel Aloys« und die »Dr. Deeg-Affäre«. Augstein schrieb am Ende seines für Franz Josef Strauß peinlichen Fragenkatalogs: »Es mag sein, daß Opposition und Presse die Streitigkeiten um den Verteidigungsminister leid sind. Wäre dem so, dann müßte man es als Zeichen dafür nehmen, daß der Organismus Bundesrepublik schon aufgehört hat, gegen die Balkanische Krankheit, die von München aus das Land infiziert, Abwehrstoffe zu entwikkeln.«

In der nächsten Ausgabe des »Spiegel« erschien ein Artikel mit dem Titel »Bedingt abwehrbereit«. *Friedrich August Freiherr von der Heydte,* ein Parteifreund von Strauß, erstattete Anzeige gegen den »Spiegel« wegen Landesverrats und landesverräterischer Fälschung. Als am 23. Oktober die Bundesanwaltschaft vom Verteidigungsministerium grünes Licht erhalten hatte, unterzeichnete der Bundesrichter die Durchsuchungs- und Haftbefehle gegen die »Spiegel«-Redaktion.

Bernt Engelmann berichtet, daß von der Heydte einen Tag zuvor seine lang ersehnte Beförderung zum Brigadegeneral erhalten hatte – auf Befürwortung von Strauß.

Am 26. Oktober 1962 traten acht Beamte der Sicherungsgruppe Bonn unter der Leitung von Bundesanwalt *Siegfried Buback* und mit Wissen des MAD im »Spiegel«-Haus auf den Plan, durchsuchten die Redaktionsräume, beschlagnahmten Unterlagen und verhafteten Rudolf Augstein. Der Redakteur *Conrad Ahlers,* der den angeblich landesverräterischen Artikel verfaßt hatte, wurde auf Betreiben von Strauß in seinem spanischen Urlaubsort in Torremolinos verhaftet.

Vor dem Bundestag gab Strauß folgende »verbindliche Erklärung« ab: »Nein, es ist kein Racheakt meinerseits. Ich habe mit der Sache nichts zu tun, im wahrsten Sinne des Wortes nichts zu tun.« in den folgenden Tagen wurde es aber immer deutlicher, daß Franz Josef Strauß dem »Spiegel« das Genick brechen wollte. Er verfing sich in einem Gewirr von Halbwahrheiten und Lügen. So behauptete er, die Verhaftung Ahlers durch den Militärattaché in Madrid, *Achim Oster,* »seinen Spezi aus Schongauer Tagen« (Engelmann), sei auf direkte Weisung Bundeskanzler *Konrad Adenauers* geschehen. Das aber stimmte nicht.

Es wurde immer deutlicher, daß Strauß das Parlament und die Öffentlichkeit wissentlich belogen und getäuscht hatte, er wurde am 11. Dezember 1962 entlassen.

Die FDP-Minister hatten mit ihrem Austritt aus der Koalition gedroht und Strauß so gegen seinen Willen zum Rücktritt gezwungen.

1962

Der Fall VERA BRÜHNE – »Lebenslänglich« für die Falsche?

Anfang der 60er Jahre bestimmte der »Fall *Vera Brühne*« die Schlagzeilen und entwikkelte sich zu einem der größten Justizskandale der Nachkriegszeit.

Am 19. April 1960 wurde der Münchner Arzt *Dr. Otto Praun* und dessen Haushälterin *Elfriede Kloo* in Pöcking am Starnberger See erschossen aufgefunden. In einem aufsehenerregenden Prozeß wurden 1962 Vera Brühne und ihr Freund *Johann Ferbach* zu lebenslangen Haftstrafen verurteilt und ins Zuchthaus geschickt.

Die Urteile beruhten jedoch lediglich auf Indizien. Die letzten Worte der Vera Brühne vor Gericht: »Ich bin unschuldig.«

Alle juristischen Bemühungen, Vera Brühne in der Folgezeit frei zu bekommen, scheiterten.

Im Jahr 1975 lehnte der damalige bayerische Ministerpräsident *Alfons Goppel* ein Gnadengesuch Vera Brühnes ab. Während Johann Ferbach in der Haft starb, begnadigte *Franz Josef Strauß* die inzwischen 69jährige Vera Brühne Ende 1979.

Bis heute konnte der Verdacht nicht ausgeräumt werden, Praun sei nicht von Brühne und Ferbach ermordet worden, sondern das Opfer von Waffenschiebern im

Dienste bundesdeutscher Nachrichtendienste geworden, von denen maßgebliche CSU-Politiker Bescheid gewußte hätten.

Die zweifelhafte Rolle diverser CSU-Politiker sowie Verfahrensfehler, Rechtsbrüche und Rechtsbeugungen im Fall Vera Brühne zeigt auch ein Anfang 1986 erschienenes Buch auf: *Ulrich Sonnemann* (Hrsg.) – Die Vergangenheit, die nicht endet / Machtrausch, Geschäft und Verfassungsverrat im Justizskandal Brühne-Ferbach. Gießen 1986.

Herbst 1962

Auf die Sau gekommen

In einer großangelegten Werbekampagne (Kosten: 72.000 Mark) warb der schottische Schweinezüchter *Jack Taylor* für seine *»Schweinezüchter-GmbH«,* die es den Anteilseignern ermöglichen sollte, eine »Schweinezucht vom häuslichen Sessel aus« aufzuziehen.

Mehrere hundert Arbeiter, Hausfrauen und Rentner aus dem Bundesgebiet zahlten für eine Zuchtsau 1.050 Mark auf das Konto des Schotten ein. Er versprach den neuen Züchtern, die gekauften Zuchtsauen würden in vier Jahren achtmal ferkeln, und das angelegte Kapital würde sich somit verdoppeln.

»Der clevere Schotte kassierte auf diese Weise über eine halbe Million DM«, schrieb der »Fränkische Tag« in Bamberg. »Er kaufte auch tatsächlich einige Zuchtsauen für 600 und 650 DM, dann wurde er in seinen Ansprüchen billiger und erwarb 90 Zuchtschweine für 155 bis 160 DM und schließlich 22 Läuferschweine zu je 60 DM.«

Als Taylor auf dem Brüsseler Flughafen wegen Betrugs festgenommen werden konnte, fand man seine Schweine halb verhungert in den Ställen.

1962

Die Contergan-Katastrophe

Die Contergan-Katastrophe schockierte 1962 die Öffentlichkeit.

Die Zahl verkrüppelt geborener Kinder stieg sprunghaft an, und es dauerte Monate, bis ein Zusammenhang zwischen den Mißbildungen der Säuglinge und der Tatsache hergestellt werden konnte, daß deren Mütter während der Schwangerschaft das vom Pharmakonzern *Schering* vertriebene Schlaf- und Beruhigungsmittel *Contergan* (Thalidomid) eingenommen hatten.

Contergan führte zu angeborenen Mißbildungen an Wirbelsäule und Gliedmaßen von Kindern.

Das Mittel wurde 1962 aus dem Handel genommen, jahrelange Entschädigungs-streitereien und Auseinandersetzungen über den ursächlichen Zusammenhang zwischen Contergan und den Mißbildungen folgten.

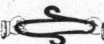

Herbst 1961

Der raffinierte Dr. Eckerlein

Im Herbst 1961 erregte in Nürnberg und Fürth der Chef der *Fürther Stadtwerke*, Stadtrat *Dr. Hans Eckerlein,* die Gemüter der Bürger.

Der Stadtrat hatte beim Bau seines Einfamilienhauses in Gräfenberg von einer Nürnberger Baufirma, die mit der Stadt Fürth in geschäftlichen Beziehungen stand, Zuwendungen erhalten. Die »Nürnberger Nachrichten«: »Die Baufirma, die alle Bauarbeiten ausführen ließ – das Baumaterial hatte Dr. Eckerlein selbst beschafft –, berechnete ihm nur 5.689 DM, während sie 18.000 DM aus eigener Tasche draufbezahlt haben soll, um sich das Wohlwollen Eckerleins zu sicher.«

Der bis dato angesehene Stadtrat landete in Untersuchungshaft und wurde wegen schwerer passiver Bestechung, Betrugs und Untreue angeklagt. Aber Eckerlein verstand es immer wieder, den Prozeß zu verschleppen. Alle neuen Gerichtstermine wurden winkeladvokatisch ausgehebelt, bis endlich wegen des angeschlagenen Gesundheitszustandes des ehemaligen Stadtdirektors das Verfahren nach sieben Jahren eingestellt wurde.

August 1961

»Sparkassendirektoren angeklagt«

»Süddeutsche Zeitung« vom 11. August 1961: Bonn (AP). »Die Staatsanwaltschaft Bonn hat gegen die beiden Direktoren der Kreissparkasse Bonn, *Rudolf August Knierim* und *Otto Dahmen,* Anklage wegen schwerer passiver Bestechung, Betrugs und Untreue erhoben. Mitangeklagt ist der Fabrikant *Gerhard Kopprasch,* dessen Musikmöbelfabrik im Herbst 1958 mit 8 Millionen Mark Schulden in Konkurs gegangen war.

Ihm wird aktive Bestechung, Betrug und Beihilfe zur Untreue vorgeworfen. Knierim und Dahmen sollen nach der Anklageschrift 1957/58 für Kopprasch Kredite befürwortet haben, obwohl sie wußten, daß dessen Bilanzen frisiert waren. Der der Kreissparkasse entstandene Schaden soll in die Millionen gehen.«

1961

Der »Bestechungserlaß« und die Lobbyisten

Im Jahre 1961 sah sich das Verteidigungsministerium veranlaßt, den sogenannten »Bestechungserlaß« oder »Lobbyisten-Erlaß« herauszubringen.

Die Zahl der Bestechungsversuche im Zusammenhang mit der Vergabe von Bundeswehraufträgen war ständig angestiegen. Von 1956 bis 1961 konnten in 24 Fällen in den Anfangsjahren der Bundeswehr passive Bestechungen nachgewiesen werden, von einer erheblich höheren Dunkelziffer wurde ausgegangen.

Der »Bestechungserlaß« sah vor, daß Personen aus Industrie und Wirtschaft, die sich an Bundeswehrangehörige zwecks »Kontaktpflege« heranmachten, auf dem Dienstwege zu melden waren.

Außerdem mußten Firmen, die in irgendeiner Form den Versuch unternahmen, Angehörige der Bundeswehr zu schmieren, eine Vertragsstrafe in Höhe von 10 % des Auftragsvolumens zahlen.

Seit Jahren gab es bereits im Bundesverteidigungsministerium das Referat »Ermittlungen in Sonderfällen« (ES), das Antikorruptionsreferat.

1961

Der »Dachdeckerkönig« und die Korruption

Ob es um die Dachdeckerarbeiten an der Leichenhalle im Nürnberger Südfriedhof, die Nürnberger Kongreßhalle, die Erlanger Universitätsbauten, um Schulbauten oder Dächer für die Bundesbahn ging – immer waren es hundertprozentige Aufträge für den nordbayerischen Dachdeckerkönig *Paul Hohlbaum*.

So ging das seit 1954, und allzu häufig war Geld im Spiel – Schmiergeld. Die Adressaten: Beschäftigte von vier Baubehörden in Nürnberg und Erlangen. Bis der »Münchner Merkur« am 8. April 1961 vermelden konnte:

»Nürnberg (dpa). Im ersten einer ganzen Reihe von ›Bestechungs-Prozessen‹ verhängte am Mittwoch das Landgericht Nürnberg-Fürth gegen neun nordbayerische Bauunternehmer und Behördenbauleiter Gefängnisstrafen bis zu zwei Jahren und zwei Monaten. Von den angeklagten zwei Unternehmern erhielt der 49jährige Paul Hohlbaum, Inhaber einer Nürnberger Dachdeckerfirma, wegen Betrugs, Urkundenfälschung und aktiver Bestechung zwei Jahre und zwei Monate Gefängnis und 1900 Mark Geldstrafe... Von den angeklagten Beamten bekam der 40jährige Ingenieur *Paul Kammholz* vom Universitätsbauamt Erlangen wegen schwerer passiver Bestechung, Betrugs, Untreue und Urkundendelikten ein Jahr und zehn Monate Gefängnis...«

Mit Leihwagen bestochen

Im Januar 1961 standen in einem neuerlichen Leihwagen-Prozeß vor der 7. Großen Strafkammer des Landgerichts Bonn vor dem Richter: der ehemalige wissenschaftliche Assistent des Verkehrsausschusses des Bundestages, *Werner Brombach,* der ehemalige Daimler-Benz-Generaldirektor *Fritz Koenecke* und der Bonner Mercedes-Lobbyist *Friedrich Hummelsheim.* Die Mercedes-Männer hatten den Beamten Brombach 1954/55 mit der Bereitstellung eines Mercedes-Leihwagens und einem »übereigneten« VW-Cabriolet zu bestechen versucht.

Brombach soll im Gegenzug in konkreten Einzelheiten von der Arbeit im Verkehrsausschuß berichtet haben. Dort ging es u.a. um die Beratung des Gesetzes über die Länge der Lastwagen, des Straßenfinanzierungsgesetzes und um ein Sonntagsfahrverbot.

Wegen schwerer passiver Bestechung verurteilte das Gericht Brombach zu fünf Monaten, wegen aktiver Bestechung Hummelsheim zu drei Monaten Gefängnis. Der Mercedes-Generaldirektor wurde freigesprochen.

Achtung: »Kampfgruppe Conle« – Schimanski, übernehmen Sie!

Die Gebrüder Conle hatten den Stadtrat von Duisburg gut im Griff. Der »sozialdemokratische Multimillionär« *Heinz Conle* und sein Bruder und Kompagnon *Kurt* hatten es in wenigen Jahren geschafft, ein Firmenimperium aufzubauen – dank der Genossen im Duisburger Stadtrat, in dem auch Heinz Conle höchstpersönlich Sitz und Stimme hatte. Jahrelang ging alles glatt. Heinz Conle wurde mit seinem Architekten-Büro quasi zum Hausarchitekt der Stadt Duisburg, der stadteigenen *»Gemeinnützigen Baugesellschaft AG« (GEBAG).*

So erhielten die Conles zwischen 1951 und 1958 rund 30 Millionen Mark vom Wohnungsbau-Dezernenten und SPD-Beigeordneten *Wilhelm Tenhagen,* knapp 30 Prozent jener Landesmittel, »die der Stadt Duisburg als Darlehen für den sozialen Wohnungsbau gewährt wurden«.

Eine Hand wusch die andere. Tenhagens Sohn wurde bereits 1950 Generalbevollmächtigter bei den »Conle-Brothers«. Die Firma wuchs und wuchs – schließlich gehörten den Conles 24 Firmen, neben den Bauunternehmen noch drei Lufttransport-Gesellschaften und eine Gaststätten-Kette – wie der »Spiegel« (11/1961) berichtete: »Der so großzügig geförderte Heinz Conle, der von der SPD 1957 in den Stadtrat entsandt wurde, ließ seine Genossen an den Geschäftserfolgen teilhaben. Seinem

Fraktionskollegen *Emil Kümmel* verpachtete er die Conle-Gaststätte ›Schinderhannes‹; SPD-Ratsherr *Wilfried Hille* wurde Trinkhallen-Pächter in den Conle-Siedlungen; SPD-Ratsherr *Karl Wahl* avancierte zum Bauleiter in einer der zwei Dutzend Conle-Firmen, SPD-Bundeschef *Erich Ollenhauer* durfte im Wahlkampf 1957 mit einer zweimotorigen ›Cessna 310 C‹ der Gebrüder Conle umherfliegen.« Dann war der Landesrechnungshof an der Reihe, und die Kripo griff zu.

Die Conles fanden sich vor der Fünften Großen Strafkammer des Landgerichts Duisburg wieder. Sie wurden angeschuldigt, u.a. den Duisburger städtischen Liegenschafts-Direktor *Herbert Crysandt* bestochen zu haben.

Beispielsweise soll Crysandt als Gegenleistung für ein zinsfreies Darlehen minderwertige Grundstücke der Conles gegen bestes städtisches Bauland eingetauscht haben. Schaden für die Stadt Duisburg laut Anklageschrift: mindestens 250.000 Mark.

Januar 1961

»Korruption – Staatsdiener – oder wessen Diener?«

Marion Gräfin Dönhoff schrieb im Januar 1961 in der »Zeit«:
»… Viele Namen sind in den letzten 23 Monaten im Zusammenhang mit Korruptionsprozessen aufgetaucht, in das Strafregister eingegangen und wieder aus unserem Gedächtnis verschwunden. Da war der Oberst *Löffelholz,* der den Reigen der Leihwagen-Prozesse eröffnete, Oberst *Erich Lepler* aus dem Verteidigungsministerium, Oberst *Gieche* vom Beschaffungsamt der Bundeswehr, ferner der Generaldirektor der Bonner Stadtwerke *Arnold Wallraff,* der wegen fortgesetzter schwerer passiver Bestechung zu 15 Monaten Gefängnis verurteilt wurde; Ministerialrat *Schulte-Brachmann* vom Bundeswirtschaftsministerium sowie Ministerialrat *Siemer* vom Bundesarbeitsministerium. Woher diese Häufung von Korruptionsfällen in der Beamtenschaft, neben denen sich das ›Paradestück‹ der Weimarer Zeit, der Oberbürgermeister *Böss,* der es zuließ, daß seine Frau einen Pelz im Werte von 300 Mark geschenkt bekam, geradezu ärmlich ausnimmt?«

Januar 1961

»Bestechliche Funkstreife«

Hamburg (AP), 2. Januar 1961: »Die dreiköpfige Besatzung eines Funkstreifenwagens der Hamburger Polizei ist unter dem dringenden Verdacht verhaftet worden, bei mehreren Alkoholtests von Kraftfahrern Geld angenommen und dafür keine Anzeige erstattet zu haben. Die drei Beamten sind nach Bekanntwerden ihrer Verfehlungen sofort ihres Dienstes enthoben worden.«

Affäre »Onkel Aloys«

Dr. Aloys Brandenstein war ein völlig verarmter Geschäftsmann, der sein Bier nicht mehr zahlen konnte und die Groschen zum Telefonieren zusammenbetteln mußte. Er hatte Schulden und bewohnte in Frankfurt eine Zweieinhalb-Zimmer-Wohnung. Da kam ihm die rettende Idee.

Er besann sich seiner Freundschaft zu dem in Rott am Inn lebenden Brauereibesitzer und CSU-Landtagsabgeordneten *Max Zwicknagl,* dessen Töchter Dr. Brandenstein früher liebevoll »Onkel Aloys« genannt hatten. Max Zwicknagl war durch die Heirat seiner Tochter *Marianne* mit *Franz Josef Strauß* zum Schwiegervater des Verteidigungsministers geworden.

Nun ging alles seinen korrupten Gang. Schon bald wurde der nette Nennonkel auf Empfehlung des Ehepaares Strauß Oberst *Herbert Becker,* dem damals wichtigsten Beschaffungsoffizier der Bundeswehr, vorgestellt. Jetzt änderte sich die wirtschaftliche Lage von »Onkel Aloys« schlagartig.

Brandenstein konnte seine Schulden zahlen, zog aus der kleinen Mietwohnung in eine Dienstvilla in Remscheid und wurde mit einem Monatsgehalt von 7500 Mark Generalbevollmächtigter der Panzerkettenfabrik *Erwin Backhaus KG.*

Oberst Becker hatte nachgeholfen.

Die Firma Backhaus, deren Existenz mit dem Großkunden Bundeswehr stand und fiel, mußte »Onkel Aloys« akzeptieren. Dem Unternehmen ging es gut, die Auftragslage konnte sich sehen lassen.

Plötzlich blieben die Aufträge der Bundeswehr aus. »Onkel Aloys« schien machtlos, die Familie Backhaus entschloß sich, den Familienbetrieb zu verkaufen.

Aloys Brandenstein hatte sofort den passenden Käufer parat: den Nürnberger Industriellen, CSU-Förderer und Duz-Freund von Franz Josef Strauß, *Carl Diehl.*

Diehl kaufte die Firma Backhaus, die rund 20 Millionen Mark wert gewesen sein soll, für sieben Millionen Mark. Als Lohn für seine Vermittlerdienste wurde Aloys Brandenstein Kommanditist der Backhaus KG mit einer Einlage von 200.000 Mark.

Die Aufträge der Bundeswehr strömten wieder, und »Onkel Aloys« verdiente sich eine »goldene Nase«. Durch seine blendenden Beziehungen zum Beschaffungsamt der Bundeswehr wurde er so binnen Monaten zum vielfachen Millionär. Bernt Engelmann, der die Affäre seinerzeit aufgedeckt hatte, über Dr. Aloys Brandenstein: »Im Juni 1959, wenige Wochen vor dem Verkauf der Backhaus KG an Diehl, hatte er der Bundeswehr bereits Granaten aus Portugal im Gesamtwert von 77 Millionen Mark beschafft, wobei angemerkt sei, daß die Zünder und andere Einzelteile dieser Granaten vorher aus der Bundesrepublik nach Portugal exportiert worden waren, vornehmlich von Unternehmen der Diehl-Gruppe und ebenfalls durch Vermittlung des Dr. Brandenstein, der nicht schlecht daran verdiente.«

Der Fall Frenzel (SPD)

Ende Oktober 1960 sorgte ein prominenter SPD-Politiker für Schlagzeilen und eine handfeste Affäre. Der SPD-Bundestagsabgeordnete *Alfred Frenzel* wurde wegen Spionage zugunsten der Tschechoslowakei quasi auf frischer Tat ertappt und verhaftet.

Der Sudetendeutsche Frenzel, der bis 1938 sozialdemokratischer Bezirksvorsitzender in Reichenberg (Böhmen) war, gestand unmittelbar nach der Verhaftung seine Agententätigkeit für Prag. Frenzel war Mitglied des Verteidigungsausschusses und Vorsitzender des Wiedergutmachungsausschusses des Bundestages.

Nachdem Frenzel aus der SPD ausgeschlossen worden war, entbrannte in Bonn zwischen den Regierungsparteien und der Opposition ein monatelanger Streit darüber, ob die SPD nicht schon 1957 von dem möglichen Landesverrat Frenzels hätte wissen müssen.

Die SPD hatte trotz zahlreicher Hinweise den Verfassungsschutz nie über Frenzel unterrichtet. Frenzel hatte 1953 kurz vor der Bundestagswahl wegen eines Flugblatts zu seiner zwielichtigen Vergangenheit einen zwischenzeitlich erwiesenen Meineid geschworen. Der hatte zur Verurteilung eines Beschuldigten geführt. Dieser Meineid hätte ein Druckmittel für den tschechischen Nachrichtendienst sein können. Nachdem Frenzel im April 1961 wegen seiner Agententätigkeit zur Höchststrafe von 15 Jahren Zuchthaus verurteilt worden war, beschäftigte sich im Oktober 1962 der Bundestag mit dem Fall. Am 21. Dezember 1966 wurde Frenzel vom damaligen Bundespräsidenten *Heinrich Lübke* im Austausch mit einer aus der sowjetischen Untersuchungshaft freigelassenen Journalistin und drei wegen Spionage zu lebenslangen Zuchthausstrafen verurteilten Häftlingen aus der DDR ausgetauscht.

Franz Josef Strauß – Die »Fibag-Affäre«

Der Skandal begann mit der Idee des völlig mittellosen Münchner Architekten *Lothar Schloß* und einer Gruppe von Hasardeuren und Spekulanten, eine »Finanz-Bau AG« (Fibag) ins Leben zu rufen. Die sollte innerhalb kürzester Zeit mit amerikanischen und deutschen Geldern 5000 Wohnungen für die US-Stationierungstruppen aus dem

Boden stampfen. Das Projekt wurde mit 300 Millionen Mark veranschlagt, die Firma am 6. Mai 1960 gegründet.

Einer der Gesellschafter war der Passauer Verleger *Johann Evangelist Kapfinger,* der 25-Prozent des Stammkapitals von 500.000 Mark als Gratis-Aktien bekommen sollte. Dafür hatte Kapfinger seine guten Beziehungen zu seinen Freunden *Friedrich Zimmermann* und Verteidigungsminister *Franz Josef Strauß* spielen lassen. Strauß empfing nach Intervention Kapfingers Schloß und stellte ihm ein eigenhändig unterschriebenes Empfehlungsschreiben für die »Fibag« aus: »To whom it may concern«.

Am 20. Juni 1960 schrieb Strauß sogar dem amerikanischen Verteidigungsminister *Thomas S. Gates* mit dem Hinweis, man habe das Projekt geprüft und könne es als brauchbar empfehlen. Das Projekt der Fibag entpuppte sich schnell als »Luftschloß« und wurde nie durchgeführt, aber es sorgte für einen handfesten politischen Skandal, der über ein Jahrzehnt hinweg die Gerichte beschäftigte. Der Skandal führte zu einem Untersuchungsausschuß und endete in einem Gestrüpp von Lügen, Eiden, Meineiden und Ungereimtheiten.

Kern des Skandals war eine Äußerung Kapfingers, der anläßlich der Verteilung der Fibag-Anteile gesagt haben soll, es handle sich zwar um ein Bombengeschäft, nur schade, daß er mit Strauß teilen müsse. Kapfinger wehrte sich gegen die Behauptung, räumte aber dann später ein: »Es ist durchaus möglich, daß ich ironischerweise das gesagt habe.«

Kapfinger verstrickte sich in immer größere Widersprüche, Strauß hielt sich erstaunlich bedeckt, und eine Prozeßlawine geriet ins Rollen.

Als der Bundestagsuntersuchungsausschuß die Fibag-Akten 1963 zwecks weiterer Ermittlungen von Bonn per Post ans Landgericht Nürnberg schickte, verschwand das Beweismaterial spurlos und tauchte erst 1975 in einem Schließfach des Mainzer Hauptbahnhofs wieder auf.

Inzwischen war ein Ermittlungsverfahren gegen Dr. Kapfinger wegen des Verdachts der uneidlichen Falschaussage vor dem Untersuchungsausschuß eingestellt worden.

1960

Operation ohne Einwilligung

Obwohl der West-Berliner Chirurg *Dr. Walther Rödel* im März 1960 einer 39jährigen Frau nur eine »diagnostische Nachschau« ankündigte, operierte er sie an der Gallenblase – ohne ihre Einwilligung.

Einige Wochen nach der Operation stellten sich Komplikationen ein, die u.a. zur Amputation eines Fußes der Frau führten.

Obwohl das Gericht zwischen der gelungenen Gallenblasenoperation und den anschließenden Komplikationen keinen unbedingten Kausalzusammenhang feststellen konnte, wurde der Chirurg 1964 wegen vorsätzlicher Körperverletzung zu einer Geldstrafe von 5000 Mark verurteilt. Das Amtsgericht Tiergarten in seiner Begründung: »Es geht nicht an, daß uns ein Arzt gewaltsam zu unserem Glück zwingen will.«

»Old Schwurhand« – Friedrich Zimmermann und die »Spielbanken-Affäre«

Als *Friedrich Zimmermann* im Oktober 1982 zum Bundesinnenminister vereidigt wurde, verlangten zahlreiche Oppositionspolitiker, die Eidesfähigkeit des CSU-Politikers feststellen zu lassen. Das hatte Gründe: Im Jahre 1960 hatte der Staatsanwalt für Zimmermann zwei Jahre Zuchthaus, lebenslängliche Eidesunfähigkeit und den Verlust der bürgerlichen Ehrenrechte für drei Jahre gefordert.

Vorausgegangen war die sogenannte »Spielbanken-Affäre«, ein von der CSU in Gang gebrachter, umstrittener Korruptionsprozeß, der das politische Ende der (starken CSU-Konkurrenz) Bayernpartei bedeutete. Führende Bayernpartei-Politiker wurden zu hohen Gefängnisstrafen verurteilt.

Die Politiker der Bayernpartei wurden beschuldigt, im Zusammenhang mit der Vergabe von Spielbanken-Konzessionen Geld angenommen zu haben. Unter den Zeugen gegen die mißliebigen Bayernparteiler befand sich neben zwielichtigen Spielbanken-Managern auch der damalige CSU-Generalsekretär Friedrich Zimmermann.

Zeuge Zimmermann sagte im sogenannten »Spielbanken-Prozeß« von 1959 unter Eid die Unwahrheit. 1960 wurde dann Friedrich Zimmermann vor der Fünften Großen Strafkammer des Landgerichts München I der Prozeß gemacht: wegen fahrlässigen Falscheids, also wegen Meineids.

Zimmermann erhielt vier Monate Gefängnis wegen fahrlässigen Meineids. In einer Revisionsverhandlung wurde Zimmermann 1961 schließlich von der Anklage des doppelten Meineids freigesprochen.

Der CSU-Politiker hatte ein ärztliches Attest beigebracht, in dem ihm ein Gutachter bestätigte, daß er zur Zeit der Aussage gegen die Bayernparteiler unter einer »Überfunktion« der Schilddrüse litt, die zu einer »Unterzuckerung des Blutes und deshalb zu verminderter geistiger Leistungsfähigkeit« geführt habe.

Zimmermann wurde zwar aufgrund des § 51 (verminderte Zurechnungsfähigkeit) freigesprochen, das Gericht aber hielt fest: »Es kann keine Rede davon sein, daß die Unschuld des Angeklagten erwiesen wäre.«

Das Amtsgericht Starnberg entschied später, daß Zimmermann in der Öffentlichkeit »Old Schwurhand« genannt werden darf. Die Begründung des Gerichts: »Dieser Ausdruck bedeutet, daß die so bezeichnete Person schon öfters geschworen hat oder die Hand gern zum Schwur erhebt, wobei die zugrunde liegenden Aussagen vielleicht in mancher Beziehung bedenklich sind.«

»Affäre Löffelholz« – »Wes Brot ich ess', des Lied ich sing'«

Dieses Lied soll Oberst *Burkhard Freiherr Löffelholz von Colberg* in seiner Eigenschaft im »Amt Blank«, dem späteren Verteidigungsministerium und schließlich im Ministerium selbst der Industrie gesungen haben.

Immerhin war Löffelholz Mitglied des Beschaffungsausschusses und so über alle Aufträge informiert, die das Verteidigungsministerium an die Industrie vergab.

Löffelholz hatte sich samt Familie immer wieder von verschiedenen Firmen einladen und bewirten lassen und Leihwagen angenommen. Z.B. auch einen Mercedes-Werkswagen nebst Fahrer durch den Generaldirektor der *Daimler-Benz-Werke, Dr. Fritz Koenecke.* Mercedes baute u.a. auch einen Schützenpanzer; man war sich der wichtigen Funktion des rührigen Oberst durchaus bewußt.

Der hochdekorierte Löffelholz mußte sich 1959 vor der 1. Großen Strafkammer des Landgerichts Bonn wegen schwerer passiver Bestechung in 13 Fällen verantworten.

Das Urteil lautete am 17. Juli 1959: drei Monte Gefängnis mit zweijähriger Bewährung für den Freiherrn. Es folgten eine ganze Serie von Revisionsverfahren, an deren Ende der seit 1957 dienstsuspendierte Bundeswehr-Oberst nur noch wegen einfacher passiver Bestechung zu einer Geldstrafe von 1000 Mark verurteilt wurde.

Im Herbst 1964 wurde Löffelholz zur Führungsakademie der Bundeswehr in Hamburg-Blankenese abkommandiert.

Vier Jahre später fiel er auf, als er als Oberst des Bundesnachrichtendienstes BND an der Kieler Universität in den Bereichen Politische Wissenschaften und Soziologie Nachwuchs anwerben wollte. Der Rektor der Christian-Albrechts-Universität und der schleswig-holsteinische Kultusminister *Claus-Joachim von Heydebreck (CDU)* ließen Löffelholz abblitzen. »Die Landesregierung lehnt jede Verquickung wissenschaftlicher Arbeit mit nachrichtendienstlicher Tätigkeit im Ausland ab.«

1959

»Old Schwurhand II« – Dreckige Hände

»Manchmal muß man sich die Hände dreckig machen. Aber dann muß man sie sich eben wieder waschen«, hatte Zimmermann über sein politisches Konzept anläßlich der »Spielbanken-Affäre« philosophiert. Vorausgegangen war die Pleite der Wohnungsbaugesellschaft *Bayerische Union,* die für die Bundeswehr Wohnungen baute und ihr Grundstücke verkaufte.

Der Haken an diesen Geschäften: Der Aufsichtsratsvorsitzende der Bayerischen

Union hieß *Friedrich Zimmermann* und war inzwischen (seit 1961) Vorsitzender des Verteidigungsausschusses des Bundestages geworden.

Die Bayerische Union durfte auf richterlichen Beschluß als »höchst unseriöses Unternehmen, das vor kriminellen Praktiken nicht zurückschreckt«, bezeichnet werden.

1959/1964

Gestatten, Müller-Wipperfürth

Im Jahre 1959 gab sich der »billigste deutsche Herrenbekleider«, Hosenmacher, Kleiderfabrikant, »Steuer-Schneider« (»Spiegel«) und Textil-Preisbrecher in über 100 Filialen, die Ehre. Da nämlich setzte sich *Alfons Müller-Wipperfürth* (AMW), den seine Freunde gerne »Don Alfonso« nannten, ab ins Schweizer Millionärs-Exil Montagnola am Luganer See.

Im Gepäck hatte er rund 50 Millionen Mark, auf dem Kerbholz runde fünf Millionen Mark Steuerschulden. Die Steuerfahnder knirschten mit den Zähnen, die Republik hatte ihren Skandal, der »Hosenkönig« sein Auskommen.

AMW leitete nämlich als Generaldirektor den größten deutschen Textil-Konzern via Fernschreiber und Telefon aus dem Tessin.

Das »Munzinger-Archiv«: »In der Glanzzeit seiner Unternehmerkarriere beschäftigte M. rund 8000 Mitarbeiter in 18 Fabriken in 6 Ländern und setzte rund eine halbe Milliarde Mark um. Damals kutschierte er fünf Nobelautos der Marke Rolls Royce und besaß mehrere Luxusvillen in europäischen Metropolen, darunter das belgische Schloß Lambermont.« Immer wieder geriet der Selfmademann, der später ins Steuerparadies Monaco überwechselte, wegen seiner rüden Geschäftspraktiken und ausbeuterischen Arbeitsmethoden in die Schlagzeilen.

Krach gab es 1962 mit den Gewerkschaften, als AMW als Antwort auf Lohnforderungen eine Fabrik in Mönchengladbach kurzerhand dicht machte. 1971 hatte er eine Auseinandersetzung mit italienischen Gewerkschaften wegen skrupelloser Ausplünderung seiner Arbeiter. Auch in diesem Fall schloß AMW kurzentschlossen den Laden.

Das Ungewöhnlichste geschah am 14. März 1964. Alfons Müller-Wipperfürth stürzte über der Eifel mit einem von ihm gelenkten Privatflugzeug vom Typ »Beechcraft« nach einem Bruch des Höhenleitwerks ab. Drei Insassen seiner Maschine wurden getötet, der Textil-Millionär schwer verletzt verhaftet.

Endlich hatten die Behörden Deutschlands bis dahin schwergewichtigsten Steuer-Millionär, der aber, im Krankenhaus liegend, gegen eine Million Mark Kaution Haftverschonung erhielt.

Gegen eine weitere Million Mark Kaution durfte er nach der Genesung vom Tessin aus seine Geschäfte weiter betreiben.

Das Strafverfahren gegen AMW wurde 1967 eingestellt, nachdem der »Hosenkönig« über 10 Millionen Mark Steuern nachgezahlt hatte. Flugs setzte er sich wieder ab, mit der Folge, daß 1975 ein Haftbefehl wegen neuerlicher Steuerhinterziehung in Millionenhöhe erlassen wurde, der aber 1981 wegen Verjährung aufgehoben werden mußte.

1959

Die »Affäre Kunde«

Er war das »tüchtige Pferd« im Stall von Verkehrsminister *Hans-Christoph Seebohm (CDU)* und galt als sicherer Anwärter auf den Posten des Staatssekretärs: Ministerialdirektor *Dr. Hermann Kunde,* bis zu seiner einstweiligen Versetzung in den Ruhestand Leiter der »Abteilung Straßenbau«.

Der Bundesbeamte, der auch über die Finanzierung von Bundesstraßen und Autobahnen und damit über Milliardensummen zu entscheiden hatte, wurde am 27. Juli 1959 verhaftet.

Er wurde angeklagt wegen schwerer passiver Bestechung in 41 Fällen, wegen Betrugs und Untreue.

Kunde soll von Straßenbaufirmen Geschenke und Schuldennachlässe in Höhe von 66.000 Mark erhalten haben, ihm wurden beim Aus- und Umbau seiner Häuser günstige Konditionen eingeräumt, und eine Firma baute im Garten seines Godesberger Hauses kostenlos ein Schwimmbad für 20.000 Mark. Außerdem ließ sich Kunde von Interessenverbänden der Straßenbau-Grundstoffindustrie zu ausgiebigen »Studienreisen« (inklusive Spesen) in alle Welt einladen, für die er anschließend beim Verkehrsministerium noch Tagegelder abkassierte.

Die 1. Strafkammer des Bonner Landgerichts unter Richter *Helmut Quirini* verurteilte den »Straßenbau-Papst« im Mai 1961 nach viermonatiger Verhandlung zu drei Jahren und acht Monaten Gefängnis. Er durfte fünf Jahre lang kein öffentliches Amt bekleiden.

Aus dem Besitz Kundes wurden 42.630 Mark sowie ein Ölgemälde und ein Turngerät eingezogen, die dem Beamten geschenkt worden waren. Quirini hatte dem »würdelosen Krämergeist« schwere passive Bestechung in 23 Fällen, Betrug und Untreue nachweisen können. Der mitangeklagte ehemalige Oberregierungsrat und Untergebene von Hermann Kunde, *Georg Bader,* erhielt wegen schwerer passiver Bestechung in fünf Fällen neun Monate Gefängnis zur Bewährung.

Obwohl zahlreiche Straßenbaufirmen und Architekten Kunde für sein Entgegenkommen großzügig »bedachten«, trat Verkehrsminister Seebohm als Zeuge im »Kunde-Prozeß« auf und stellte sich entlastend vor seinen ehemaligen Untergebenen.

Die »Blankenhorn-Strack-Affäre«

Anfang März 1959 begann vor der Großen Strafkammer des Landgerichts Bonn ein aufsehenerregender Prozeß, in dem mehrere hochrangige Diplomaten auftraten.

Auf der Anklagebank saßen der Karriere-Diplomat, frühere persönliche Referent *Konrad Adenauers* und (zum Anklagezeitpunkt) Botschafter in Paris *Herbert Blankenhorn* und EG-Präsident Professor *Walter Hallstein*. Beiden wurde vorgeworfen, den im Wirtschaftsministerium tätigen Ministerialrat *Hans Strack* im Zusammenhang mit den deutsch-arabischen Wirtschaftsverhandlungen denunziert zu haben.

Die beiden Top-Diplomaten hatten behauptet, daß Strack für die Genehmigung deutsch-ägyptischer Handelsgeschäfte Geld und wertvolle Geschenke angenommen hätte. Strack verlor daraufhin seinen Posten, wurde später rehabilitiert und wollte diese Anschuldigungen, die seine Karriere maßgeblich beeinflußt hatten, nicht auf sich sitzen lassen. Am 22. April 1959 wurde Blankenhorn zu vier Monaten Gefängnis mit Bewährung verurteilt, Hallstein aus Mangel an Beweisen freigesprochen. Den verleumdeten Strack erklärte das Gericht für »absolut objektiv rehabilitiert«.

In einem Revisionsverfahren vor dem Zweiten Strafsenat des Bundesgerichtshofes in Karlsruhe wurde Blankenhorn, der als Diplomat besonders im Ausland scharf angegriffen wurde und auf Ablehnung stieß wegen seiner Zugehörigkeit zur NSDAP und seiner steilen Karriere im Auswärtigen Amt bei den Nazis, ebenfalls freigesprochen.

Er konnte seine Tätigkeit als Botschafter in Paris wieder aufnehmen.

Aus der »Süddeutschen Zeitung« vom 30.11.1960: »Blankenhorn für NATO-Atommacht. Paris (AP): In einer vielbeachteten Rede hat sich der deutsche Botschafter in Paris, Herbert Blankenhorn, für einen Ausbau der NATO zur vierten Atommacht eingesetzt. Bei einem Essen der Auslandspresse sagte er, das westliche Bündnissystem sollte über sein eigenes Atomarsenal verfügen, und alle Mitgliedstaaten sollten gleichberechtigt an der Entscheidung über einen etwaigen Einsatz dieser Kernwaffen teilnehmen. Politische Kreise in Paris erklärten unmittelbar nach Bekanntwerden der Rede, Blankenhorn habe zweifellos die Ansichten der Bundesrepublik in dieser Frage zum Ausdruck gebracht. Er sei mit der ganzen Materie vertraut, da er vor seiner Tätigkeit als Botschafter in Paris die Bundesrepublik bei der NATO vertreten habe.«

KZ-Ärzte wieder im Beruf

20. Januar 1959. Hamburg (dpa): »19 ehemals im Konzentrationslager Auschwitz inhaftierte deutsche und ausländische Ärzte fordern in einem Aufruf, daß Ärzten der SS, die in Auschwitz oder in anderen Konzentrationslagern Verbrechen begangen

haben, die Ausübung ihres Berufs verboten werden soll. Nach ihren Beobachtungen, so schreiben die Ärzte, hätten die SS-Ärzte ihre Hauptaufgabe in den Konzentrationslagern nicht darin gesehen, Kranken zu helfen und Menschenleben zu retten, sondern Menschen – in den meisten Fällen wahllos und ohne jede medizinische Untersuchung – für den Tod zu bestimmen.«

1958

Die »Starfighter-Affäre«

Im Oktober 1958 entschied der damalige Verteidigungsminister *Franz Josef Strauß,* die Luftwaffe mit dem »Starfighter F-104« des amerikanischen Flugzeugbauers »*Lockheed*« auszurüsten.

Bernt Engelmann berichtet, daß Strauß, »noch ehe über Preise, Lizenzgebühren, Garantien und Termine auch nur vorfühlend verhandelt worden war«, dem Lockheed-Repräsentanten seine Entscheidung mitgeteilt hatte. Entsprechend sah der Vertrag aus: Die F-104, ein Schönwetter-Abfangjäger, mußte mit erheblichen Mehrkosten zu einem »allwetterfähigen Jäger« und »Mehrzweck-Bomber« umgewandelt werden.

Bevor auch nur der Prototyp des »Super-Starfighters« erprobt war, erhöhte Strauß gegen den Rat aller Fachleute die Bestellungen auf 700 Maschinen. Der »Starfighter« entwickelte sich zu einem grandiosen Skandal und rief die Parlamentarier immer wieder auf den Plan.

Bis heute sind über 250 »Starfighter« abgestürzt, über 100 Flugzeugpiloten kamen ums Leben. Der Bundesrechnungshof kritisierte Strauß in bislang nicht gekannter Schärfe wegen des Verschleuderns von Milliarden. Hinzu kam, daß Strauß die Parlamentarier über das Ausmaß des Starfighter-Desasters immer wieder zu täuschen versuchte.

Mitverdiener bei dem Milliarden-Rüstungsgeschäft mit der korrupten Firma Lockheed war *Ernest F. Hauser,* der 1945 als Chef einer Geheimdiensteinheit der US-Army ins bayerische Schongau kam, dort Franz Josef Strauß kennenlernte und mit ihm enge Freundschaft schloß. Hauser wurde Lockheed-Repräsentant in der Bundesrepublik. Der »Stern« schrieb dazu: »Strauß persönlich hatte sich in einem Brief an den ›Starfighter‹-Hersteller Lockheed dafür eingesetzt, daß Hauser als Bonner Lockheed-Vertreter engagiert wurde.« Als der Lockheed-Skandal aufflog und sich herausstellte, wie sehr die Firma weltweit in Korruptions- und Bestechungsaktivitäten verstrickt war, kam auch die Achse Strauß/Hauser in die Schlagzeilen.

Vor einem amerikanischen Untersuchungsausschuß wurde die »bundesdeutsche Variante« schließlich fallengelassen, obwohl der Verdacht von Korruption und Schmiergeldern im Zusammenhang mit der verhängnisvollen Beschaffung des »Starfighter F-104« nie ausgeräumt werden konnte.

Die »Leihwagen-Affäre Kilb«

Die »Leihwagen-Affäre Kilb« galt als »der erste handfeste Skandal in der damals noch provisorischen Hauptstadt Bonn« (»Stern«). Der frühere persönliche Referent und »Schatten« Adenauers, *Hans Kilb,* wurde im September 1958 überraschend festgenommen und in Untersuchungshaft geschickt – eine politische Sensation ersten Ranges.

Der seit Anfang 1958 bei der Europäischen Atomgemeinschaft EURATOM beschäftigte Kilb wurde der schweren passiven Bestechung beschuldigt, denn bei den Untersuchungen der »Leihwagen-Affäre« *Brombach/Hummelsheim* war man auf den engen Vertrauten des Bundeskanzlers gestoßen.

Kilb hatte während seiner Tätigkeit im Bundeskanzleramt von den Daimler-Benz-Vorstandsmitgliedern *Rolf Staelin* und *Dr. Fritz Koenecke* zwischen 1954 und 1958 mindestens acht Mercedes-Leihwagen der Extraklasse gebührenfrei erhalten und gefahren. »Steuern, Versicherung, Inspektionen, Schmierdienste, Wagenpflege, Reifenwechsel und Reparaturen dieser Fahrzeuge bezahlte die *Daimler-Benz AG,* deren Vorstandsmitglied Staelin den Leihfahrer Kilb in den Jahren 1954, 1955 und 1956 zum Weihnachtsfest mit Präsenten – Likörservice, einer Kiste Zigarren und zwei Flaschen Weinbrand – bedachte« schrieb der »Spiegel« im November 1959.

Im Laufe des Verfahrens gegen Kilb wurde auch *Konrad Adenauer* zweimal von der Staatsanwaltschaft vernommen. Angeblich sollte Kilb bei der zügigen Abwicklung einer Lieferung von 750 Mercedes-Omnibussen nicht eigenmächtig, sondern im Auftrag Adenauers gehandelt haben. Kilb und sein Chef Adenauer drehten die Sache so, daß der »Vertraute« die Mercedes-Limousinen und Sportwagen nicht als Beamter erhalten hatte (also nicht bestochen worden war), sondern für Adenauer als Parteivorsitzender der CDU, also als Zeichen der Unterstützung der Politik des Chefs.

Der als »Prominenten-Schreck« bekannte Bonner Richter *Helmut Quirini* von der 1. Strafkammer des Landgerichts Bonn ließ jedoch nicht locker.

Im April 1959 wurde Quirini mit einigen juristischen Tricks das Verfahren entzogen und dem Bonner Landgerichtspräsidenten *Becker* (CDU) übertragen. Der lehnte am 7. November 1959 die Eröffnung des Hauptverfahrens gegen Kilb ab.

Die Öffentlichkeit war überzeugt, daß in der »Affäre Kilb« mit Hilfe und auf Anweisung Adenauers »gekungelt« worden war, eine Manipulation mit dem Segen des Kanzlers.

Franz Josef Strauß – »Affäre HS-30«

Als Verteidigungsminister *Franz Josef Strauß* 1957 die ersten 4472 von 10680 geplanten Schützenpanzern des Typs HS-30 bei der schweizerischen Firma »Hispano Suiza« bestellte und mehrere 100 Millionen Mark des Milliarden-Auftrags überweisen ließ, gab es von dem angeblichen Wunderpanzer nicht einmal einen Prototyp, geschweige denn eine »Null-Serie«. Alles, was den Mitgliedern des Verteidigungsausschusses vorgeführt werden konnte, war ein »Modell aus Holz und Pappe«.

Der »Stern«: »Der Panzer war eine Fehlkonstruktion von Anfang an. Das Getriebe taugte nichts, Kupplungsschäden waren irreparabel, die Bremsen neigten zum Blockieren, Kühlung und Lüftung waren falsch konstruiert, und die Ketten rissen.« Vom ersten Tag an roch dieser bis dahin größte Rüstungsauftrag der noch jungen Bundeswehr nach Korruption, Schmiergeldern und Bestechung.

Zum einen war die »Hispano Suiza« eine Firma, die nicht einmal über einschlägige Erfahrungen im Schützenpanzerbau verfügte. Zum anderen saß im Verteidigungsausschuß und den Beschaffungsgremien bis zum September 1956 der CDU-Bundestagsabgeordnete *Dr. Otto Lenz,* bis 1953 Staatssekretär im Bundeskanzleramt, enger Vertrauter *Konrad Adenauers,* Mitglied des Fraktionsvorstandes der CDU/CSU sowie – und das ist entscheidend – Rechtsberater und Interessenvertreter von »Hispano Suiza« bei den HS-30-Vertragsvorbereitungen.

Als Otto Lenz unter mysteriösen und bis heute ungeklärten Umständen im Mai 1957 in Neapel starb, waren die Verträge unter Dach und Fach. Im Zusammenhang mit der Beschaffung des HS-30 sollen mehrere Millionen Mark Bestechungsgelder gezahlt worden sein. Franz Josef Strauß soll davon gewußt haben. Das Geld floß wohl in die Wahlkampfkassen von CDU und CSU. Otto Lenz soll 3 Millionen Mark erhalten haben.

Ein Untersuchungsausschuß konnte die Affäre nicht klären, den Verdacht, Schmiergelder seien im Spiel gewesen, auch nicht aus der Welt schaffen. Eines aber stand fest: Die Bundesrepublik wurde durch die leichtfertige Beschaffung des »HS-30« gewaltig zur Kasse gebeten.

Rosemarie Nitribitt – Ein Mord bleibt ungeklärt

Am 29. Oktober 1957 wurde in Frankfurt die Edel-Prostituierte *Rosemarie Nitribitt* in ihrem Luxus-Appartement ermordet aufgefunden. Eine der aufsehenerregendsten Affären in der Geschichte der Bundesrepublik begann.

Mit allen nur denkbaren Tricks wurde das Tagebuch der Ermordeten unter Verschluß gehalten, denn zum Kundenkreis des populären Callgirls gehörten prominente Industrielle ebenso wie einflußreiche Politiker.

Die verklemmte Sexualmoral der Adenauer-Epoche, gepaart mit der Wirtschafts-wunder- und Aufsteigermentalität dieser Jahre ließen die Phantasien und Spekulationen über das Opfer und den möglichen Mörder über Jahre hinweg blühen.

Es gilt als wahrscheinlich, daß der Mörder der Nitribitt unter der prominenten Kundschaft ihres Tagebuches zu suchen ist und mit aller Gewalt eine Enthüllung verhindert wurde.

Die Film- und Fernsehkritikerin Ponkie schrieb anläßlich einer Fernsehdokumentation zum Fall »Nitribitt« in der »Münchner Abendzeitung« Anfang 1986: »... löste doch das Nuttennotizbuch der Ermordeten weit größere Enthüllungsängste unter der Nobelkundschaft aus als heutzutage das Notizbuch des Herrn von Brauchitsch wg. Spenden.« Und weiter schrieb Ponkie: »Der Film animierte zu schwärzesten Gedanken. Denn schließlich hatte die Nitribitt als diskrete Betreuerin prominenter Herren ein echtes Berufsethos: Beichtmutter und Seelenputzer für die Aufsichtsräte der Nation – eine Sozialarbeiterin der Chefetage.«

Sommer 1957

FRITZ BERENDSEN (CDU) – Panzer für den Klöckner-Konzern

Im Sommer 1957 wurde wegen der Bundestagsabgeordneten *Hasso von Manteuffel* (DP/FVP), *Martin Blank* (DP/FVP) und *Fritz Berendsen* (CDU) ein Untersuchungsaus-schuß tätig. Die drei Abgeordneten sollen ihr Mandat dazu benutzt haben, bestimmten deutschen Firmen Rüstungsaufträge zu verschaffen. Manteuffel und Blank wurden entlastet, gegen Berendsen erhärtete sich der Verdacht, er habe seine Position als Prokurist der Firma *Klöckner & Co.* in Duisburg (seit 1948) dazu genutzt, dem Rüstungsbetrieb *Klöckner-Humboldt-Deutz* einen Millionenauftrag zur Fertigung von Hotchkiss-Schützenpanzerwagen zuschieben. Das Verfahren kam nicht zum Abschluß, weil die Legislaturperiode des Bundestages im Sommer 1957 endete. Der vermeintliche »Rüstungslobbyist« und Fraktionsobmann der CDU/CSU für Militärpolitik wurde zwar in den 3. Bundestag gewählt, das Verfahren gegen ihn aber nicht wieder aufgenommen.

Der Fall wurde »still beerdigt«, Regierung und Opposition schienen ein Stillhalteabkommen, ein Kompensationsgeschäft geschlossen zu haben.« Denn auch die SPD hatte ihre Affäre, den »Fall *Dr. Greve*«. Der Rechtsanwalt und SPD-MdB – so der »Spiegel« – war in den Ruf gekommen, »sich durch sein Mandat im Zusammenhang mit Wiedergutmachungszahlungen für NS-Verfolgte persönliche Vorteile verschafft zu haben.«

Gänzlich vom Tisch war die »Affäre Berendsen«, als der zur NS-Zeit tätige Oberst im Generalstab Berendsen sich im März 1959 als erster Bonner Parlamentarier zur Bundeswehr reaktivieren ließ und prompt den Rang eines Brigadegenerals erhielt.

Als er 1964 im Rang eines Generalmajors seinen Dienst quittierte, avancierte er binnen weniger Stunden wieder zum Mann der Industrie.

Der »Spiegel«: »Das Mannheimer Maschinenbauunternehmen *Brown, Boveri & Cie AG,* dessen Chef *Kurt Lotz* früher Luftwaffen-Generalstäbler war, gab ihm einen Vertrag als ›Sonderbeauftragter‹.« Und nicht nur das: Fritz Berendsen kandidierte im Wahlkreis Mannheim II erneut für den Bundestag.

1956

Beziehungen zum Minister

Über Monate hinweg hatten sich die italienischen Simmelwerke 1956 vergeblich bemüht, mit dem Bundesverteidigungsministerium ins Granatengeschäft zu kommen. Nichts klappte. Da sicherten sie sich die Dienste des Rechtsanwalts *Dr. Peter Deeg,* eines Duz-Freundes und Spezis von Verteidigungsminister *Franz Josef Strauß.* Deeg wurde vorstellig und verschaffte dem italienischen Granatenhersteller innerhalb kürzester Zeit einen 22-Millionen-Mark-Auftrag. Er selbst kassierte dafür 80.000 Mark Provision und Honorar.

Deeg machte weitere Geschäfte. Ein Jahr später kaufte der Strauß-Freund ein ca. 150 Hektar großes Gelände für 450.000 Mark, das er 1961 für 1,5 Millionen Mark an die Bundeswehr veräußern konnte.

1954

»Affäre Otto John«

Im Dezember 1950 wurde *Otto John* zum kommissarischen Leiter des neugeschaffenen Bundesamtes für Verfassungsschutz berufen, 1952 wurde er dessen Präsident. Im Juli 1954 verschwand er auf geheimnisvolle Weise aus bisher ungeklärten Gründen und tauchte wenig später als politischer Flüchtling in Ostberlin auf.

Ob sich der Widerständler aus der NS-Zeit freiwillig in die DDR abgesetzt hatte oder entführt worden war, ist bis heute ungeklärt. Sicher ist nur, daß er mit seinem Westberliner Freund *Dr. Wolfgang Wohlgemuth* im Auto in den Ostsektor der Stadt gefahren war.

Von Ostberlin aus hatte John damals die Politik der Regierung Adenauer hart attakkiert. Im September landete die »Affäre John« vor dem Bundestag. Aber damit nicht genug. Die Affäre hatte noch ein zweites Kapitel: Im Dezember 1955 kehrte John plötzlich in die Bundesrepublik zurück und sorgte so für eine neue politische Sensation.

Er erklärte, er sei unter Drogeneinfluß in die DDR verschleppt worden. John wurde verhaftet. Im November 1956 begann gegen ihn der Prozeß wegen Hochverrats vor dem Bundesgerichtshof in Karlsruhe.

John wurde zu vier Jahren Zuchthaus verurteilt, Mitte 1958 allerdings vom damaligen Bundespräsidenten *Theodor Heuss* begnadigt.

Der in Iglis in Österreich lebende John kämpft seit Jahrzehnten um seine volle Rehabilitation.

August 1954

Karl-Franz Schmidt-Wittmack (CDU) – Auf und davon

Für einen Paukenschlag sorgte im August 1954 der CDU-Bundestagsabgeordnete *Karl-Franz Schmidt-Wittmack,* als er sich mit seiner Frau in die DDR absetzte. Schmidt-Wittmack bat in Ost-Berlin um politisches Asyl – aus Protest gegen die Wiederaufrüstungspolitik Adenauers, wie er auf einer internationalen Pressekonferenz verlauten ließ.

Der CDU-Abgeordnete und Inhaber der Hamburger Kohlenfirma *Johann C. Thomsen* war Mitglied der Bundestagsausschüsse für EVG und Gesamtdeutsche Fragen. Das »Munzinger-Archiv« betont, es habe seinerzeit sehr eigenartig gewirkt, daß Schmidt-Wittmack von seinen ehemaligen Parteifreunden, die ihn ja schließlich in die Ausschüsse entsandt hätten, plötzlich als »Null«, »kalter Opportunist« und »Ehrgeizling« bezeichnet worden war.

1953

Hans Globke – Adenauers »graue Eminenz«

Hans Globke war von 1949 bis 1963 als Ministerialdirigent, Ministerialdirektor und Leiter der Hauptabteilung für innere Angelegenheiten und Personalfragen sowie ab Oktober 1953 als Staatssekretär im Bundeskanzleramt einer der mächtigsten Männer hinter *Konrad Adenauer.*

Globke war des Kanzlers »graue Eminenz« – mit brauner Vergangenheit, umstritten, angefeindet und von ständigem Skandalgeruch umweht. Globke stand nämlich im Nazi-Deutschland an prononcierter Stelle im Reichsinnenministerium als Ministerialrat und Referent für Staatsangehörigkeitsfragen. In dieser Position schrieb er den amtlichen Kommentar zu den anti-jüdischen Nürnberger Rassegesetzen.

Hans Globke blieb Adenauers engster Vertrauter, auch als der Druck der Öffentlichkeit auf ihn immer stärker wurde.

Besonders SPD und Gewerkschaften verlangten, daß der einstige Rassegesetz-Kommentator nicht der Quasi-Zweite-Mann in der Bundesrepublik sein dürfe. 1959 wurde Globke von der SPD beschuldigt, an der Vertreibung von Juden und Tschechen aus dem Sudetenland mitgewirkt zu haben.

Auch während des Eichmann-Prozesses wurde Globke immer wieder schwer belastet, was Adenauer vollkommen unberührt ließ.

1962 wurde Globke während eines Schauprozesses vor dem Obersten Gericht der DDR wegen »nationalsozialistischer Verbrechen« in Abwesenheit zu lebenslangem Zuchthaus verurteilt. Er wurde auch wiederholt als »Eichmann von Bonn« bezeichnet.

Nach seiner Pensionierung 1963 mußte Globke in zahlreichen NS-Prozessen als Zeuge aussagen und wurde bis zu seinem Tode 1973 mit seiner Vergangenheit ständig konfrontiert.

Moralische Unterstützung fand Globke immer wieder beim früheren Bundespräsidenten *Karl Carstens* – einem ehemaligen SA- und NSDAP-Mann.

Januar 1952

Dokumentendiebstahl im Kanzleramt

Unter der Überschrift »Zuchthaus für Dokumentendiebstahl – Drei Angeklagte wegen fortgesetzter Entwendung von Kabinettsprotokollen verurteilt« schrieb die »Süddeutsche Zeitung« am 21. Januar 1952: »In den späten Abendstunden verurteilte die Erste Strafkammer des Landgerichts Bonn nach vierzehnstündiger Verhandlung die drei Angeklagten im Dokumentendiebstahlprozeß zu Zuchthaus- und Gefängnisstrafen.

Johannes Kaiser erhielt ein Jahr, sechs Monate Gefängnis wegen fortgesetzten Diebstahls, fortgesetzten Bruchs der Amtsverschwiegenheit gemäß Paragraph 353 b des Strafgesetzbuches, fortgesetzter passiver Bestechung und Diebstahls in einem weiteren Fall.

Paul Siegel wurde zu zwei Jahren Zuchthaus und drei Jahren Ehrverlust wegen fortgesetzter erwerbsmäßiger Hehlerei, fortgesetzten unbefugten Offenbarens amtlicher Schriftstücke (Paragraph 353 b StGB), fortgesetzter aktiver Bestechung und Hehlerei verurteilt.

August Aguntius erhielt ein Jahr und sechs Monate Zuchthaus und drei Jahre Ehrverlust wegen fortgesetzter gewerbsmäßiger Hehlerei.«

Kaiser war Amtsgehilfe in der Bundeskanzlei, Siegel SPD-Stadtverordneter aus Beuel bei Bonn, und Aguntius Kaufmann. Die gestohlenen Protokolle wurden u.a. von der SPD »gekauft«. Zu den Abnehmern gehörten der damalige SPD-Vorsitzende *Kurt Schumacher* und seine Sekretärin *Annemarie Renger*.

Bonn oder Frankfurt – Die erste Bestechungsaffäre

Der »Spiegel« brachte es wie so häufig an den Tag: Bonn soll 1949 im Wettbewerb mit Frankfurt nur deshalb Bundeshauptstadt geworden sein, weil Geld im Spiel war.

So sollen über den ersten bundesdeutschen Finanzminister (1949–1957), *Fritz Schäffer (CSU),* verschiedenen Bundestagsabgeordneten, insbesondere denen der Bayernpartei, die ursprünglich für Frankfurt votieren wollten, Gelder für eine Stimmabgabe zugunsten Bonns zugeflossen sein.

Bonn wurde schließlich mit 200 zu 176 Stimmen zur Bundeshauptstadt gewählt, obwohl Frankfurt von den meisten maßgeblichen Politikern favorisiert worden war.

Inwieweit tatsächlich bestochen wurde, konnte auch der erste Parlamentarische Untersuchungsausschuß in der Geschichte der Bundesrepublik nicht klären.

Daß aber einige in finanziellen Schwierigkeiten steckende Abgeordnete der Bayernpartei auf Initiative Schäffers Gelder aus einem Wahlspendenfonds der Union bekommen haben, gilt als sicher.

So konnte sich *Adenauer* durchsetzen, das nahe seinem Wohnsitz Rhöndorf gelegene Bonn zur Bundeshauptstadt zu machen. Mit in diese Affäre verwickelt: der damalige Generalsekretär der CSU, *Franz Josef Strauß.* Ihm hatten die BP-Bundestagsabgeordneten *Anton Donhauser* und *Hermann Aumer* und andere Mitglieder der BP-Fraktion ihre Geldnöte geklagt. Ausgerechnet dem Generalsekretär der konkurrierenden CSU, die später für die BP-Überläufer zur CSU ebenfalls kräftig gezahlt haben soll.

Inhalt

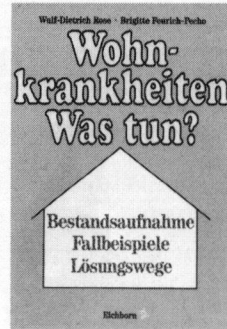

Schimpfkanonade international

Die unentbehrliche Soforthilfe für jede internationale Schimpfkanonade:
Nützlich auf Reisen, in Firmen, Schulen, Behörden und in (fast) allen geselligen oder beruflichen Lebenslagen.
Endlich können Sie Beleidigungen verstehen. Und endlich können Sie wirkungsvoll zurückschimpfen. Denn »Schmutzige Wörter« macht ihnen die schnittigsten Schimpfwörter, Vulgärausdrücke und Verbal-Injurien zugänglich. Alles wohlgeordnet, übersichtlich und mundgerecht auf Deutsch, Englisch, Französisch, Italienisch, Spanisch und Türkisch. — **Unser wohlerprobter Beitrag zur praktischen Völkerverständigung.**

SCHMUTZIGE WÖRTER
Deutsch – Englisch –
Französisch – Italienisch –
Spanisch – Türkisch

Eichborns sechssprachiges Wörterbuch
der Schimpfwörter, Beleidigungen & Flüche

Beispiel:

Deutsch	Armleuchter
Englisch	dead head
Französisch	pauv' petit con!
Italienisch	ignorante
Spanisch	tonto
Türkisch	Ahmak

(1879) 10,— DM

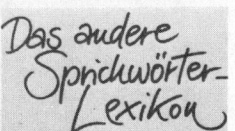

Renitentes Volksmaul
Eine Sammlung, die es bisher nicht gab: derbe, aufmüpfige, listige, zweideutige, gescheite, erfrischende, aggressive und lustige Sprichwörter. — **Über 1200** gebrauchsfertige Sentenzen, die der Rede Würze geben. **16,80 DM** (1083)

Die schönste Freude ist die...
Irre Flops, peinliche Mißgeschicke, gigantische Reinfälle — hier gibt's beste **Schadenfreude** en masse. Der *Westdeutsche Rundfunk:* »Seit es das *Lexikon der Niederlagen* gibt, kann das *Guinness-Buch der Rekorde* einpacken.« **Tausend Lacher für 16,80 DM** (1082)

Tüchtig Heimzahlen
Das Lexikon gegen Chefs und andere Ärgerlinge: denn Rache ist süß. Wir bieten massenhaft **praktische Rezepte,** wie man Bösewichtern ihre Gemeinheiten wirkungsvoll heimzahlt. Lesen und in Vorfreude schwelgen! **Viel Rache für nur 16,80 DM** (1087)